DOCUMENTÁRIO NO BRASIL
Tradição e Transformação

Dados Internacionais de Catalogação na Publicação (CIP)
(Câmara Brasileira do Livro, SP, Brasil)

Documentário no Brasil : tradição e transformação / Francisco Elinaldo Teixeira (organizador). – São Paulo: Summus, 2004.

Vários autores.
Bibliografia.
ISBN 978-85-323-0850-4

1. Cinema - Brasil - História 2. Filmes documentários - Brasil I. Teixeira, Francisco Elinaldo.

04-1540 CDD-791.430981

Índice para catálogo sistemático:

1. Brasil : Documentários cinematográficos 791.430981

DOCUMENTÁRIO NO BRASIL
Tradição e Transformação

Francisco Elinaldo Teixeira
(organizador)

summus
editorial

DOCUMENTÁRIO NO BRASIL
Tradição e Transformação

Capa: **Magno Paganelli**

3ª reimpressão, 2024

Summus Editorial
Departamento editorial
Rua Itapicuru, 613 – 7º andar
05006-000 – São Paulo – SP
Fone: (11) 3872-3322
http://www.summus.com.br
e-mail: summus@summus.com.br

Atendimento ao consumidor
Summus Editorial
Fone: (11) 3865-9890

Vendas por atacado
Fone: (11) 3873-8638
e-mail: vendas@summus.com.br

Impresso no Brasil

Sumário

Introdução
Cultura audiovisual e polifonia documental

Francisco Elinaldo Teixeira

A coletânea de ensaios que o leitor tem agora em mãos detém-se sobre um domínio que adquiriu enorme relevo na produção audiovisual contemporânea – o do documentário. Isso pode ser aferido tanto na proliferação local e internacional dos espaços de exibição e circulação, dos festivais e mostras a ele dedicados com exclusividade, na variedade sem precedentes de formas e estilos propiciados pelas novas mídias, assim como no interesse e afluência crescentes de público. O mais desconcertante é que isso acontece em meio aos rumores e reiterações sem fim sobre uma suposta saturação imposta por um século de imagens, por um "império da imagem", ao mesmo tempo em que nesse domínio se intensificam os processos de ressignificação dos hábitos cotidianos relacionados à cultura audiovisual. Ou seja, tomado desde sempre como preso ao real como matéria-prima de base e referente insubstituível, ao invés de sucumbir diante dos diagnósticos pós-modernos de perda cada vez maior da realidade, o campo do documentário se apossa e se alimenta de novos materiais das realidades virtuais emergentes, reatualizando-se e compondo peças híbridas de grande impacto expressivo e comunicacional. Lança-se, assim, na linha de ponta do laboratório de experimentos do campo imagético da atualidade, realimentando uma cultura sempre ávida de novas formas e meios audiovisuais para implementar seus processos informacionais.

Tamanha imponência do documentário no presente também reverberou com força no âmbito da reflexão, pressionando teóricos, pesquisadores e críticos a uma revisão de procedimentos e concepções que por longo tempo o tomaram e o situaram como uma espécie de "primo pobre" do "verdadeiro cinema" – o ficcional. Os efeitos desse parâmetro exclusivista sobre as subjetividades artísticas foram duradouros; ele impregnou de maneira tão veemente e imperativa o devir-cineasta daqueles que buscavam no meio um modo de expressão e profissionalização que o exercício do documentário, durante muito tempo, embora com poucas mas relevantes exceções, não passou de um passaporte para o longa-metragem de ficção. Ser documentarista constituía, então, uma meia-identidade do ser cineasta, que mal se sustentava na relação especular mantida com a "arte maior" do cinema.

Determinante nesta circunscrição foi um ponto de inflexão que, no decorrer dos anos 20 do século passado, veio cindir o cinema em duas modalidades – cinema de ficção e Cinema de Realidade. Era o momento de júbilo e comemoração da conquista da narratividade, ou seja, quando o parâmetro narrativo se impôs, quando o dispositivo de associação linear entre imagens, típico do saber contar história herdado da literatura e do teatro, estabeleceu-se. Tal instituição já tivera início a partir do final da primeira década do século, quando então se começara a deixar para trás o período anterior como uma espécie de proto-história da imagem cinematográfica, um proto-cinema em sua feição de engenhoca agora oxidada pelo tempo, quando muito a testemunhar a transformação da mera técnica em arte.

Não foram poucas as vozes dissonantes frente ao contexto publicitário que propalava as prerrogativas da última conquista. Uma delas, a de Antonin Artaud, foi fulminante. Acompanhando tais processos na qualidade de teórico, roteirista e ator, Artaud nunca se animou muito com a pura "visualidade" do cinema, um mero efeito de superfície para um dispositivo que ele concebia como "atuando diretamente sobre a matéria cinza do cérebro" (algo de enorme atualidade em nossa era informacional determinada por "máquinas cerebrais"). A conquista da narratividade para ele, portanto, era regressiva, como o era, igualmente, a recusa da ficção em favor da realidade. Fosse "dramático" (de ficção) ou "documental" (de realidade), tal como ele repartia as duas modalidades em conflito, o que o cinema suprimia em ambas era o acaso, o imprevisto, a atmosfera visionária da poesia, o poder da imagem de produzir um choque, e, como "onda nervosa", como "vibração neurofisiológica", fazer nascer o pensamento. Era, conclui, o limiar da "velhice precoce do cinema".[1] Pasolini retoma e recodifica aspectos nodais desses debates, desde o patamar de uma nova inflexão operada pelo cinema de autor nos anos de 1960, quando então retorna às imagens inaugurais do cinema para falar da domesticação das forças disruptivas de sua "poesia" em prol do estabelecimento da "prosa" cinematográfica. É a narratividade, outra vez, posta sob o fogo cruzado das perdas nela implicadas, e que um "cinema de poesia" vinha restituir.[2]

O que de alguma forma se põe em curso nesses embates é a tentativa de romper com essa linha evolutiva que parte da singeleza de um proto-cinema, deixado para trás como má-formação descartável, e culmina com a complexidade da narrativa cinematográfica conquistada. Pouco mais de uma década após os esforços de Pasolini em restituir o cinema à sua poesia de origem, no final dos anos de 1970 iniciam-se uma série de pesquisas sistemáticas que visam, justamente, a esse cinema dos primeiros tem-

---

1. Antonin Artaud, La vejez precoz del cine.
2. Pier Paolo Pasolini, O cinema de poesia.

pos – ou "primeiro cinema".[3] E o que elas vêm descortinar é essa potência disruptiva das imagens inaugurais do cinema, a complexidade de um mundo audiovisual nascente, desancando de vez a familiar visão que por décadas o havia situado no limbo do pré-lógico e do pré-artístico, do informe e malconstituído a que tinha sido relegado desde a conquista da narratividade. Novo começo, portanto, para a história do cinema, com as múltiplas reverberações e determinações que imprimirá na vasta cultura audiovisual moderna ao longo do século.

Significativamente, tais pesquisas são concomitantes aos ruidosos remanejamentos que se começam a processar no campo audiovisual pela emergência das estéticas videográficas, primeiro com a imagem eletrônica, e, logo a seguir, com a imagem digital. Os níveis de estratificação do campo adquirem em pouco tempo – dos anos de 1980 em diante – uma espessura de tirar o fôlego, quando então o tema da hibridação dos meios, das estéticas, das formas, dos processos artísticos, técnicos e informacionais não parou mais de lançar desafios ao pensamento, seja na esfera da criação, seja na da reflexão. A sensação que se tem é a de um completo desbloqueio em relação à longa tradição do dispositivo grego da *hybris*, daquilo que era tido como transgressão ultrajante, ou seja, a miscigenação como violação das leis naturais, na medida em que não se parou mais de reiterar, em todos os quadrantes e por cima de toda diversidade, o mote da "proliferação dos híbridos".[4] Durante séculos, marcada pelo selo da regressividade, a hibridez, perversamente, adquire hoje sua plena positividade até nos processos mais ínfimos que se operam em nível genético-molecular, com a natureza e a cultura transmutando-se elas próprias em híbridos.

---

3. Flávia Cesarino Costa, *O primeiro cinema: espetáculo, narração, domesticação.*
4. Bruno Latour, Crise.

É possível que nesse *leitmotiv* da proliferação dos híbridos repercuta uma forte sensação de esgotamento em relação ao afã moderno de busca do novo, às atitudes vanguardistas de afirmação de um grau zero da criação, quando então se instituiu uma polarização entre o peso morto de uma tradição que se recusava-se a inovar e o investimento nos poderes de uma aclamada novidade. Essa é uma das linhas de força do pensamento pós-moderno. Seja como for, a noção de uma criação demiúrgica, absoluta, há tempo entrou em erosão e caiu de cotação. Como afirma o historiador da cultura Peter Burke, em sua análise da atualidade como bricolagem e reinvenção de tradições, o mundo cultural é "uma espécie de canteiro de obras onde os andaimes nunca são desmontados porque a reconstrução cultural nunca termina".[5] É a criação como recriação contínua, portanto.

A atualização das virtualidades soterradas do "primeiro cinema", cuja riqueza de formas e procedimentos veio compor as tantas estratificações que sacudiram o campo audiovisual contemporâneo, repercutiu forte no documentário. Operou-se um remanejamento de sua história, que quase sempre começava com o tema difuso dos "filmes de viagens", dos relatos sobre mundos afastados, e aos poucos foi adquirindo a consciência de uma etnografia do exótico/distante em Robert Flaherty, do próximo/familiar em Alberto Cavalcanti, Dziga Vertov, John Grierson... Era a história do documentário enquanto autoconsciência de uma modalidade específica, com procedimentos distintos, firmada quando da cisão entre ficção e realidade nos anos de 1920. Atualmente, raro é o empenho de história do documentário que não o situe como um "gênero" inaugural do cinema, encontrando a corroboração de sua "objetividade" no ato "espontâneo" de

5. Peter Burke, "Bricolagem de tradições". *Folha de S.Paulo*, 18 mar. 2001.

voltar a câmera para uma corriqueira e mundana chegada de um trem a uma estação, para uma cotidiana saída de operários de seu local de trabalho etc. Ou seja, o documentário, repisa-se agora, teria nascido já com os filmes dos irmãos Lumière.

Tais remanejamentos na história do documentário, que põem em ação o dispositivo do lastro temporal, o selo de antiguidade no qual se adentra uma forma artística, tornam-se mais reiterativos quanto mais o gênero ocupa um lugar de relevo na reflexão da produção audiovisual contemporânea, quanto mais se altera seu regime de produção de imagens e ganham complexidade seus processos construtivos. De fato, poder-se-ia afirmar, as circunstâncias são de extrema saturação visual, com as vistas muitas vezes ansiosas por uma paisagem não vista onde ancorar um cansaço extenuante. É assim que o recuo às paisagens originárias da imagem, que o desejo de correspondência costuma despir de toda complexidade para a vista poder alcançar sem obstáculos, torna-se um *leitmotiv* que vem funcionar como uma espécie de lenitivo para os olhos. O único senão é que, em termos culturais, de educação do olho, o visto é quase sempre um já visto, um visto coado por uma visão anterior. Desse modo, as belas (ou feias) paisagens originárias da imagem, se por um lado podem desencadear todo um documentário de descoberta, por outro, a se permanecer no puro embevecimento da descoberta e se fazer tábula rasa de suas promessas como ainda não realizadas, também podem constituir um bloqueio à emergência de um documentário de invenção/reinvenção.

Esta sensação de uma vida capturada numa parafernália de dispositivos que bloqueiam a expansão de suas forças não é recente. Ao contrário, foi bastante difundida ao longo da modernidade técnico-artística, para ficar apenas num recorte mais próximo, quase invariavelmente associada à afirmação das prerrogativas da novidade emergente. Ela se confunde, assim, com um intento de lustração da opacidade dos sentidos que pretende fazer brilhar o novo em sua total e inédita transparência, pouco antes dele se tornar objeto de incontida discursividade que o converte em cânone e o lança novamente, por efeito de saturação, no limbo. No campo das práticas audiovisuais, o documentário, repetidas vezes, foi codificado enquanto um domínio dos mais propícios à manifestação da "vida como ela é". Falando da enorme novidade, "verdadeira revelação" que foi o filme *Nanook*, comparando-o em impacto ao que foi para o público parisiense os "primeiros filmes dos irmãos Lumière", é Cavalcanti quem afirma:

> Pois bem, para nós, os das audiências de 1923, *Nanook* era "la vie elle-même". Sabíamos que o filme tinha sido completamente refeito após um incêndio do negativo e que o seu realizador não tinha hesitado em enfrentar novamente um trabalho dificílimo. E Robert Flaherty tornou-se logo um personagem legendário. Nós, que na confusão do grupo *Avant-Garde* lutávamos contra o filme "artístico", o filme literário, o filme teatral, compreendemos que a solução que procurávamos ali estava com toda a sua admirável simplicidade, com toda a poesia de verdadeiro drama cinematográfico. Os filmes de então tinham uma parafernália, hoje esquecida, de fusões brancas, de molduras que variavam do binóculo duplo (nunca se soube por que este era sempre opticamente duplo) ou do buraco da fechadura, até os trípticos góticos. Cheguei a ver uma coroa de serpentes em torno do primeiro plano de uma "vamp". Já era tempo que a imagem na tela fosse variada de tudo isso. O estilo de interpretação também necessitava de contato com a realidade. Os temas dos Feuillade, dos Poirier, dos L'Herbier e dos outros estetas estavam muito longe dos verdadeiros temas cinematográficos. *Nanook* não podia ter sido uma lição mais oportuna.[6]

---

6. Alberto Cavalcanti, O filme documentário.

Escrito em 1936, atualizando uma sensação de 1923, o texto de Cavalcanti ressalta o quanto o parâmetro ficcional, com sua parafernália de artifício, estúdio, vamp etc. havia invadido e tomado o lugar da realidade. É, então, quando o mote do "a vida como ela é", que duas décadas e meia antes embevecera o público das primeiras projeções cinematográficas, vem contrapor a esse estágio precocemente saturado da imagem em movimento os privilégios do natural, da filmagem em locação, do elenco não-profissional, tornando-os correlatos de base do documental, doravante associado a todo um requisitório de austeridade, despojamento, síntese, depuração, ausência de ornamento. Tais pré-condições ou elementos primários que distinguiriam daí em diante um filme documentário de um filme de ficção constituem elementos genéticos, premonitórios no campo audiovisual, do que posteriormente (meados dos anos de 1960) viria a ser chamado de minimalismo ou *minimal art*, e que, uma vez mais, pretendia fazer frente a um estado de excesso e saturação reverberado nos maneirismos da *pop art*.

Entretanto, "a vida como ela é" nos anos de 1920 já não era a mesma do final do século anterior, como não seria a mesma no pós-guerra, nos anos de 1960 e nos dias de hoje, oportunidades em que não se deixou de reiterar esse mesmo moto-contínuo para sintetizar uma suposta essência do documentário. Engana-se quem toma aqueles princípios de base como equivalentes de uma arquitetura documental firmada na espontaneidade e objetividade da imagem, quem toma despojamento por simplificação, o vivido imediato como expressão artística em si. A vida nua e crua jamais propiciou e sustentou alguma arte de interesse duradouro, a não ser quando se deixou passar pelo crivo de um trabalho de transformação, de transfiguração. As condições de reinvenção na arte, portanto, estão implicadas com uma nova combinatória de elementos que vem revolver um solo firmado e lançar por sobre ele novas estratificações.

E assim tem sido em relação às metamorfoses no campo do documentário. Embora a princípio reclamando para si a realidade direta contra os artifícios da ficção, o vivido imediato contra a sua recomposição em estúdio, tais reclamos foram catalisadores de mudanças que afetaram a ambos e uma espécie de "mínima ficção" jamais deixou de alimentar e realimentar o documentário ao longo da trajetória desses embates. Não da mesma forma, é certo.

No pós-guerra, com o cinema neo-realista, foi a vez da ficção reclamar para si as premissas do documentário, ao impregnar suas narrativas com os signos contundentes de uma realidade em ruínas e suas demandas de reconstrução. Nesse sentido, o Neorealismo constituiu um ponto de inflexão da imagem audiovisual em que a oposição de base real/ficcional perdeu os fortes contornos adquiridos duas décadas antes.

Mas nem por isso deixou-se de retornar e reiterar a antiga oposição quando da revolução na base técnica, com a miniaturização dos equipamentos, que veio alterar sensivelmente a relação entre imagem e realidade. Aí, por volta do final dos anos de 1950 e início dos anos de 1960, outra vez os privilégios do real/direto foram reivindicados pelo cinema documentário, mas já num contexto de reviravolta no âmbito da narrativa que só por inércia lingüística reverberava ainda a antiga oposição. Ou seja, o que nesse momento chamou-se de Cinema Direto, Cinema Verdade ou Cinema do Vivido, na Europa ou América, não teve mais o mesmo sentido daquele desejo de decolagem de quatro décadas antes. O que estava em jogo não era mais a oposição entre ficção e realidade, com ambas as modalidades cinematográficas correspondentes, mas sim mudanças substanciais no regime narrativo que alteraram por completo os termos dessa relação. E por mais que se fale de ruptura definitiva com as sobras de ficção que insistiram da herança flahertyana, de ruptura com os restos ilusionistas da herança griersoniana, "direto"/"verdade"/"vivido", só muito superficialmente podem ainda remeter ao antigo desejo de poder captar uma realidade/vida nua e crua, bruta, "como ela é". O Cinema Direto, com seus planos fechados de uma clausura de loucos, de um ambulatório ou de uma penitenciária agrícola, apesar de todo o reivindicatório do princípio da não-intervenção, mal consegue esconder a forte dose de pulsão escópica investida e mediada por uma câmera estatelada diante da cena do mundo. O Cinema Verdade, ao contrário, como um dispositivo intervencionista que cria, recorta e se inclui no acontecimento em curso, picotando espaços e tempos, falas e ruídos que se amalgamam numa montagem reflexa, vem expor o labiríntico trabalho de construção que jaz por sob qualquer verdade que venha à tona, mais ainda quando ela se faz no campo audiovisual.

Portanto, seja reiterando a profissão de fé da recusa de recomposição dos fatos vividos operada pela ficção (Cinema Direto), seja ainda diante da "angústia do ilusionismo" que apela para a auto-reflexividade (Cinema Verdade), com ambos adentrou-se numa transformação no regime da imagem que veio transcender as dicotomias originárias. Doravante, o real/direto do documental e recomposto/indireto da ficção já não puderam mais demarcar, conforme o requisitório anterior, modalidades tão divergentes de exercício da imagem audiovisual, quando então ela começou a tomar a feição de um "discurso indireto livre" que não mais cessou de variar e aprofundar seus procedimentos. É assim que se pode entender uma avaliação como a de Godard: "Sempre pensei que o que se chama de documentário e o que se chama de ficção fossem para mim dois aspectos de um mesmo movimento, e é a sua ligação que cria o verdadeiro movimento".[7]

---

7. Jean-Luc Godard, *Introdução a uma verdadeira história do cinema.*

Há quem faça dessa nova inflexão no campo do documentário, operada pelo Cinema Direto/Verdade, uma espécie de horizonte de nosso tempo documental, se não insuperável pelo menos produtor de fortes reverberações até a atualidade, determinando ainda boa parte das produções nesse campo. Mas atenção: tal visão ainda é tributária de um tipo de procedimento que canoniza uma forma surgida num determinado momento, faz dela um modelo do qual surgem as formas que lhe sucedem, mantendo inalterada a esfera repetitiva da representação. É assim que, segundo ela, ter-se-ia, com um duplo golpe, eliminado os resquícios de encenação do vivido que persistiam como material de composição do documentário e, simultaneamente, o horizonte ilusionista que durante décadas sustentara os reclamos de veracidade da narrativa cinematográfica. De um lado, os privilégios redivivos do acesso direto à realidade; de outro, fazendo-lhe frente, a panacéia do dispositivo de reflexividade. Aqui vale lembrar as proposições de Pasolini a respeito da normatividade das formas cinematográficas. Relativamente ao alto nível de articulação do sistema de uma língua, diz ele, tais formas possuem uma sistematização frouxa e efêmera, o que faz que suas convenções sejam postas constantemente em cheque e ultrapassadas "sem excessivo escândalo", impedindo que se firme "uma tradição estilística secular, mas simplesmente decenal."[8] Ora, cerca de quatro décadas se passaram desde a afirmação do cânone do Cinema Direto/Verdade. Estar-se-ia vivendo ainda sob o influxo – se não exclusivo – intensivo e extensivo de suas formas?

Coincidência ou não, o contexto atual é também de renomeação do documentário para "cinema de não-ficção". Ou seja, novo nome para algo que continua a se remeter à velha oposição. É certo que a ampla cultura de reciclagem do momento sustenta

8. Pier Paolo Pasolini, *op. cit.*

sem problema esse tipo de encontro (do velho com o novo). Mas também é certo que, em sua ambiência de "redescrição" de tudo, nela o trabalho conceitual, atento às complexidades do pensamento, não é mera questão de renomeação. Paradoxalmente, este é ainda um momento em que de todos os lados, tanto na produção documental em si quanto na produção teórica, o que se tem observado é um "retorno" contundente da ficção, da fabulação, da pequena encenação, do pequeno drama, da recomposição do vivido como procedimento integrante do material de filmes documentários. Para o leigo pouco habituado ao intrincado desta história, ao já antigo vaivém de realidade e ficção na imagem, o diagnóstico, corroborado pelo pensamento da época, é o de "confusão" entre ambas. O que, sem dúvida, é gerador de um certo estranhamento para quem se habituou como espectador a uma visão exclusivista desses domínios; mas é um estranhamento que, felizmente, pela mudança que opera nos hábitos, tem sido catalisado a favor da ampliação da audiência do documentário.

Entretanto, se o caso não chega a ser de confusão entre realidade e ficção, o que há é um jogo cada vez mais labiríntico de "indiscernibilidade" de ambas; e isto porque nem uma nem outra consegue mais, por si só, dar conta das virtualidades de sentidos que extravasam dos temas, objetos e agentes implicados e que os enredam em vários nós de tendências, instaurando o que se poderia nomear de nova sensibilidade documental ampliada. Sensibilidade esta que tenta se delinear em meio a um movimento vertiginoso entre um real que insiste, persiste, resiste como sobra, resto (nosso real habitual, cotidiano, banal), e uma turbulenta realidade virtual em fuga, atualizando-se de modo incessante para logo tornar ao problemático, e que vem lançar essa sensação de confusão ao ultrapassar em muito a dicotomia tradicional que repartia ficção e realidade.

Portanto, a paisagem documental atual não se ergue num horizonte canônico único, mas numa multiplicidade sem precedentes de formas, certamente como algo que se deixou afetar e abriu passagens por entre as tantas ondulações e revoluções da cultura audiovisual contemporânea. Nunca se produziu tantos documentários, nunca se dispôs de tantos suportes e mídias (químicos, eletrônicos, digitais), nunca um regime imagético propiciou tamanha variação estilística. Das formas flaherty-griersonianas revisitadas, do compenetrado Cinema Direto ao perambulante Cinema Verdade, dos filmes de montagem que reinterrogam os arquivos audiovisuais às poéticas experimentais performáticas que sacodem as significações dominantes, o campo do documentário diagrama-se como uma vasta e polifônica rede de produções urdida na correlação de descoberta e invenção, tradição e transformação, referenciado, assim, num tipo de temporalidade bastante diverso do padrão exclusivista moderno.

Nesse contexto, ser documentarista, ao invés da fixação melancólica anterior numa meia-identidade do ser cineasta, veio converter-se num momento pleno de afirmação de uma subjetividade artística.

A coletânea de textos de que dispõe agora o leitor atém-se a esses avatares de história e devir do documentário, mas com uma particularidade: a de ser inventário e percurso traçados a partir da produção documental brasileira. Única em tal propósito, apesar do extenso lastro formado e transformado ao longo de décadas, com ela pretende-se iniciar o preenchimento de uma lacuna injustificável no campo editorial, no da reflexão e no de obras de referência, tanto para a pesquisa sistemática quanto para aquele tipo de visada mais informal embora curiosa e interessada. A escassez de análises no âmbito da produção documental local, diferentemente do que ocorre no campo do audiovisual de ficção, vem rebater nos meandros daquela circunscrição que até recentemente, conforme me referi antes, concebia e situava o documentário como "arte menor", desprovida de interesse social e com audiência rala. Justificativas hoje postas abaixo uma a uma.

Em seu conjunto, as análises aqui presentes recobrem cerca de oito décadas da produção documental realizada no Brasil, dos primeiros filmes feitos pelo major Thomaz Reis para a Comissão Rondon aos últimos de Eduardo Coutinho. Tal incursão opera nas várias interfaces de história, teoria e estética do documentário, compondo um quadro amplo e minucioso de suas múltiplas formas e metamorfoses.

Sim, temos uma tradição que recua em relação à arquimediana referência às produções do Cinema Novo, assim como a sua transformação para além delas. Refiro-me, aqui, à prática incrustada na historiografia audiovisual brasileira, instaurada e firmada pela auto-referência cinemanovista, que confunde o devir do documentário com o devir do Cinema Novo. Tudo se passa, nesse encômio reflexivo, como se o momento disparador da auto-consciência de uma forma coincidisse com o momento inaugural de sua irrupção. A confluência da emergência do Cinema Novo e do Cinema Verdade contribuiu, sem dúvida, para que isso se firmasse.

No entanto, como se verá com os ensaios aqui reunidos, a produção e um certo padrão cinemanovista de documentário constituem um ponto de inflexão relevante, mas não único, nem antes, nem depois. No final dos anos de 1920 e início dos anos de 1930, o debate em torno do fazer cinema de ficção ou Cinema de Realidade – as prerrogativas de um ou de outro – atualizou-se aqui ao modo da oposição "posado" *versus* "natural", que se desdobrava no que era a atividade propriamente "artística", no caso do primeiro pólo, e a mera atividade de "cavação", no caso do segundo. A afirmação do documentário, assim como a conversão de seus opositores, apenas se deu através da conjunção de uma série de fatores, marcadamente legislativos, que o encaminharam para a modalidade específica do "cinema educativo", conforme o texto dedicado a Humberto Mauro. No final dos anos de 1960 e início dos anos de 1970 uma ruptura se deu em relação a um padrão "sociológico" de realização documental, com o surgimento de uma multiplicidade de tendências que desde então veio imprimir uma feição compósita e heteróclita às realizações nesse campo. Como se pode observar, tal história é cheia de matizes que ultrapassam a aura erguida em torno de um momento que pretende canonizar uma forma; ou seja, ao longo de seu itinerário, no documentário apostou-se menos em sua forma fixa e investiu-se mais em sua metamorfose.

Dividida em duas partes, a organização da coletânea tem um duplo escopo, temático e monográfico. Na parte temática que abre o conjunto, conforme o título "Metamorfoses de um gênero: documentários em tempos de proliferação dos híbridos", o objetivo é realizar um levantamento e análise de questões que perpassam o campo do documentário ontem e hoje, em sua história e seu devir, de modo a compor uma primeira grade de inteligibilidade e sua integração aos demais textos do conjunto. Os temas, seqüencialmente, vão desde a seminal relação com o outro, o circuito do objetivo/subjetivo e sua transformação com o surgimento da narrativa indireta livre ("Eu é outro: documentário e narrativa indireta livre", de Francisco Elinaldo Teixeira); um tipo de realização documental, o filme de montagem, que vem operar uma ressignificação de imagens e procedimentos subtraídos de arquivos, propondo-se a partir dele as possibilidades de uma ensaística audiovisual ("A migração das imagens", de Jean-Claude Bernardet); inflexão, meandros e incidência atual dos parâmetros do Cinema Verdade ("Cinema Verdade no Brasil", de Fernão Pessoa Ramos); até as várias orientações e tendências que tomou ao longo de sua história uma das primeiras modalidades documentais, o etnográfico ("Tendências do documentário etnográfico", de Patrícia Monte-Mór).

Tais abordagens não pretendem esgotar, longe disso, o amplo espectro de questões que daí avultam, algumas ainda em processo e até ausentes ou apenas apontadas (novas tecnologias, por exemplo), mas certamente compõem com elas vários níveis de estratificações intrínsecos às discussões contemporâneas.

Na seqüência deste quadro temático, a segunda parte, intitulada "Das poéticas documentais experimentais às etnografias fílmicas estratégicas", constitui-se de oito monografias de realizadores. O propósito monográfico desenvolve-se a partir de um *corpus* de obras que demandam análises circunstanciadas, visando pôr em relevo a especificidade de cada concepção em foco, mas também que as lança para fora de si num cotejo com problemáticas mais amplas, quando então o temático e o monográfico de ambas as partes podem reverberar um no outro.

Reclama-se, por vezes, do desconhecimento da tradição por parte dos documentaristas da atualidade, como se suas realizações proviessem do nada e não tivessem de se defrontar com miríades de referências que lhes antecedem, postas à partida de cada criação. Além disso, quando se fala de tradição, é quase sempre na óptica de uma significação vanguardista, naquela acepção moderna de algo que se precisa "conhecer para negar". Ora, já faz tempo que o trabalho do presente deixou de ser mera negação do passado. E se foi possível conceber algo aparentemente tão paradoxal como uma "tradição moderna", isso já era sinal de uma mudança em relação à duração que antes, ancorada num eterno presente, concebia o passado como um antigo presente e o futuro como um presente por vir. A tradição não é mais um passado morto marcado pelo selo da regressividade, mas referência contundente que, junto com o futuro, insiste no tempo, ambos dividindo ao infinito cada presente. Esta mudança de concepção da temporalidade independe das consciências particulares e não se manifesta num reclamo pontual do tipo "vou levar em conta a tradição", como se ela se constituísse de algo afastado e passivo em sua disponibilidade.

É assim que, no âmbito da produção documental local contemporânea, várias interfaces com a tradição são acionadas, seja de um modo mais sistemático por parte daqueles que privilegiam um "diálogo" explícito e reconhecível de imediato (não por acaso, os que mais reclamam do desconhecimento da tradição), seja na informalidade que faz saltar o impensado do pensamento e que pode adquirir inscrição numa inquietação/indagação do tipo "de onde me vem isto?" (tal forma de processar um material, tal modo de composição, tal referência imagética etc.).

O conjunto das oito monografias visa pôr em relevo essa correlação de tradição e transformação do documentário no Brasil. Como se poderá observar, ela é feita de vários estratos temporais, tanto no que diz respeito à produção específica de cada realizador enfocado quanto nas possíveis articulações entre elas.

Parte-se, com o primeiro texto ("O documentário como fonte para o experimental no cinema de Arthur Omar", de Guiomar Ramos), de um momento de forte problematização da tradição documentária, quando então se colocou a questão, ainda sob o espírito das vanguardas, a respeito de como realizar "antidocumentários" que não significassem mera reiteração dos parâmetros herdados do cinema ficcional, ou seja, que rompessem com o longo tributo devido à ficção narrativa e se constituíssem como "linguagem autônoma". Fértil, tal indagação reabria, concomitante a outras, as portas da experimentação documental, que nem por isso deixava de reconhecer "uma inevitabilidade de se jogar com as formas existentes."[9] Ainda em território experimental, o segundo texto ("A imaginação cinematográfica em Di-Glauber", de Tetê Mattos) se detém exclusivamente no filme realizado por Glauber quando da morte do pintor Di Cavalcanti, em 1976. Visto por um círculo muito restrito de pessoas, já que foi imediatamente retirado de circulação por meio de recurso judicial impetrado pela família do pintor, o filme constitui um ponto alto (em saltos que vão de *Câncer*, de 1968-1972, e se prolongam até o *A idade da terra*, de 1980) de um veio performático-processual pelo qual o campo do documentário mantém uma renovação constante de suas formas.

Os três textos seguintes são os que mais reenviam, nessa segunda parte, aos avatares do Cinema Direto/Verdade no Brasil. O terceiro texto ("O cinema de Eduardo Coutinho: uma arte do presente", de Consuelo Lins) é dedicado à produção de um dos mais prestigiados documentaristas locais, polêmica e contraditoriamente considerada tributária da herança flaherty-griersoniana por uns, mas que ao mesmo tempo mantém de pé a atualidade do Cinema Verdade para outros. Conforme a ensaísta e colaboradora de Coutinho, para além dessas ancoragens históricas, seu cinema elege a "vida de homens infames" como motivo maior para fazer do documentário uma arte do agora. No quarto texto ("Leon Hirszman: em busca do diálogo", de Arthur Autran) o ensaísta opera um recorte na produção do diretor, a partir do qual elabora três "modelos" de realização documental no Brasil, entre os anos de 1960 e os anos de 1980. Desdobrando a tipologia proposta por Bernardet em *Cineastas e imagens do povo*,[10] uma das raras reflexões locais sobre o gênero, Autran propõe,

---

9. Arthur Omar, O antidocumentário, provisoriamente, *Revista de Cultura Vozes*, ago. 1978.
10. Jean-Claude Bernardet, *Cineastas e imagens do povo: uma aventura documentária no Brasil, 1960-1980.*

além do modelo "sociológico", a existência de um "antropológico" e de outro "estrutural". O quinto texto ("Beleza e poder: os documentários de Joaquim Pedro de Andrade", de Luciana Corrêa de Araújo) compõe o trajeto de uma obra que repercute vários regimes da imagem: da estética clássica do cinema mudo, do Neo-realismo, até o Cinema Direto/Verdade e para além dele. A ensaísta destaca o quanto o diretor ultrapassa o mero intento de biografar seus temas (Gilberto Freire, Manuel Bandeira, Brasília, Aleijadinho etc.), utilizando-se deles para traçar um retrato denso do "poder da criação" em meio adverso.

Com os três últimos textos completa-se o percurso retrospectivo que serve de fio ao conjunto dessas monografias de documentaristas. É tentador reparti-los em três modalidades de cinema etnográfico-antropológico: a relação com o estranho/distante ("Luiz Thomaz Reis: etnografias fílmicas estratégicas", de Fernando de Tacca), a relação com o familiar/próximo ("O documentário segundo Cavalcanti", de Cláudio M. Valentinetti) e, como uma espécie de articulação por sobre ambas, a relação com o país/nação ("Humberto Mauro e o documentário", de Sheila Schvarzman). Para efeitos comparativos que levem em conta as temáticas que deles sobressaem, a procedência e o modo como processam seus materiais, enfim, o horizonte documental que se descortina em cada um, tal repartição parece-me pertinente. Poder-se-ia, ainda, situá-los como formadores no interior de uma tradição que o presente, por força das pesquisas e estudos que suas obras continuam catalisando (entre outras, as dos três ensaístas aqui presentes), não pára de atualizar.

Como afirmei a respeito da primeira parte temática, aqui também não se pretende cobrir, nem de longe, a vasta filmografia documental brasileira, de ontem e de agora. E foi pensando nas inevitáveis lacunas que situei o conjunto dessas análises em três grandes blocos conceituais: experimental/performático, Cinema Direto/ Cinema Verdade, etnográfico/antropológico. Tal repartição não tem feição monádica, ao contrário, ela recolhe das próprias análises as variações intrínsecas a cada obra abordada e as que se dão entre as obras, suas contaminações, diálogos e embates, que vêm ressaltar as múltiplas políticas de representação em jogo no campo do documentário.

Para concluir, se aqui se pode destacar uma tonalidade ou textura, ela é, certamente, a da forma em constante mutação (a forma-documentário), da forma que se esquiva o tempo todo dos intentos que visam paralisá-la em cânone/modelo secular, daí o sentido de pensar tradição e transformação como correlato uma da outra. Enfim, é a própria questão ontológica clássica – "o que é o documentário?" – que já há um certo tempo veio se converter na indagação seminal: o que é o campo do audiovisual em sua heterogeneidade de mídias, formas e procedimentos?

METAMORFOSES DE UM GÊNERO: DOCUMENTÁRIOS EM TEMPOS DE PROLIFERAÇÃO DOS HÍBRIDOS

Eu é outro: documentário e narrativa indireta livre

Francisco Elinaldo Teixeira

Contamos com a arte para evitar que nos mate a verdade.
Nietzsche, em *J.-L. Godard por J.-L. Godard.*

Meu primeiro propósito é recortar, na parca bibliografia sobre o gênero documental no Brasil, três referências teóricas que compõem uma problemática do documentário brasileiro dos anos de 1960 para cá. Menos que nos aspectos temáticos que perpassam tal problemática, aspectos de fato presentes nas análises das filmografias cotejadas pelos autores, quero pôr ênfase nos aspectos de constituição e metamorfose da forma-documentário. Tais aspectos se sobressaem nessas análises de modo contundente, ao ponto de compor um texto principal de estética documental, de grande reverberação no mapeamento contemporâneo das tendências do gênero. Num segundo momento, amplia-se o espectro dessas considerações com uma exposição da teoria deleuzeana do cinema em sua incidência no campo documental. Finalmente, como ponto de convergência de todas essas análises, encontram-se as poéticas híbridas que marcam, com grande rumor e amplitude, as realizações documentais na atualidade.

Três modelos originários e seus avatares

As três referências teóricas, que serão apresentadas seguindo a cronologia de suas publicações, são: de Arthur Omar, o ensaio

"O antidocumentário, provisoriamente", de 1972; de Jean-Claude Bernardet, o livro *Cineastas e imagens do povo*, de 1985; de Silvio Da-Rin, o ensaio "Auto-reflexividade no documentário", de 1997[1]. Em cada um desses textos, de modos diferentes, delineiam-se três modelos, três matrizes, três formas documentais originárias, cujas metamorfoses constituem os eixos das análises. Eles não chegam a construir contramodelos, propriamente, mas um conjunto de proposições que tentam dar conta de transformações. Obtém-se, assim: 1- Um *modelo ficcional*, calcado na "função-espetáculo", que apresenta a realidade documental como uma ficção, com sua contrapartida em peças experimentais implicadas com uma desarticulação da linguagem documental dominante (Omar); 2- Um *modelo sociológico*, tributário da crença clássica na possibilidade de atingir um real bruto, com sua superação em documentários concebidos como "discursos" construídos no real (Bernardet); 3- Um *modelo ilusionista*, herdado da "forte presença do griersonismo" desde a nascença do documentário, cuja problematização se dá com o surgimento de tendências reflexivas que põem em foco os processos de representação documental (Da-Rin).

O ensaio de Omar é fruto da realização de seu filme *Congo*, de 1972. Mais que isso, deve-se frisar, trata-se de uma reflexão feita no calor da hora, em um momento de grande inflexão nos parâmetros da estética documental local. Basta atentar para a dimensão desconstrutivista do título (a idéia de um "anti-documentário") e para o teor construtivista de suas proposições. O

---

1. Arthur Omar, O antidocumentário, provisoriamente, *Revista de Cultura Vozes*, ago.1978, p. 5-18.
Jean-Claude Bernardet, *Cineastas e imagens do povo: uma aventura documentária no Brasil, 1960-1980.*
Silvio Da-Rin, Auto-reflexividade no documentário, *Cinemais*, nov./dez. 1997, p. 71-92.

que seria, em Omar, o que chamo de modelo ficcional enquanto herança da forma-documentário clássica?

Sua visão é contundentemente negativa: o documentário carece de "história própria", de "linguagem autônoma", de "independência estética". Trata-se de uma forma "inteiramente tributária (da) vertente principal da história do cinema", ou seja, do "filme narrativo de ficção", constituindo-se, assim, como um "subproduto da ficção narrativa". Tal como nesta, "tudo pode ser dado como espetáculo", a "função-espetáculo" os une, de tal modo que o "segredo do filme documentário" é o de "dar o seu objeto como espetáculo". Em ambos, ficção e documentário, portanto, a mesma "mística", qual seja, a de "um *continuum* fotografável que pode ser dado à visão, uma verdade que se apreende imediatamente". Essa vontade de verdade comum a ambos e em disputa nós encontramos desde o primeiro movimento de recusa da ficção pelo documentário, lá pelos anos de 1920. Ou seja, conforme a redescrição que Deleuze faz desses embates, embora pretendesse abandonar a ficção em favor do real, o documentário só o fazia mantendo "um modelo de verdade que supunha a ficção e dela decorria."[2] É disso que fala Omar quando afirma que o cinema de ficção, com seus dispositivos narrativos, visa "tornar mais real o que ele queria apresentar como realidade, e o documentário, cujo desenvolvimento foi mera absorção desses dispositivos, acaba apresentando a sua realidade documental como se fosse ficção". Em ambos, portanto, na vontade de mais-realidade da ficção e na vontade de mais-ficção do documentário, a mesma crença (ou "mística", como quer Omar) numa narrativa veraz ou numa veracidade da narrativa, que assim permanecia realmente veraz e não ficticiamente veraz, embora tal ideal de verdade,

2. Gilles Deleuze, As potências do falso, p. 155-188.

como reitera Deleuze a Nietzsche, fosse "a ficção mais profunda no âmago do real".[3]

A partir dessa condição heteronômica do documentário, dessa sua determinação pelo campo da ficção, Omar recorta, no que ele chama de "documentário médio, acadêmico" local, duas "soluções estéticas": a) a de uma "direita estética", crítica, progressista, autoral, por "conter um adicional de expressão onde uma personalidade de autor se marque como visão pessoal do mundo"; b) a de uma "esquerda estética", identificada com a "vanguarda experimental", cuja limitação é "bordejar o continente do filme clássico, fustigando-lhe os flancos". A atitude dessa vanguarda é marcadamente maneirista, com um "projeto de livre invenção" que não é mais que "simples inversão dos artifícios cristalizados", transformando o que é principal no "filme tradicional" em secundário e o que é secundário nele em principal. Embora importante, "essa série de inversões apenas dá continuidade ao ciclo da narração". Entretanto, afirma Omar, "linhas de força da novidade se encontram transversalmente nessas experiências e geralmente nunca são desenvolvidas uma vez lançadas". Seria o caso, então, de se extrair desses lampejos "uma teoria sistemática que orientasse uma nova prática", já que, como constata ele, na prática documental há "um beco sem saída, uma inevitabilidade de se jogar com as formas existentes, pois fora delas não existe coisa alguma".

Aqui, sua proposição de realização de anti-documentários como contrapartida dessa determinação ficcional opera-se num duplo movimento: 1) um primeiro desconstrutivista, com a necessidade de "regrar metodicamente o trabalho de desarticulação da linguagem do documentário, ou melhor, de redistribuição dos elementos presentes no documentário tradicional, cuja fórmula não permite realizar certos tipos de pesquisa"; 2) um se-

3. *Ibidem*, p. 182.

gundo construtivista, no qual "sem recusar o lado fotográfico de captação, mas fiscalizando-o rigorosamente, poderiam surgir, num período de transição, espécies de antidocumentários, que se relacionariam com seu tema de um modo mais fluido e constituiriam objetos em aberto para o espectador manipular e refletir. O antidocumentário procuraria se deixar fecundar pelo tema, construindo-se numa combinação livre de seus elementos".

Enfim, ao propor seu filme não como um objeto estético acabado, não com a consistência de um documentário regulado pelos parâmetros da gramática corrente, mas como um experimento ("experimento Congo"), Omar integra e problematiza de dentro o ideário do que ele mesmo nomeia de "vanguarda experimental", que tem no projeto da "Nova objetividade" de Hélio Oiticica,[4] com sua proposição de criação de uma linguagem singular no âmbito da arte-cultura no Brasil, uma de suas mais férteis vertentes.

O livro de Bernardet remete a esse ensaio de Omar, situando seu filme *Congo*, junto com *Lavrador*, de Paulo Rufino (1968), e *Indústria*, de Ana Carolina (1968), num momento em que a instância de enunciação adquire enorme relevo na forma-documentário com "a voz do documentarista" vindo para o primeiro plano. Sua interpretação da proposição-título do ensaio de Omar como uma "ruptura com o pai", no entanto, está pouco matizada em relação ao patamar em que ele situa o filme *Congo*. Bernardet propõe que "antidocumentário = oposição ao documentário sociológico" e que "provisoriamente = enquanto não voarmos com as nossas próprias asas". Ora, viu-se como Omar se põe diante de pelo menos dois interlocutores, a tradição e o presente (direita estética/cinema de autor e esquerda estética/vanguarda experimental), com um desejo de ruptura frente a ambos (ao pai/documentário sociológico e ao irmão/documentário experimental). Como ele afirma a respeito de seu filme, não

4. Hélio Oiticica, Esquema geral da nova objetividade, p. 84-98.

se trata de buscar um "modelo novo", mas de uma "experiência pautada em sua singularidade mais irredutível", um "ponto fora do perímetro".

Se o ponto de partida-saída de Omar é o documentário enquanto espelho da ficção, as análises de Bernardet partem do documentário enquanto espelho do real. É o que ele chama de "modelo sociológico". Tomando o apogeu desse modelo no documentário *Viramundo*, de Geraldo Sarno (1965), seu interesse será estudar as inflexões da forma-documentário a partir do final dos anos de 1960, momento de "uma crise intensa, profundamente criadora e vital", em que o modelo sociológico é "questionado e destronado e várias tendências ideológicas e estéticas despontaram". O arco temporal que ele inventaria vai, assim, de 1965 a 1980, de *Viramundo* a *Porto de Santos* (Aloysio Raulino), com um conjunto de cerca de 21 documentários analisados. Sua questão de base, na problematização que faz da relação entre "cineastas e imagem do povo", remete ao plano da enunciação, ao "quem fala?" nietzscheano, ao "quem era o dono do discurso", como afirma Bernardet.

O modelo sociológico, que se pode traçar sumariamente a partir de *Viramundo*, é constituído por um tipo de "linguagem" que "não duvida de que seja a expressão do real", que "não se coloca como uma representação ou como uma elaboração particular do real", conforme Bernardet. Positivando-se nas "formas circulares", na "concatenação das seqüências", nas "montagens paralelas", tal matriz é produtora de documentários fortemente amarrados, "sem quebras, sem brechas, sem interstícios". Nela o documentarista permanece "oculto diante de um real intocável e fetichizado", com sua voz totalmente assimilada à "voz do mundo", à maneira de um observador discreto que recusa a encenação e pretende mostrar a vida como realmente é.

Tal padrão de realização documental começa a ceder quando os cineastas voltam-se mais sistematicamente para as questões urbanas, tomando por alvo o próprio estrato social, no caso a classe média. É o caso do documentário *A opinião pública*, de Arnaldo Jabor (1966), cujo espelho no estrato médio de Copacabana acaba por vir "perturbar o método". Doravante, com *Liberdade de imprensa*, de João Batista de Andrade (1967), parte-se em "busca de uma nova dramaturgia documentária", centrada na "prática de gerar a realidade que se filmava", provocar uma "alteração no real", assim quebrando-se um "tabu": o de que "o documentário deva e possa apreender o real tal como é, independente da situação de filmagem". É quando, conforme já fiz referência, "a voz do documentarista" emerge para o primeiro plano, com a forma-documentário assumindo-se plenamente como discurso construído no real.

As mudanças introduzidas por esses três documentários (*Lavrador*, *Indústria* e *Congo*), radicalizadas de um a outro, conforme Bernardet, podem ser resumidas no seguinte: a) o filme formando-se como um "conjunto de células significantes" a partir de um "universo temático" em que as "seqüências" cedem aos "blocos" de imagens; b) a inscrição do metacomentário no próprio tecido do filme ("Documentário?"); c) a obliteração da "função analógica da imagem", com a significação surgindo da "relação entre os elementos", o que, no limite, constitui a sonegação mesma de seu "referente ou aparente referente". Aí, arremata Bernardet com o filme *Congo*: "O outro não foi transformado em objeto, apenas se indicam os instrumentos que o tornam objeto. Mas tampouco tornou-se sujeito, foi eliminado. O sujeito é o cineasta. E, neste filme, o sujeito que emite o discurso também está apontando para o seu desaparecimento".

O que está em jogo nesse ponto de inflexão da forma-documentário, em que a voz do documentarista vem para o primeiro plano e acaba encetando o seu desaparecimento, é a abertura para que o outro possa advir, constituindo-se novas formas de enunciação que se insinuam no "Eu é outro" rimbaudiano, comentado por Deleuze em sua reinterpretação do Cinema Direto/Cinema Verdade.[5]

De fato, nos quatro últimos capítulos do livro de Bernardet, é a problemática do outro que se impõe inteiramente e sobressai em títulos como "A voz do outro" (*Tarumã, Jardim Nova Bahia*), "A outra vertente" (*O velho e o novo, Cultura e loucura*), "O outro é um segredo?" (*Gilda, Destruição cerebral, Iaô, Mito e metamorfose das mães nagô*), "O intelectual diante do outro em greve" (*Os queixadas, Greve, Porto de Santos*). O movimento que se observa nessa altura das análises de Bernardet em relação ao seu ponto de partida, o modelo sociológico que objetifica o outro, é, por um lado, o outro se erguendo como sujeito no apagamento do cineasta (caso de *Jardim Nova Bahia*, de A. Raulino, que cede a câmera ao personagem), e, por outro, resistindo à sua decifração enquanto se põe como "consciência indevassada", enquanto alteridade radical (*Gilda, Destruição cerebral, Iaô, Mito e metamorfose...*).

Numa síntese final de seu percurso, Bernardet destaca três elementos de ruptura, no nível da "linguagem", entre o "modelo sociológico" e as "diversas tendências posteriores": 1) "deixar de acreditar no cinema documentário como reprodução do real, tomá-lo como discurso e exacerbá-lo enquanto tal"; 2) "quebrar o fluxo da montagem audiovisual e desenvolver uma linguagem baseada no fragmento e na justaposição"; 3) "opôr-se à univocidade e trabalhar sobre a ambigüidade". Não é difícil perceber, no inventário dessas metamorfoses, todo um trajeto histórico da forma-documentário que vai do discurso mimético-reprodutivo ao artefato, ao metacomentário, à intervenção deliberada e ostensiva do cineasta.

5. Gilles Deleuze, As potências do falso, p. 185.

Traçar tal itinerário histórico constitui, de fato, o propósito mais amplo da pesquisa de Da-Rin, cujo título é *Espelho partido: tradição e transformação do documentário cinematográfico.*[6] Mas aqui ficaremos apenas no recorte dado por este ensaio sobre "Auto-reflexividade no documentário".

Da-Rin retoma e subscreve vários aspectos dos dois textos de Omar e Bernardet, juntamente com uma série de fontes, marcadamente americanas, sobre o documentário contemporâneo. De Bernardet ele reafirma a ruptura, na forma-documentário atual, em relação à univocidade e totalização enquanto "características que pontuam toda a história do documentário", com o realce dado ao trabalho sobre a ambivalência. No caso de Omar sua avaliação é mais polêmica. Ao tentar configurar o perfil de "documentários auto-reflexivos", documentários de ruptura com o cânone clássico inscrita no próprio tecido do filme, Da-Rin afirma que até o "início dos anos de 1980" não se fez por aqui uma problematização desse cânone, e que o "cinema etnográfico e sociológico praticado no Brasil foi um dos segmentos que mais sofreu a 'repressão ao domínio formal e expressivo' com que o griersonismo marcou de nascença o documentário em geral". E acrescenta: "O único realizador entre nós que fez do conjunto de sua obra um sistemático e diversificado questionamento ao ilusionismo e ao realismo no documentário foi Arthur Omar". Com um efeito polêmico, tal afirmação acaba por perder de vista ricas e importantes nuances, pois, como se viu em Bernardet, desde o final dos anos de 1960 a crise desse modelo canônico gerou diversas tendências que não pararam de proliferar até os dias atuais.

O modelo ilusionista recortado por Da-Rin é uma espécie de composto dos modelos ficcional e sociológico, de Omar e

6. Silvio Da-Rin, *Espelho partido: tradição e transformação do documentário cinematográfico.*

Bernardet, com a reiteração do tributo às "convenções narrativas" da ficção, à forma-espetáculo enquanto "contemplação passiva de uma história que parece contar-se por si própria", à crença num real bruto reproduzido sem mediação. O surgimento de "novos documentários", em "meados dos anos de 1970" em diante, afirma ele, vem promover um "modelo reflexivo de representação" que constitui os "documentários auto-reflexivos", nos quais se identifica "uma tendência a adotar estratégias anti-ilusionistas, mostrando a obra como produto, remetendo a uma instância produtora e desnudando seu processo de produção". Neles se justapõem "trechos observacionais, letreiros, entrevistas e comentários em voz *off*", dando a ver o documentarista como "um produtor de discurso" ao invés de "um repórter neutro e onisciente da verdade das coisas".

Dadas essas premissas mais gerais, Da-Rin vai desdobrar suas análises tomando as obras de dois autores contemporâneos, Eduardo Coutinho e seu filme *Cabra marcado para morrer* (1984), Jorge Furtado e seus filmes *Ilha das flores* (1989), *Esta não é a sua vida* (1991) e *A matadeira* (1994). Vai realizar, com esses autores e filmes, um arremate bastante interessante das metamorfoses da forma-documentário, além de bem afinado com o campo atual das análises sobre a imagem de um modo mais amplo.

Ao invés de seguir uma cronologia da produção que analisa e que começaria com *Cabra marcado para morrer* e seguiria com *Ilha das flores* e os outros filmes, ele inverte tal ordem histórica. E por quê? Bem, boa parte de sua análise da produção de Jorge Furtado está concentrada nos aspectos de desconstrução dos códigos normativos do cânone clássico do documentário. É assim que vai destacar nesses filmes: a) a colocação em primeiro plano da "artificialidade do discurso cinematográfico" e da "natureza convencional da representação"; b) o uso da paródia e da ironia com o "efeito de questionar a representação e desvelar a arbitrariedade das convenções cinematográficas"; c) a proposta de uma "reflexão sobre a fabricação de visões do mundo através do cinema, e, particularmente, um questionamento sobre os índices automáticos de verdade no documentário"; d) os elementos formais "desmistificados como meras convenções naturalistas"; e) enfim, o "jogo" deliberado "com a ambivalência". E aqui Da-Rin faz a seguinte ressalva: "notar que a promoção indiscriminada da ambivalência pode facilmente levar a uma descrença na imagem como um instrumento capaz de intervir na arena social". Nesse sentido, a "concepção da imagem" em Furtado seria a de "um labirinto de imagens que refletem apenas outras imagens, sem qualquer peso referencial que as ancore ao mundo social e histórico", o que situaria seus filmes no "quadro de uma estética pós-moderna", marcada por uma "crise auto-reflexiva da representação". Ressalte-se, por enquanto, o problema da *falta de peso referencial*.

Ao contrário, e a par com aspectos em comum, afirma Da-Rin, *Cabra marcado para morrer*, com suas "verdades situadas, contingentes e relativas", é diferente sob muitos aspectos: "Tanto o processo histórico – trajetórias individuais e memória coletiva – quanto o processo de produção de significados através do cinema estão profundamente enraizados no corpo de *Cabra*. Não há neste filme nenhum sintoma de uma 'crise auto-reflexiva da representação' – falso dilema pós-moderno entre a imagem-documento como revelação automática da verdade ou a ficção como construção arbitrária e manipuladora". Arremata: "se de algum espelho se trata, é de um espelho partido". Por fim, sua convicção "de que auto-reflexividade, descontinuidade e diversidade de materiais e técnicas não encaminham necessariamente o documentário contemporâneo para um abandono niilista da produção de verdades".

O que eu quero ressaltar, então, é que nos três autores comentados é persistente o trajeto na forma-documentário que parte da noção de reprodução do real, passa pela sua desconstrução ao remetê-la a uma convenção, até chegar à sua configuração como traço. Trata-se disso que Philippe Dubois, em seu livro sobre fotografia [7], nomeia de "três tempos das análises históricas" sobre a imagem, não apenas a fotográfica como também a cinematográfica, documental, o campo mais abrangente da arte contemporânea. Esses três tempos são o da imagem vista como "espelho do real" ou do "discurso da mimese", da imagem vista como "transformação do real" ou do "discurso do código e da desconstrução", da imagem vista como "traço de um real" ou do "discurso do índice e da referência". Nesses três tempos, semioticamente falando, ele afirma que as análises ressaltam uma configuração da imagem, ora como ícone (primeiro tempo), ora como símbolo (segundo tempo), ora como índice (terceiro tempo), e que "uma parte muito importante da arte contemporânea – toda a sua parte inovadora, tudo o que é experimentação e pesquisa de novas linguagens – pode ser considerada [...] "como uma evolução rumo a uma radicalização da lógica indiciária". Lógica que, além de constituir um "marco histórico da modernidade", constitui também um "deslocamento teórico" em relação às estéticas clássicas da mimese, analogia, semelhança.

Esse traçado é talvez mais visível e enfático no ensaio de Da-Rin, que de partida expõe isso que Dubois nomeia de "angústia do ilusionismo" diante da imagem, e cuja superação leva o analista da imagem à verificação do que na imagem releva de traço, de contato, de contigüidade referencial com um real. É por isso que, após remontar a máquina documental desconstrutivista de Furtado criticar-lhe a falta de "peso referencial" e o seu teor de "descrença na imagem", Da-Rin, finalmente, pode reencontrar no reconstrutivismo da imagem de Coutinho um real que seja concomitante à criação de verdade no cinema.

7. Philippe Dubois, *O ato fotográfico e outros ensaios*, p. 23-56, 109-157 e 251-307.

Os três modelos da forma-documentário e seus avatares interpenetram-se, como se viu, de diversos modos. No geral, porém, todos infletem suas problematizações no par realidade-ficção e suas oposições, ou seja, num solo que desde a aurora do documentário contrapôs estúdio e locação, natureza e artifício, verdade e falsificação, fazendo reverberar a interminável dúvida a respeito da câmera cinematográfica agir ou não sobre situações e os personagens reagirem ou não à sua presença. Nesse sentido, talvez não seja por acaso que tais estudos ponham como foco privilegiado, no âmbito do documentário, as categorias epistemológicas de sujeito e objeto (quem sabe e quem é alvo de saber), mais que a interrogação sobre as convenções do objetivo (o que a câmera "vê") e subjetivo (o que o personagem "vê") nas condições próprias do cinema. E no entanto, é com a transformação dos dados dessa relação entre subjetivo e objetivo, tal como se convencionou no modo clássico de representação cinematográfica, que uma ruptura se operou a partir dos denominados "Cinema Verdade", "Cinema Direto", "Cinema do Vivido", não entre ficção e realidade, mas num novo regime narrativo que as afeta.

Novo circuito das imagens objetivas e subjetivas: a narrativa indireta livre

Pretendo agora repassar a problemática da forma-documentário, anteriormente exposta, sob o ângulo das proposições deleuzeanas que tomam como paradoxais as denominações Cinema Direto/Cinema Verdade, justamente quando o que estava em jogo no momento de sua emergência, "por volta de 1960", era o exercício novo de uma visão indireta livre que punha em questão todo modelo de verdade. Aí, o enfoque não se dirige às categorias epistemológicas sujeito/objeto, mas para as reviravoltas operadas nas convenções do que era considerado objetivo/subjetivo no âmbito da imagem cinematográfica.

A problematização de Deleuze, o estranhamento que vai produzir em relação a algo já tão sedimentado no campo das conquistas do cinema, assim como a nova combinatória resultante da inversão que vai propor, encontram-se no capítulo em que discute a irrupção das "potências do falso"[8]. Aí, num primeiro momento, atém-se à oposição de "dois regimes da imagem", um orgânico/cinético e o outro cristalino/crônico, a cada um fazendo corresponder dois tipos de descrição (descrição "orgânica" e "cristalina") e de narração (narração "verídica" e "falsificante"). Ambos os regimes e seus desdobramentos compõem um traçado que dá a ver a passagem do esquema sensório-motor da imagem-movimento (âmbito do orgânico) às situações ópticas e sonoras puras da imagem-tempo (âmbito do cristalino). Num segundo momento, com o novo estatuto da narração, que deixa de aspirar o verdadeiro e torna-se eminentemente falsificante, é a vez de fazer incidir tais mutações no campo da imagem sobre os novos personagens emergentes. É quando "o falsário torna-se o próprio personagem do cinema" e "não mais o criminoso, o *cowboy*, o homem psicossocial, o herói histórico, o detentor de poder". O falsário é o novo personagem que vem operar o trânsito contínuo da forma fixa à metamorfose: "'Eu é outro' substitui Eu=Eu", ou seja, "contrariamente à forma do verdadeiro que é unificante e tende à identificação de um personagem", a potência do falso, do falsário, é inseparável de uma "irredutível multiplicidade". Não se trata, portanto, com a potência do falso emergindo enquanto "princípio de produção das imagens", de embuste, ilusão ou fraude colocadas no lugar e em oposição a um ideal de verdade, mas de uma vontade de potência que se põe em ato, relação entre forças, poder de afetar e ser afetado.

8. Gilles Deleuze, As potências do falso, p. 155-88.

Num terceiro momento, "mais além da descrição e da narração", como afirma Deleuze, finalmente surge a problemática da narrativa. Deleuze repassa, rapidamente, o aspecto epistemológico implicado na narrativa: "pensamos que a narrativa se refere em geral à relação sujeito-objeto e ao desenvolvimento dessa relação (enquanto a narração se referia ao desenvolvimento do esquema sensório-motor)". Remetida a narrativa à relação sujeito-objeto (no sentido "geral"), ele afirma que aí o "modelo de verdade encontra então sua expressão plena, não mais na conexão sensório-motora, mas na 'adequação' do sujeito e do objeto". Entretanto, "nas condições do cinema", o que são objeto e sujeito? Convencionalmente, "chama-se objetivo o que a câmera 'vê', e subjetivo o que o personagem 'vê'", convenção que "só ocorre no cinema, não no teatro". Nessas condições específicas, o que é a narrativa? Segundo Deleuze, ela "é o desenvolvimento dos dois tipos de imagem, objetivas e subjetivas, a relação complexa delas que pode resultar em antagonismo, mas deve se resolver numa identidade do tipo Eu=Eu: identidade do personagem visto e que vê, mas também identidade do cineasta-câmera, que vê o personagem e o que o personagem vê". Nesse sentido, pode-se afirmar que o filme "começa com a distinção" de ambos os tipos de imagem e termina "na sua identificação, no reconhecimento de sua identidade". Tais são "as condições de base para o cinema, do ponto de vista da *veracidade* de toda narrativa possível".

São essas condições de base, essa dupla natureza do cinema que o torna objetivo e subjetivo ao mesmo tempo, de tal forma a indissociar e identificar tais elementos, que Deleuze afirma serem "postas em questão num outro modo de narrativa" cujo *leitmotiv* é uma "crítica à veracidade da narrativa". Ele vai situar a emergência dessa crítica no (Fritz) "Lang americano" e sua retomada e desenvolvimento por Orson Welles, "a partir de *Cidadão Kane*", problematizando assim as balizas pasolinianas que a faziam incidir sobre Antonioni, Bertolucci e Godard. Das elaborações pasolinianas, no entanto, Deleuze vai recortar e pôr em relevo aspectos de grande alcance conceitual frente à nova situação narrativa. Trata-se, aqui, de uma retomada dos comentários do filósofo a respeito do ensaio do cineasta, "O 'cinema de poesia'".[9]

Neste ensaio, de 1965, Pasolini renomeia e ressignifica o que então se conhecia sob a denominação de "cinema de autor", àquela altura, conforme a crítica que vai desenvolver, já evidenciando os impasses de um "novo cânone" no qual havia se transformado. O ensaio é fundamental para a história, teoria e estética cinematográficas, já que nele o autor repassa os avatares de um "cinema de prosa" narrativa até às irrupções de um "cinema de poesia" que se constitui à maneira de uma "pseudo-narrativa". E sob esse aspecto, a questão para Pasolini é a de como nesse novo cinema é possível e como nele se opera, numa homologia com a técnica do "discurso indireto livre" da narrativa literária moderna, o que ele denomina de "subjetiva indireta livre".

Pois bem, Deleuze reafirma, como já havia feito em capítulo anterior, a importância dessa "descoberta" de Pasolini, ou seja, como a sua proposição de uma subjetiva indireta livre, inédita até então e agora em plena ação num cinema de poesia, vinha expor "a superação dos dois elementos da narrativa tradicional, a narrativa indireta objetiva do ponto de vista da câmera, a narrativa direta subjetiva do ponto de vista do personagem". São, assim, as tais das condições de base do cinema que, com esse conceito, o cineasta italiano põe entre parênteses. Pois, com efeito, a distinção entre o que o personagem subjetivamente vê e o que a câmera objetivamente vê perde os contornos, se esvanece, com a câmera vindo adquirir uma "presença subjetiva", uma "visão interior", assim adentrando numa "relação de simulação

9. Pier Paolo Pasolini, O cinema de poesia, p. 137-152.

(mímesis) com a maneira de ver do personagem". Imagens objetivas e subjetivas desse modo se contaminam, se indiscernem, de tal maneira que, como afirma Deleuze, "as visões insólitas da câmera (alternância de diferentes objetivas, o *zoom*, ângulos extraordinários, movimentos anormais, paradas...)" vêm exprimir "as visões singulares de personagens", com estas se expressando naquelas, fazendo todo o conjunto alçar à potência do falso. Trata-se, portanto, do desmoronamento de um ideal de verdade, que conclamava a narrativa a constituir sua veracidade, em proveito da "pseudo-narrativa" pasoliniana ou do que Deleuze chama de "uma narrativa que simula ou antes uma simulação de narrativa". Enfim, é o objetivo e o subjetivo que se adentram num novo circuito caracterizado pela obliqüidade dessa visão indireta livre.

Até aqui, porém, era desde o campo do cinema ficcional de onde se falava. Deleuze propõe, nas páginas finais do capítulo em foco, um desvio por um "domínio bem diferente", não contemplado por Pasolini, a fim de "considerar um aspecto desse novo tipo de narrativa". Trata-se de consideração que diz respeito ao cinema de não-ficção, numa referência por enquanto ainda negativa e tributária do campo anterior. Ele começa por distinguir as "formas que desde muito cedo recusavam a ficção"; chama tais formas de "Cinema de Realidade" e cujos propósitos eram "ora fazer ver objetivamente meios, situações e personagens reais, ora mostrar subjetivamente as maneiras de ver dos próprios personagens, a maneira pela qual eles viam sua situação, seu meio, seus problemas". Ambas preocupações se mesclam nos pólos "documentário ou etnográfico" e "investigação ou reportagem", tendo inspirado "obras-primas" como as de Flaherty, no primeiro caso, e as de Grierson e Leacock, no segundo. Tal recorte incide num período de desenvolvimento desse tipo de cinema que se situa entre os anos de 1920 e de 1950, período de forte vigência da narrativa clássica, anterior, portanto, ao surgimento de novas tendências e denominações. Nesse sentido, ao recusar a ficção em favor da realidade, como procede esse cinema frente ao ideal de verdade suposto na ficção, frente à relação objetivo/subjetivo?

Para Deleuze, como também se viu nos três autores abordados na primeira parte (Omar, Bernardet e Da-Rin), o Cinema de Realidade nasceu inteiramente tributário do cinema de ficção que pretendia ultrapassar ao se propor novos caminhos. De que modo? Paradoxalmente, no que o modelo negado tinha de mais estrutural, ou seja, seu ideal de verdade, ideal que, supondo e decorrendo da ficção, se "conservava e sublimava". Reitera-se, aqui, a matriz identitária "Eu=Eu", em que se viu fundamentar, anteriormente, a relação de distinção e identificação das imagens objetivas e subjetivas, ou seja, "o que a câmera vê, o que o personagem vê, o possível antagonismo e a necessária resolução de ambos" – no caso, identidade do personagem real e do etnólogo-repórter. Deleuze afirma que foi fundamental "recusar as ficções estabelecidas" para que este cinema pudesse se dirigir, apreender ou descobrir uma realidade distante-exótica, por um lado, e próxima-familiar, por outro. No entanto, ainda não será nesse primeiro momento que se atinará para a observação nietzscheana de que o ideal de verdade não passa de uma ficção incrustada "no âmago do real", algo que "o cinema ainda não havia percebido". De fato, arremata Deleuze, ao se aplicar "o ideal ou modelo de verdade ao real, muita coisa mudava, pois a câmera se dirigia a um real preexistente, mas, em outro sentido, nada tinha mudado nas condições da narrativa: o objetivo e o subjetivo foram deslocados, não transformados; as identidades se definiam de outra maneira, mas continuavam definidas; a narrativa continuava veraz, realmente-veraz em vez de ficticiamente-veraz. Só que a veracidade da narrativa não havia deixado de ser uma ficção".

Bem, se verdade, ficção e realidade compõem o imbróglio de um ideal cuja recusa apenas o reitera, com o cinema de ficção e o Cinema de Realidade coabitando no mesmo solo, ainda que sob os reclamados antagonismos de estúdio/locação e outros, no que de fato podem se diferenciar? Noutros termos, é possível ultrapassar a alternativa de base, real-fictício? Até aqui utilizei o composto *forma-documentário* como uma esquiva da noção de gênero. Frente aos próximos desdobramentos dessa problemática, um novo afastamento se impõe: trata-se, agora, de colocar em primeiro plano não a *forma* mas a *metamorfose* enquanto algo pertinente ao campo documental. Isso porque, e agora não "tal como" se viu em relação aos três autores abordados na primeira parte (sobretudo Omar), para Deleuze o que está em questão não é a alternativa ficção ou realidade, mas as transformações no âmbito da narrativa que afetam ambos os tipos de cinema.

Deleuze raramente usa a denominação documentário. Termo que, segundo Grierson, para quem tratava-se de "uma expressão torpe", mas que devia ser deixada assim, foi usado primeiramente pelos franceses para se referir "ao cinema sobre viagens", e que "dos exotismos passou a incluir filmes dramáticos", assim como "com o tempo incluirá outros tipos de cinema."[10] Para Cavalcanti, a palavra tinha "o sabor de poeira e tédio", e que ao propor a Grierson o "batismo de nossa escola" de "neo-realista", numa antecipação do "cinema italiano de após-guerra", este "replicou que a sugestão de um 'documento' era um argumento muito precioso junto a um governo conservador"[11] . E o próprio Cavalcanti, numa espécie de inércia conformista, jamais deixará de reiterar tal terminologia em seus escritos, chegando a desdobramentos em que propõe que "ao lado do documentário puro, do documentário romanceado e das atuali-

10. John Grierson, Postulados del documental, p. 143-152.
11. Alberto Cavalcanti, O filme documentário, p. 240-258.

dades, criou-se uma quarta categoria de documentário, o filme educativo"[12]. Ou seja, numa exacerbação de uso que amplia consideravelmente seu alcance heurístico, o termo passa a englobar, conforme a premonição griersoniana (seus textos são anteriores, em poucos anos, aos de Cavalcanti), um amplo espectro de formas. Como se viu, para recompor a problemática de base dessas primeiras décadas, a pretensa ruptura entre ficção e realidade, Deleuze toma a pertinente expressão "cinema de realidade" e seu contraponto "cinema de ficção". O documentário constitui, então, compondo-se e recompondo-se com outras, uma das polarizações por onde passa a intensa busca de novos caminhos para um cinema àquela altura já capturado e enredado nos protocolos narrativo-ficcionais herdados da literatura e do teatro, conforme o alerta artaudiano.

Retomando o fio suspenso, para Deleuze a alternativa real--fictício será ultrapassada, sim, mas não nesse primeiro Cinema de Realidade, que, embora opere um deslocamento das realidades criadas na ficção para um real preexistente, permanece preso ao solo do ideal de verdade fundante da ficção, comprometido com o seu modelo de verdade preestabelecido. Como ele afirma, toda "ficção é inseparável de uma 'veneração' que a apresenta como verdadeira, na religião, na sociedade, no cinema, no sistema de imagens". Como transpor esse solo? É a partir daqui que Deleuze vai operar uma reviravolta nas categorias que, ao trazerem para o primeiro plano uma série de metamorfoses por que passa o cinema "por volta de 1960", acabaram cristalizadas na mera literalidade do que anunciavam. Tal é a terminologia corrente que ele vai redistribuir, recompor e ressignificar os chamados "Cinema Direto" (de John Cassavetes e de Shirley Clarke), "Cinema do Vivido" (de Pierre Perrault) e "Cinema Verdade" (de Jean Rouch). Circunstanciemos.

---

12. Alberto Cavalcanti, Documentário de propaganda, p. 203-209.

Não é incomum, ao se remontar a emergência dessas novas categorias (não tão novas assim, pois, no caso do "Cinema Verdade", Vertov já a empregava nos anos de 1920), remeter-se ao campo profissional dos autores a que elas se vincularam. É o caso, por exemplo, de Rouch, em cujo trabalho etnográfico vai-se buscar a base das transformações de seu Cinema Verdade. Para Deleuze, é justamente quando supera tal condição, quando deixa para trás os "filmes etnográficos", que as mudanças nele se operam. O mesmo com Perrault, que havia começado com "reportagens-investigações". Observe-se, aí, o itinerário antes traçado e seus impasses. Há, diz Deleuze, uma "evolução de ambos (que) seria mal-entendida se nos contentássemos em alegar a impossibilidade de atingir um real bruto; que a câmera age sobre situações, e que os personagens reagem à presença da câmera, isso todos sempre souberam, e não perturbava Flaherty ou Leacock, para quem isso já não passava de falsos problemas". Aí se põe por terra, desde às origens, portanto, décadas a fio de debates e investimentos na crença sobre uma suposta objetividade do documentário, seu poder de, sem mediação e apesar do aparato, "atingir um real bruto". Nesse sentido, quais são as fontes das novidades de Perrault e Rouch?

No caso de Perrault (*Pour la suite du monde*, *Pays de la terre sans arbre* e *La bête lumineuse* são filmes exemplificados por Deleuze), ele se dirige aos "personagens reais" (e não aos personagens da ficção) ativando uma "função de fabulação" que se contrapõe ao modelo de verdade da ficção. Aqui, não é o real que se opõe à ficção, mas uma função fabuladora que vem lhe fazer frente, função "que dá ao falso a potência que faz deste uma memória, uma lenda, um monstro". Não se trata, desse modo, de buscar apreender "a identidade de um personagem, real ou fictício, através de seus aspectos objetivos e subjetivos", mas de ir ao encontro do "devir do personagem real quando ele próprio se põe a 'ficcionar', quando entra 'em flagrante delito de criar lendas', e assim contribuir para a invenção de seu povo". Portanto, nem personagem recomposto da ficção, nem identidade incrustada no real, nem povo dado numa memória coletiva, mas devir do personagem real, inseparável de um antes e de um depois "que ele reúne na passagem de um estado a outro". É quando se põe a fabular que "se torna um outro", tanto quanto o cineasta ao se dar intercessores, ao fazer interceder esses personagens reais "que substituem em bloco suas próprias ficções pelas fabulações próprias deles".

Cinema do Vivido, assim, porque faz da fabulação um ato (bem diferente da pura imaginação) que é transmutação do vivido, e não mera confirmação de identidades dadas e situadas de antemão, ato de fabulação através do qual cineasta e personagem real inventam e se intercedem processos de subjetivação em suas contínuas metamorfoses, seu antes e depois, num devir incessante para além do próprio vivido.

Em Rouch (*Les maîtres fous*, *Moi un noir*, *Jaguar*, *Cocorico monsieur Poulet*, *Dionysos*), a fabulação levada a efeito através dos personagens reais não se faz menos intensa. Conforme Deleuze, isso já começa a se exprimir com clareza a partir de *Les maîtres fous*, "quando os personagens do rito, possuídos, bêbados, espumando, em transe, são primeiramente mostrados em sua realidade cotidiana, na qual são garçons, operários, serventes de pedreiros, assim como tornarão a ser após a cerimônia". Em *Moi un noir*, ao inverso, "são os personagens reais que vemos mostrados através dos papéis de sua fabulação, Dorothy Lamour, a prostitutazinha, Lemmy Caution, o desempregado de Treichville, ainda que depois eles próprios comentem e corrijam a função que desencadearam". O fundamental, aí, é essa operação de contínua passagem de um estado a outro, do personagem real aos papéis de sua fabulação e vice-versa, na qual o personagem deixa de ser real ou fictício, deixa de ser visto objetivamente ou de ver subjetivamente, para vencer "passagens e fronteiras", na medida em que "inventa enquanto personagem real e torna-se tão mais real quanto melhor inventou". Ultrapassa-se, desse modo, a alternativa real-fictício "porque a câmera, em vez de talhar um presente, fictício ou real, liga constantemente o personagem ao antes e ao depois que constituem uma imagem-tempo direta". E para isso é necessário que o personagem seja primeiro real, é o modo dele poder "afirmar a ficção como potência e não como modelo", e é fabulando que ele se afirma "ainda mais como real e não como fictício", é tornando-se sempre outro que ele "não é mais separável desse devir que se confunde com um povo".

Cinema Verdade, assim, porque desloca, com a função de fabulação, a ficção como modelo a ela como potência, desse modo desconstruindo "qualquer modelo de verdade para se tornar criador, produtor de verdade: não será um cinema da verdade, mas a verdade do cinema".

Nos casos de Shirley Clarke (*The connexion*, *Portrait of Jason*) e John Cassavetes (*Shadows*, *Faces*), ainda que com diferenças, algo homólogo se produz. Neles, afirma Deleuze ao modo de síntese, procede-se "como se os três grandes temas girassem e formassem combinações". Ou seja: 1) "o personagem está sempre passando a fronteira entre o real e o fictício (a potência do falso, a função de fabulação)"; 2) "o cineasta deve atingir o que o personagem era 'antes' e será 'depois', deve reunir o antes e o depois na passagem incessante de um estado a outro (a imagem-tempo direta)"; 3) "o devir do cineasta e de seu personagem já pertence a um povo, a uma comunidade, a uma minoria da qual praticam e libertam a expressão (o discurso indireto livre)".

Cinema Direto, assim, mas que se realiza tão-somente pela via de uma afirmação das potências do falso ativadas pelo ato de fabulação, pela reunião de atual e virtual numa imagem tempo direta, enfim, através de um discurso indireto livre em que personagem e cineasta, o subjetivo e o objetivo, estão sempre se tornando "outros" na série do devir.

Tornar-se outro constitui para Deleuze, portanto, a síntese de uma grande ruptura operada nessas metamorfoses do Cinema de Realidade, em que aos personagens recompostos da ficção contrapõem-se os personagens reais feitos intercessores do cineasta, às identidades petrificadas contrapõem-se as subjetividades nômades, ao povo dado contrapõem-se os novos "povoamentos". São os casos de Perrault e Rouch, cuja diferença, além de pessoal, é também "cinematográfica e formal". Para o primeiro, "a questão está em pertencer a seu povo dominado, e em encontrar uma identidade coletiva perdida, reprimida". Para o segundo, "a questão reside em sair de sua civilização dominante, e em alcançar as premissas de outra identidade". Tal diferença, no entanto, não deixa de ser passível de mal-entendidos em relação a ambos. Contudo, enquanto cineastas, "partem como o mesmo material leve, câmera nos ombros e gravador sincronizado; eles devem se tornar outros, com seus personagens, ao mesmo tempo que seus personagens devem se tornar outros". Perde a validade, desse modo, a fórmula recorrente para situar e definir esse tipo de cinema: "o que é fácil no documentário é que sabemos quem somos e quem filmamos". Aqui, reencontramos a forma de identidade "Eu=Eu (ou sua forma degenerada eles=eles)" que vimos caracterizar o modelo narrativo-ficcional, tanto no cinema de ficção quanto no Cinema de Realidade do período clássico. Conforme Deleuze, ela "deixa de valer para os personagens e para o cineasta, tanto no real quanto na ficção", e o que vem "se insinuar, em graus profundos, é antes o 'Eu é outro' de Rimbaud".

Assim, à fórmula canônica do documentário, "Eu=Eu", tem-se o contraponto rimbaudiano "Eu é outro" como "formação de uma narrativa simulante, de uma simulação de narrativa ou de uma narrativa de simulação que destrona a forma de narrativa veraz", ou, em termos pasolinianos, a emergência das "pseudo-narrativas". Deleuze retorna, então, a Pasolini, para comentar que se trata da poesia que ele "queria contra a prosa, mas que encontramos ali onde ele não a procurava, num cinema apresentado como direto". Comenta, ainda,[13] o quanto "o Cinema Direto oferecia uma resposta bem diferente" ao problema da narrativa sublinhado por Pasolini, o de "que a narrativa indireta livre implica, na literatura, 'línguas' diferentes conforme o pertencimento social dos personagens". Diz que, de maneira estranha, "essa condição não lhe parecia realizável no cinema, no qual os dados visuais sempre introduzem uma certa uniformização: se os personagens 'pertencem a outro mundo social, eles são mitificados e assimilados nas categorias da anomalia, da neurose ou da hipersensibilidade'".

De fato, o que Deleuze traz à tona é uma questão que está muito mais matizada no texto de Pasolini que ele comenta. Trata-se, para o cineasta italiano, primeiro, de se interrogar se é possível transpor para o cinema a técnica do discurso indireto livre da literatura, que ele traduz intersemioticamente como "subjetiva indireta livre"; segundo, se a subjetiva indireta livre do cinema pode ser assimilada inteiramente ao discurso indireto livre da literatura.

Mantendo rigorosamente o pressuposto blanchotiano de que "falar não é ver", a dissociação entre palavra e imagem, embora ressaltando o "maravilhoso" poder de abstração e conceitualização inerente à palavra, Pasolini propõe que, dada sua consistência marcadamente estilística, a subjetiva indireta livre do cinema estaria *mais próxima* do monólogo interior do que do discurso indireto, podendo "definir-se como monólogo interior destituído do elemento conceitual e filosófico abstrato explíci-

13. Gilles Deleuze, As potências do falso, p. 186, nota 33.

to".[14] Para Pasolini, se por um lado era bastante animador constatar a restauração das potências disruptivas, poéticas, da imagem cinematográfica através dos novos cinemas, por outro neles via se recompor uma impossibilidade antropológica de exercício da diferença cujo significado era uma nova captura no que ele, conforme o espírito da época, nomeava de ideologia burguesa dominante e incontornável. Daí dirigir seus petardos à patologização dos "estados de espírito incomuns" com que, num exercício cada vez mais uniforme da subjetiva indireta livre, culminava o tratamento dado pelos novos cineastas à série de personagens em crise e transe que esses cinemas não paravam de lançar e relançar. Desse ceticismo não parece compartilhar Deleuze, daí o seu estranhamento frente à "uniformização" que Pasolini vê se delinear mesmo quando o cinema constrói para si uma nova linha de fuga. Deleuze tem a seu favor um duplo álibi: primeiro, volta-se para uma região da imagem não contemplada por Pasolini, o cinema de realidade – ou, de forma menos afirmativa, o que se vem chamando de cinema de não-ficção; segundo, opera uma fuga em relação aos poderes da imaginação, tão saudada nos anos de 1960 como campo por excelência da criação (ao ponto em que se quis transformá-la em *slogan* político: "a imaginação no poder"), voltando-se para a faculdade visionária da fabulação com sua disposição performativa.[15] A partir desses deslocamentos, Deleuze pode, então, não apenas recolocar a relação entre a subjetiva indireta livre do cinema e o discurso indireto livre da literatura sob uma perspectiva diferente da de Pasolini, no limite

14. Pier Paolo Pasolini, *op. cit.*, p. 146.

15. Deleuze retoma, com esse conceito, uma elaboração de Bergson sobre a "fabulação como uma faculdade visionária muito diferente da imaginação, que consiste em criar deuses e gigantes, 'potências semi-pessoais ou presenças eficazes'", faculdade essa que "se exerce inicialmente nas religiões, mas desenvolve-se livremente na arte e na literatura". Gilles Deleuze e Félix Guattari, Percepto, afecto e conceito, p. 223, nota 8.

lançando ambos os procedimentos no âmbito de uma indiscernibilidade, mas, sobretudo, restituindo aos novos cinemas sua capacidade de inscrição do outro, da diferença, pela via da intercessão que se opera entre as ficções particulares do cineasta e as fabulações próprias das personagens enquanto orientadas para a invenção de novos "povoamentos", de um devir-povo.

Enfim, é na medida em que decola do eterno presente, eterno presente tal como só acontece nos "filmes ruins", segundo a crítica godardiana, que a subjetiva indireta livre do cinema cria as condições de uma nova imagem-tempo direta, e, arremata Deleuze, numa "mesma transformação arrasta o cinema de ficção e o Cinema de Realidade, e confunde suas diferenças", com todo o cinema se tornando "um discurso indireto livre operando na realidade".

Documentários em tempos de poéticas híbridas

Estas últimas conclusões de Deleuze, de início dos anos 80, constituem peças importantes de uma arqueologia do presente da imagem documental e, de forma mais abrangente, da imagem cinematográfica de que seus dois livros tratam. De fato, na parte final do volume sobre a imagem-tempo,[16] ele, após traçar as descontinuidades e rupturas sígnicas entre os cinemas clássico e moderno, volta-se para o presente da imagem eletrônica emergente, para indagar que novas forças trabalham nela e com que novos signos já começa a invadir a tela. É nesse sentido que suas considerações finais vêm revelar terem sido, justamente, seu ponto de partida. Com efeito, um procedimento arqueológico é isso: parte-se de uma problemática do presente para se investigar suas fundações, o solo que lhe deu nascimento, a série de camadas que pressionam e fazem irromper uma configuração atual de

16. Gilles Deleuze, Conclusões, p. 311-332.

questões. Naquela altura da década, já se tornava visível uma série de remanejamentos no campo da imagem postos em curso com a emergência e difusão das estéticas videográficas, cujo efeito de contaminação, resultando numa produção audiovisual que confere às imagens uma consistência eminentemente híbrida, tão bem nomeada por Bellour de uma "poética das passagens" que se opera pela via de um "entre-imagens",[17] se constituirá num dos principais eixos dos novos aportes teóricos.[18]

De modo que, ao concluir com a proposição de que é todo o cinema que se torna um discurso indireto livre, confundindo as diferenças entre cinema de ficção e Cinema de Realidade, Deleuze vem inserir tais conclusões na série do presente, no âmago da atualidade. Ou seja, ao recolher e ressignificar um amplo debate que vem, pelo menos, dos anos de 1920, muda de configuração nos anos de 1960, chegando à atualidade justo num momento em que os parâmetros que antes distinguiam realidade e ficção entram em colapso, tornam-se cada vez mais opacos, Deleuze propõe que uma mudança nos termos do problema se operou – com um novo modo de narrar que nos dá devires mais que histórias, com uma outra relação entre objetivo/subjetivo, com a demolição do modelo de verdade fundante, com o deslocamento da oposição entre realidade/ficção para a oposição ficção/fabulação – e que novas demandas teóricas já se põem em curso. Entretanto, mesmo com a imagem eletrônica (e, logo em seguida, a digital) irrompendo em solo já tão estratificado, compondo-se e metamorfoseando-se em antigos e novos vetores audiovisuais, durante muito tempo ainda o nó problemático entre ficção e realidade não cessará de emitir suas reverberações no campo da imagem, doravante às voltas com esse princípio de indiscernibilidade entre ambos apontado por Deleuze, além do complicador

17. Raymond Bellour, Entre-imagens, p. 14.
18. Francisco Elinaldo Teixeira, Cinema e poéticas de subjetivação, p. 71-99.

das chamadas "realidades virtuais", cujo significado não é outra coisa senão uma duplicação de tal princípio.

Talvez um sintoma mais visível da dificuldade, mesmo que residual, de mudar de curso, de operar uma mudança nos termos da oposição entre ficção e realidade, encontre-se, atualmente, na denominação cada vez mais reiterativa na qual torna-se a inserir o campo do documentário – a de "cinema de não-ficção" ou "cinema não-ficcional". Aí, embute-se a antiga oposição, nomeia-se pela negativa, tornando-se a repor uma heteronomia constitutiva, um tributo originário, mesmo que, como se viu, o ultrapassamento da alternativa real/fictício tenha se dado sem o favorecimento de um ou de outro. E isso se torna mais estranho quando entre nomeação e conceito vem se instalar uma dissonância, com o conceito de fato recolhendo os efeitos das mudanças, enquanto a nomeação permanece no âmbito da pura inércia lingüística.

Documentário, Cinema Verdade, Cinema Direto, Cinema do Vivido, Cinema de Realidade, Cinema de não-ficção, tão extensa sinonímia expõe, claramente, um fato lingüístico revelador de um intenso jogo de estratégias operadas no âmbito de uma política da representação cinematográfica, que ora acirra a oposição dos termos de base real/fictício, ora transforma um em correlato do outro, ora os lança no campo de uma indiscernibilidade. É possível afirmar que através desses três diagramas, isolados, combinados ou transmutados, se processa boa parte da produção documental contemporânea. Circunstanciemos, primeiro, num nível mais global e, a seguir, local.

Em seu artigo "Impressões de Amsterdam",[19] Carlos Alberto Matos nos traz informações sobre a décima edição, em novembro de 1997, daquele que é considerado o mais importante festival de documentários do mundo, o Festival de Amsterdam (Internatio-

19. Carlos Alberto Matos, Impressões de Amsterdam, *Cinemais, revista de cinema e outras questões audiovisuais*, nov./dez. 1997, p. 103-112.

nal Documentary Filmfestival Amsterdam). O festival comemorou sua primeira década realizando um mapeamento das principais tendências do gênero no mundo, tendo observado, segundo Matos, que os documentários "estão ficando cada vez mais pessoais, formatados para o mercado da televisão e explorando os limites entre o real e a encenação". Matos vai destacar cerca de seis tendências "detectadas em Amsterdam", assim discriminadas:

1 – *A câmera e eu*: uma tendência "quase dominante", na qual o cineasta torna-se o "único narrador possível", faz do seu trabalho uma espécie de "diário confessional", ao mesmo tempo em que expõe o "fracasso" de sua empreitada.

2 – *Cinema do cinema*: um grande volume de "produções voltadas para o cinema", com muitos "*making of*", "retratos de cineastas e técnicos", "reflexões sobre o *métier*", reveladores do quanto "o cinema tornou-se um fetiche dentro do documentário".

3 – *Foco nas conexões*: são "documentários ensaísticos", do tipo do "filão *Ilha das flores*", que enfocam "não mais personagens ou situações específicos, mas cadeias de idéias construídas a partir de personagens e situações particulares", assim ganhando distância "do modelo de reportagem jornalística que se costuma associar ao gênero".

4 – *De olho na TV*: aqui reina uma "certa homogeneização de estruturas e estilos", na medida em que a televisão constitui hoje "o principal mercado e um dos maiores parceiros na produção de documentários". Muitos estão impregnados de "marcas típicas do formato que aspira à telinha", tais como "colagem fragmentada", "ritmo acelerado", "duração em torno de 50 minutos e seus múltiplos", "alternância homogênea de depoimentos, material de arquivo e cenas reconstituídas".

5 – *Os arquivos resistem*: tratam-se de documentários realizados com material de arquivo (cinejornais, anúncios, clipes de época) e que, contando com o "olhar original de alguns autores"

(o americano Jay Rosenblatt, por exemplo), vêm dar "um novo alento" ao "tradicional filme de compilação".

6 – *Nem tudo parece verdade*: aqui é a problemática da indiscernibilidade entre real/fictício, processada em alguns documentários não em termos de exata "transposição de elementos dramatúrgicos ficcionais", mas de forma a trabalhar "com a dúvida do espectador quanto à exata natureza daquilo a que assiste", tornando "impossível distinguir entre documentação e construção ficcional", assim deixando a impressão de que "para alcançar uma certa dimensão do real, o filme passou por um intenso processo de fabricação".

Paradoxalmente, destaca ainda Matos, com um júri composto de documentaristas, fotógrafos, diretores de festivais, "nenhum dos filmes contemplados com os prêmios principais reflete as tendências mais marcantes no panorama do documentário contemporâneo", tendo-se dado "nítida preferência por filmes de formato clássico, sem imposição da personalidade do diretor e que tampouco se rendem ao estilo dominante da televisão". Enfim, diagnostica uma "encruzilhada delicada" que ronda essas "curiosas mutações" que se processam no documentário mundial: ele "precisa manter-se independente para continuar fiel à realidade dos diversos países, mas não pode prescindir de padrões técnicos que o conservem interessante para um público globalizado".

O panorama traçado no texto de Matos, como se pôde observar, começa e termina por reiterar, entre outros aspectos, o persistente dilema ou, como ele afirma, a "discussão teórica sem fim no meio do documentarismo", no caso a busca de critérios para se distinguir "entre documentário e ficção". Em relação ao que há pouco chamei de política da representação, que tornou a busca de novas terminologias um verdadeiro fato lingüístico, o desdobramento novo por ele apontado é esse da "encruzilhada" entre como ser local e global simultaneamente, como manter "fidelidade" às realidades locais sem descurar de "padrões técnicos" exigidos globalmente. Mas como atender a necessidade de "manter-se independente" com tal heteronomia posta, de partida, no horizonte? Não reencontramos aí a mesma lógica centrípeta que comanda os modos e ritmos do grande sistema produtivo? Será que o campo do documentário, do curta-metragem, gêneros e formatos que quase sempre mantiveram uma certa "centrifugocidade" em relação a tais imperativos, configurando-se como um intenso e informal laboratório de pesquisas audiovisuais, de um modo até funcional à alimentação da produção industrial (vide sua absorção pela televisão), finalmente se renderão a tais capturas? Talvez muito mais que diante de uma simples encruzilhada ou de um falso dilema se esteja, novamente, diante de um desafio posto e reposto à relação arte-técnica sempre que um novo padrão tecnológico começa a se processar na cultura. Trata-se do desafio de como uma potente vontade de arte pode transformar a técnica numa aliada sem render-se às demandas de um mero "efeitismo" tecnológico, de como articular os meios técnicos aos fins artísticos, dobrá-los em função da invenção de novos modos de existência. Levando-se em conta o quão centrípeto e diluidor é o movimento na tecno-esfera, atualmente, tal desafio afigura-se ainda mais monumental.

Viu-se, na primeira parte, com os três autores abordados (Omar, Bernardet, Da-Rin), como se formou e se processou uma problemática da produção documental brasileira dos anos de 1960 para cá. O patamar de questões e de proposições não parece tão avesso ao que se acabou de expor com o instantâneo de Amsterdam. Menos focado na preocupação terminológica (todos usam a denominação documentário), o lastro conceitual daqueles autores deixa entrever quantas águas rolaram, neste ínterim, em relação às discussões das várias modalidades e metamorfoses do campo documental. Bernardet conclui seu livro quando Eduardo Coutinho lança o seu *Cabra marcado para morrer* (1984). Da-Rin perfaz em seu ensaio os cerca de dez anos que vão do filme de Coutinho ao filme de Jorge Furtado, *A matadeira* (1994). Acompanhando suas questões de base – o antidocumentário (Omar), quem era o dono do discurso (Bernardet), a auto-reflexividade (Da-Rin) – pôde-se traçar um itinerário, sinuoso, sem dúvida, que vai da visão do documentário como espelho do real (mímesis), como transformação dele (desconstrução), até, e justo num momento em que o real parecia impossível em sua fuga pelas realidades virtuais, às proposições que repõem no documentário sua consistência de traço do real (lógica indiciária). Além disso, diferentemente de Deleuze, que introduz o contraponto da função fabuladora com sua abertura para o ato performático enquanto ato que se opera na série do devir, e com o qual ressignifica boa parte dos debates das últimas décadas envolvendo Cinema-Verdade e Cinema Direto (interferência *versus* não-interferência, montagem *versus* plano-sequência, voz *over* destacada *versus* locução discreta etc), tais autores mantêm-se muito mais no registro da oposição entre real/fictício e no de suas correlações. De modo que a proposição da indiscernibilidade entre realidade e ficção, operada por um discurso indireto livre que afeta a ambas, raramente se fez repercutir nessas abordagens, ao contrário da produção documental em si.

Ficando-se apenas no âmbito de recortes trazidos ao primeiro plano do palco através da mídia, em que patamar de discussões se chega ao findar a década/século? No nível dos balanços, revelador do lugar de relevo que a produção documental local conseguiu atingir mas também de um cripto-desejo de recondução dos modelos ao plano de sua eficácia perdida, tem-se a seleção dos "dez cânones do documentário nacional" pela quinta edição do É Tudo Verdade (Festival Internacional de Documentários), em abril de 2000. Do conjunto fazem parte três documentários dos anos de 1960 – *Aruanda* (1960), *Garrincha, alegria do povo* (1963), *Viramundo* (1965) – dois dos anos de 1970 – *O país de São Saruê* (1971), *Di* (1977) – e cinco dos anos de 1980 – *Mato eles?* (1983), *Jango* (1984), *Cabra marcado para morrer* (1984), *Imagens do inconsciente* (1986), *Ilha das flores* (1989). A seleção, realizada por cerca de quarenta críticos, pesquisadores e cineastas, operou-se a partir de uma listagem de dezenas de documentários que recobre desde a produção do major Thomaz Reis, *Ao redor do Brasil* (1932), até o último de Ricardo Dias, *Fé* (1999).

Culminando a canonização com um documentário do final dos anos de 1980 (*Ilha das flores* ocupa o terceiro lugar nas preferências, precedido por *Di* e este por *Cabra marcado para morrer*), os anos de 1990, ao que parece, encontram-se ainda muito próximos para revelar algo digno de nota, o que, por sua vez, vem reiterar um difundido procedimento de historicização em que o atual empalidece frente a um tempo forte que, nostalgicamente, o precede.

Num outro registro, o das linhas discursivas em processo a partir do lançamento de alguns documentários que ganharam visibilidade na mídia, uma questão parece se reiterar. Trata-se, numa espécie de desdobramento e reverberação de um tema que se tornou um *leitmotiv* dos discursos políticos dos anos de 1960 e de 1970 (o imperativo do "falar em nome do outro" ou "falar pelos que não têm voz", na medida em que o outro, justificava-se, não podia falar), da problemática do "dar a voz ao outro". Ora de maneira cândida em que se associa tal ato a um "humanismo" infletido no cinema, "radical como poucos", de Eduardo Coutinho (*Santo Forte*, de 1999, *e Babilônia 2000*),[20]

20. José Geraldo Couto, *Babilônia 2000* desnuda o Brasil real, *Guia da Folha de S.Paulo*, 05 jan. 2001.

ora de maneira mais analítica em que se articula o tema do "inesperado encontro" às questões de alguns desses documentários recentes,[21] ora de maneira mais relativista em que se situa o diferente/outro fora de si como solo para uma desejada mais difícil "interlocução",[22] o dado é que a visão do documentário como uma espécie de ação comunicativa que escava no outro distanciado um interlocutor possível vem ganhando um espaço significativo, apesar do deslizamento que esse "dar" traz consigo e independentemente das aspas com que via de regra é emitido. Estar-se-ia reconfirmando aquilo que um dia se lançou como característica marcante para todo o cinema do "Terceiro Mundo", o de ser, não um cinema que dança, como o "Ocidente" gostaria que fosse, mas um cinema que fala, cinema do ato de falar da *performance* da fala?[23]

O problema é como esse "outro" é reeditado nessas visões, quase sempre a fazer da busca de interlocução o ovo de Colombo de uma nova humanidade. Tornou-se um lugar comum, após séculos de lógica etnocêntrica em que o outro era lançado na esfera da incompletude e do não-ser, para logo em seguida desencadear-se uma verdadeira voragem do outro como uma espécie de estoque de energias renováveis, associar-se a inclusão e consideração pelo outro a humanismos redivivos, sobretudo no plano das relações de gêneros, de etnias, de classes. Sempre como se o outro fosse uma espécie de não-inscrição ou de segredo indecifrável que de repente, por uma via de uma iluminação súbita ou de um desejo de interlocução, fornecesse o código de seu acesso. A sensação que se tem diante dessas elaborações é a de que mal se saiu da pré-história do inconsciente e de que a orgia da diferença desenca-

21. Ismail Xavier, O cinema brasileiro hoje. Entrevista com Ismail Xavier. *Folha de S.Paulo*, 03 dez. 2000.
22. João Moreira Salles, Três questões sobre o documentário, *Folha de S.Paulo*, 04 mar. 2001.
23. Gilles Deleuze, Cinema, corpo e cérebro, pensamento, p. 265.

deada no pós-Segunda Guerra apagou seus registros. Ora, o outro não é um não-ser nem uma transparência, mas um desafio posto e reposto em meio à heterogeneidade e às ambivalências dos jogos de linguagem, isso para ficar apenas na esfera da intercomunicação. Portanto, passar do imperativo do "falar pelos que não têm voz" ao do "dar a voz ao outro", não é indício nenhum de uma grande mudança, mas tão-somente de uma inversão que num momento faz da própria ficção a verdade do outro, para num segundo momento fazer da ficção do outro a própria verdade. Duplamente invasivo, tal procedimento apenas escancara o jogo identitário "Eu=Eu" diante da impossibilidade de acolhimento do "Eu é outro".

Ismail Xavier, ao comentar essas questões em documentários recentes – *Fé* (1999), *Santo forte* (1999), *Notícias de uma guerra particular* (1999) – através do tema do "inesperado encontro", destaca o exercício de uma "etnografia discreta", de uma disposição interativa (marcante em *Santo forte* e rarefeita em *Fé*) e de uma teatralização diante da câmera, após repassar o modelo do falar "em nome de", de décadas anteriores, ao do "dar a voz", desses filmes atuais. Sua indagação, no entanto, é quanto à ausência de discussão a respeito das "estruturas sociais" (marcante em *Notícias de uma guerra particular*, "o melhor documentário da década") já que "a época é de individualização dos gestos". Mas será que esse repisar sobre a fuga de um social estrutural (que já era um problema para os fundadores das ciências sociais, com suas oposições genéticas entre comunidade/sociedade, indivíduo/sociedade, sujeito/objeto, ordem/anomia), de um social que se retém em suas formas e não em suas metamorfoses, também não embaça a visão quanto aos novos processos de subjetivação em curso para além dele? Nem bons, nem maus, certamente para além das consciências, idiossincrasias pessoais ou individuais, tais processos apenas dão curso ao ilimitado movimento de heterogênese do humano.

No caso de João Moreira Salles, ao responder "três questões sobre documentário", entre elas "qual a cara do Brasil dos documentaristas?", ele assim discorre: "De um modo geral, o Brasil que aparece nos documentários é sempre um Brasil muito diferente daquele em que mora o documentarista. Com exceção de *Opinião pública*, de Arnaldo Jabor, o documentarista brasileiro não se filma. Até porque, no fundo, é mais fácil filmar o que é diferente. Isso é uma pena, porque o documentário brasileiro ainda precisa falar da classe média e – por que não? – da elite". Salles é transparente quanto às facilidades de acesso à diferença, ao outro, desde que o outro não seja "eu", no abismo que os separa. Se o documentarista "não se filma", como pode então colocar-se a questão do "fazer das pessoas interlocutores" que, como afirma, é "tarefa" primordial e que, apesar de difícil, é possível e "no Brasil, Eduardo Coutinho consegue"? Ou seja, a concepção do "filmar-se" aí exposta é a mais restritiva possível, às avessas, obviamente, já que é uma questão de inserção num estrato social, numa classe, etnia ou gênero. Por acaso, ao subir o morro, o cineasta depõe tal "bagagem" na encosta? Ou a difícil, mas, buscada interlocução, invertendo o anterior monólogo da razão sobre o outro (a "voz do saber", como tão bem nomeou Bernardet), vem inscrever-se, perversamente, como um monólogo do outro sobre os arrazoados?

Eis como, de forma inesperada, uma certa dose de má-consciência, ou, como afirma Salles, de "algum grau de culpa social", esse arquiconhecido personagem conceitual do cinema nacional reaparece nessa humanitária inclinação de "dar" a voz ao outro. Mas tal questão vai além nesses filmes. No caso de *Santo forte*, o contrato de fala, o dízimo pago pelo depoimento, escancara-se e torna-se parte integrante dos materiais de composição, escavando seu duplo sentido: o do negócio mesmo da religião, desde sempre e hoje com sua espetacularização midiática, e o da negociação da interlocução, das imagens negociadas, da empreitada comercial que subjaz até mesmo num "filme independente" (qualificativo por várias vezes emitido em *Babilônia 2000*). Em *Fé*, ao contrário, é um personagem-devoto que pede dinheiro à equipe, ao responder que veio do "inferno" quando está ali para a festa de São Francisco do Canindé. Ou seja, de uma ou de outra maneira, uma certa lógica do "toma lá dá cá" exercita-se aí aquém de qualquer princípio de dádiva, segundo o qual a obrigação do "dom", a sua circulação, se opera num circuito de dupla mão que o costume acaba instituindo e transmutando num ato de espontânea generosidade.

Enfim, não se trata nem de dar a voz ao outro nem mesmo, como diz Xavier a respeito de Coutinho, de "tirar das pessoas o que elas têm a dizer, sem esquecer que tudo diante da câmera se torna teatro". De fato, que a câmera age sobre situações e personagens à sua presença, nunca constituiu problema desde os primórdios do documentário. O desafio, viu-se a respeito da função fabuladora, é o de como se dar intercessores, de como o cineasta faz interceder a fabulação que se põe a criar o personagem real no ato interativo de ambos, para além das identidades já ancoradas no presente, de tal modo a abandonar as ficções prontas que traz na bagagem e rumar com ela na constituição de novos povoamentos, de um povo que ainda não está dado, que nunca será dado, mas a se constituir num devir incessante. *Tornar-se outro junto com o personagem*! Fazer do outro, portanto, não um interlocutor, menos ainda um a quem se dá a voz, mas, para além disso, o outro como um intercessor junto ao qual o cineasta possa desfazer-se da veneração das próprias ficções ou, de outra forma, que o põe diante da identidade inabalável como uma ficção. Ressignifica-se, com isso, a visão recorrente sobre as facilidades do documentário como um domínio no qual "sabemos quem somos e quem filmamos".

Como toda arte, a arte do documentário se constitui como um pensamento que desafia o caos, os bons sensos, consensos e sensos comuns, para poder pensar de outra maneira e assim, conforme nossa epígrafe nietzsche-godardiana, "evitar que nos mate a verdade",[24] mortífera verdade quando se cristaliza no *a priori* de um modelo e deixa de ser virtualidade criadora.

---

24. Jean-Luc Godard, Africa nos habla del fin y los medios, p. 121-126.

A migração das imagens

Jean-Claude Bernardet

No filme *Sobre os anos 60* (1999), usamos planos de impressão de dólares e um plano de uma nota de um dólar. *Sobre os anos 60* é um média-metragem montado na sua quase totalidade com material de arquivo. As imagens de dólar foram extraídas de um filme de Walter Lima Júnior, *Na boca da noite* (1970). Pode se afirmar com certeza que Walter Lima não as filmou, mas as extraiu por sua vez de algum filme documentário encontrado nos arquivos de uma televisão ou do United States Information Service (Usis). Talvez Walter Lima se lembre da fonte original dessas imagens; nós, que montamos *Sobre os anos 60*, a desconhecemos. Para nós, a sua origem se perdeu, só sabemos do último elo. Essas imagens, além de *Na boca da noite* e *Sobre os anos 60*, poderão ter sido reaproveitadas em outros filmes ou programas de televisão, brasileiros, americanos ou de outra nacionalidade. Não sabemos.

De outra imagem, podemos rastear seu percurso: trata-se de um plano extraído de *Viramundo* (Geraldo Sarno, 1965), que foi reutilizado por João Batista de Andrade e por mim em *Eterna esperança* (1971), posteriormente em *São Paulo sinfonia e cacofonia* (Jean-Claude Bernardet, 1995), e finalmente mais uma vez (por enquanto) em *Sobre os anos 60*. Esse plano de *Viramundo* é um *travelling* bastante socado, filmado em branco e preto, da direita para a esquerda, que apresenta uma fileira de nordestinos... não... de homens pobres. Pelo contexto do filme original, sabemos serem nordestinos na sua chegada a São Paulo, na seção de triagem. Esses homens são apresentados de frente, imóveis, olhando para frente, muitos em direção à câmera. O plano documenta uma situação, um fato (a presença daqueles homens específicos na sua chegada específica a São Paulo), mas o documentário de Geraldo Sarno generaliza, de modo que do fato específico passamos para uma significação genérica: o fenômeno da chegada de migrantes nordestinos a São Paulo[1]. Daí, o plano passa para *Eterna esperança*. O filme foi realizado há mais de vinte anos e não tenho cópia, de modo que não lembro exatamente em que momento da montagem ele incidia. Em todo caso, é certo que vinha acompanhado de uma narração não extraída de *Viramundo*, a qual, bastante longa, excedia o tempo da imagem. Resolvemos montar pelo tempo da locução: fizemos um anel com o plano e o repetimos o necessário para assegurar a fala (pela minha lembrança, ele entra duas vezes e meia). Houve uma opção estilística característica de uma determinada forma de montagem do final dos anos de 1960 e início de 1970. Mais de vinte anos depois, ele entra em *São Paulo sinfonia e cacofonia*, inserido numa seqüência que junta *travellings* frontais, da direita para a esquerda e vice-versa, extraídos de vários filmes, apresentando pessoas de diversos estratos sociais. Neste contexto, a significação específica "migrantes" perdeu-se, passando o significar "operários" e "homens", num conjunto que, ao mostrar homens e mulheres, burgueses e operários, jovens e mais velhos, sugere uma amostragem da população paulistana. Neste filme, o plano foi montado inteiro (à exclusão talvez de uns dois fotogramas inicial e final – para possibilitar o corte) e apenas uma vez. Na sua quarta vida (pelo menos, das vidas que conheço), *Sobre os anos 60*, é apresentado apenas uma vez, tendo sido cortada a parte final; diferentemente do que ocorria no primeiro uso que fizemos dele, a opção neste filme foi para planos mais curtos. A inserção finaliza uma seqüência: a tri-

1. Abordei a questão do particular/geral em filmes documentários em *Cineastas e imagens do povo*.

lha sonora apresenta diversos questionamentos sobre o povo, característicos da intelectualidade dos anos de 1960, após os quais o plano entra em silêncio. A intenção da inserção é clara. Após perguntas e afirmações sobre o povo extraídas de diversos filmes da época, a entrada silenciosa do plano significa: podem se perguntar à vontade onde está o povo, aqui está ele. A significação específica de "migrantes" e mesmo de "nordestinos" perde importância, ganha força a idéia de "povo". Essa inserção é mais forte do que em *São Paulo sinfonia e cacofonia*, em que ele contrastava com outros planos (homens, mulheres, jovens etc.), mas se integrava num leque que apontava para a diversidade, em que todos os planos contrastavam entre si. Em *Sobre os anos 60*, ele não contrasta, ele se contrapõe e é o único plano que entra em contraponto com as indagações. Sobre a parte final, quebrando o silêncio, entra uma voz *over*, que grita: "Meu nome é Severino". Trata-se da primeira fala do espetáculo teatral *Morte e vida severina*. A seguir, entra um plano de Gal Costa, de boá, cantando "Meu nome é Gal". Alguma ironia deve haver nesta montagem.

Essas observações sobre o *travelling* de *Viramundo* apontam para uma série de procedimentos. Um deles é a transposição de uma imagem de um contexto fílmico para outro, modificando-lhe a significação, o que chamei de ressignificação em comentário sobre o filme *Nós que aqui estamos por vós esperamos* (Marcelo Masagão, 1999) e "A subjetividade e as imagens alheias: ressignificação".[2] Mas não é só a imagem que provém de outro filme; dele, provém também o que chamaria de operação.

Primeiro, se o silêncio que acompanha o início do *travelling* de *Viramundo* faz todo sentido em *Sobre os anos 60* – a presença popular muda após o vozerio intelectual –, esse silêncio remete

2. Jean-Claude Bernardet, O espectador como montador, *Folha de S.Paulo*, 15 ago. 1999; A subjetividade e as imagens alheias: ressignificação.

também ao próprio *Viramundo*, e não apenas porque esses migrantes não falam no filme de Geraldo Sarno. No *Viramundo*, há um primeiro plano de mulher num ritual de candomblé à beira-mar. Ela está com a boca toda aberta, num grito, mas nada se ouve, pois seu provável grito está coberto pelo ruído do mar. Geraldo Sarno atribuía a este belíssimo plano a significação de povo mudo, de povo despossuído de sua voz.[3] A mudez dos homens do *travelling* em *Sobre os anos 60* não deixa de se referir a esta operação metafórica de Geraldo Sarno.

Mas o plano remete também a outra operação, esta extraída de *Fome de amor* (1968). Neste filme, o personagem interpretado por Irene Stefânia pergunta em determinado momento: "O povo, onde está o povo?". A seguir, no filme de Nelson Pereira dos Santos, entra um plano de meninos, sentados à beira de um cais, parados, olhando para frente, provavelmente o barco sobre o qual está a câmera. Este plano responde à pergunta de Irene Stefânia: taí o povo. O que fez *Sobre os anos 60* foi substituir o plano dos meninos pelo plano dos migrantes, ou seja, retoma-se a operação de linguagem de Nelson Pereira dos Santos. A significação da operação é preservada, no entanto, com uma sensível diferença – pelo menos, a meu ver. A saber, o contraponto entre a pergunta de Irene Stefânia e o plano resposta é muito mais intenso em *Sobre os anos 60*, pelo simples fato de que o plano de *Viramundo* é mais denso que o de *Fome de amor*. E isto não só por apresentar operários no lugar de crianças, ou porque as crianças sorriem enquanto os homens têm a cara fechada, mas porque o *travelling* solavancando tem uma rudeza que não tem a câmera deslizando suavemente sobre a água.

No exemplo apresentado aqui, *Sobre os anos 60* retoma uma operação de linguagem de outro filme, conservando-lhe a significação básica, embora ampliando-a. Em outros casos, o filme re-

---

3. Carta de Geraldo Sarno a J-C. Bernardet, 1984.

tomou operações de um ou mais filmes, alterando-lhes, porém, a significação. Por exemplo, usamos planos finais de *Deus e o diabo na terra do sol* (1963): Geraldo del Rey (Manoel) correndo e um plano do mar, acompanhando a célebre canção "O sertão vai virar mar". A montagem, porém, foi alterada. No original, Geraldo del Rey e Ioná Magalhães correm, ela cai e não se levanta, ele continua correndo, cai, levanta-se e retoma a corrida. No final aparecem os planos de mar, ou seja, a metáfora se completa, a utopia se instala. A alteração foi a seguinte: Geraldo corre sozinho em diversos planos, ele cai – e não se levanta. E o plano de mar que finalizava o filme original foi colocado antes da corrida. O que se insinua (e por enquanto estamos ainda no nível da insinuação, da sugestão) não é apenas uma retomada do material de *Deus e o diabo*, mas de um diálogo com o filme. O final do filme de Glauber Rocha é característico da visão utópica do Cinema Novo: o camponês corre em direção a um mar de abundância, a um possível futuro de justiça etc. O deslocamento do plano do mar e o encerramento da corrida com a queda não dão margem à utopia.

É claro que as implicações dessa montagem só podem ser percebidas por quem conhece os filmes de base, podendo cotejar a montagem original com a nova proposta. De qualquer forma, esse trabalho sobre o material de base sugere a possibilidade de uma ensaística audiovisual sobre cinema, com um certo nível analítico sem passar, ou passando minimamente, pela análise verbal. Embora *Sobre os anos 60* faça estas sugestões, o filme não se destina especificamente a um público que conheça os filmes originais, nem é um ensaio audiovisual sobre cinema, nem trata apenas de cinema. Portanto, ele se limita a sugestões.

Tomemos outro exemplo, montado a partir de dois filmes de Glauber Rocha, criando o que poderíamos chamar de um diálogo entre *Deus e o diabo na terra do sol* e *Terra em transe*

(1966).[4] Para apresentar o golpe de estado de 1964, usamos materiais de diversas proveniências, em particular planos da campanha do senador Dias (Paulo Autran) em *Terra em transe*. Os planos selecionados foram montados de forma a criar uma ascensão de Dias do nível do chão até o topo de um morro. Em todos estes planos, Dias está com a bandeira preta. Inserimos entre dois desses planos um curto plano da flâmula do beato de *Deus e o diabo*; a ascensão de Dias está acompanhada por um trecho da *Quinta Bachiana* extraído de *Deus e o diabo*. Tal montagem estabelece uma relação entre os personagens do senador e do beato, assinalando similitudes espaciais, ideológicas e religiosas (isto não é nenhuma revelação, mas tentamos construir esta significação visual e sonora a partir de materiais propostos pelos dois filmes).

Esse trabalho de diálogo e análise não tem que ocorrer necessariamente a partir do material de um filme ou de dois filmes do mesmo autor. Retomando a queda de Geraldo del Rey no final de *Deus e o diabo na terra do sol*: após a queda, *Sobre os anos 60* inseriu planos de camponeses caminhando extraídos de *Vidas secas* (Nelson Pereira dos Santos, 1963) e *Maioria absoluta* (Leon Hirszman, 1964-1966). O plano que sucede imediatamente a queda é deste último filme. Da ficção passamos a um tratamento documentário, mas não só. Os planos de caminhada culminam num comício camponês extraído de *Cabra marcado para morrer* (Eduardo Coutinho, 1981-1984). Passamos de fato de uma concepção de camponês vigente no cinema brasileiro no início da década de 1960 a outra, ou seja, da visão utópica à das ligas camponesas. Nesse sentido, e em outro trabalho cinematográfico, poder-se-ia trabalhar as três principais concepções de camponês

4. Marcelo Masagão, em carta a J-C. Bernardet, 1999, chamou atenção para o diálogo entre *O homem da câmera*, de Dziga Vertov, e *Berlim sinfonia de uma grande cidade*, de Walter Ruttmann, em *Nós que aqui estamos por vós esperamos*.

apresentadas na área do Cinema Novo: a utópica (*Deus e o diabo na terra do sol, Vidas secas*), a sindicalista e comunista (*Maioria absoluta*) e a organização popular (*Cabra marcado para morrer*), que não são apenas diferentes, mas contraditórias entre si.

Voltemos a *Sobre os anos 60* para comentar uma operação mais complexa que as apresentadas anteriormente. Após a seqüência do golpe, apresentamos outra que denominaremos a depressão dos intelectuais pós-golpe. É montada com material proveniente de *O desafio* (Paulo César Saraceni, 1965), *Terra em transe* e *São Paulo S/A* (Luís Sérgio Person, 1965). Deste último trouxemos planos de Walmor Chagas, que já tinham sido utilizados em *São Paulo sinfonia e cacofonia*, em que o personagem nas ruas da cidade sofria de solidão e angústia urbana – situação simplificada, mas próxima da do personagem do filme original. Em *Sobre os anos 60*, estes planos de Walmor vêm acompanhados de falas de Oduvaldo Vianna, extraídas de *O desafio*, sobre o momento político; a angústia de Walmor Chagas, de existencial, passa a ser nitidamente política. A seguir entra um plano de *Maioria absoluta*; trata-se de um fragmento de entrevista em que um camponês diz "Isso é demais pra minha cara" (no filme original, a frase remete à situação em que se encontra o camponês, ao cultivo e à venda do feijão). Em seguida, vêm planos de Jardel Filho (*Terra em transe*) e Oduvaldo Vianna mudos. A junção de três atores para representar uma mesma situação, a depressão política pós-golpe, justifica-se por evitar a individualização dessa situação e facultar a generalização.

Este mesmo plano do camponês de *Maioria absoluta* já havia sido reutilizado em outro filme. Tentemos historiar o processo. Leon Hirszman focaliza no seu filme a situação problemática dos sertanejos nordestinos. A este universo, ele contrapõe alguns planos retratando uma classe média urbana, leviana e indiferente aos problemas dos camponeses e do país. Arnaldo Jabor retomará mais tarde esta operação de Hirszman, invertendo-a, se assim podemos dizer. *A opinião pública* (1967) retrata uma classe média alienada, para usar uma expressão em voga na época, e Jabor cria um contraponto inserindo alguns planos de camponeses, com a mesma significação proposta por Hirszman: uma classe média alheia aos grandes problemas do país. E ele faz isto usando justamente planos extraídos de *Maioria absoluta.* O que retomamos naquele ponto de *Sobre os anos 60* é justamente um dos planos de *Maioria absoluta* escolhidos por Jabor. Dessa forma, retomamos não apenas imagens, mas também operações praticadas nestes filmes; não apenas a migração como também o contraponto.

Só que esta operação sofre em *Sobre os anos 60* um deslocamento. Estes planos de camponeses, que entravam em *A opinião pública* em contraponto a uma classe média dada como alienada, passam agora a se contrapor aos próprios intelectuais (representados por Walmor, Oduvaldo e Jardel), que julgavam alienada a classe média que retratavam. Nesta retomada de material e operação, instala-se um diálogo.

Uma operação semelhante foi praticada no final de *Sobre os anos 60*, quando logo antes do anúncio do AI-5 (Ato Institucional n. 5), apresenta-se um debate entre intelectuais. Essa seqüência foi montada com imagens extraídas de *Câncer* (Glauber Rocha, 1968-1972) e o som dos debates de *Cultura e loucura* (Antonio Manuel, 1973). As intervenções deste debate são pontuadas por toques de buzina, e um plano de Chacrinha lambendo os dedos num programa de televisão foi intercalado no plano dos intelectuais e artistas.

As buzinadas foram extraídas de *Brasil ano 2000* (1967-1968), em que elas pontuam o discurso do jornalista (Ênio Gonçalves) caçoando da classe média. Neste momento, *Sobre os anos 60* retoma uma operação do filme de Walter Lima, deslocando-a, como vimos acima, da classe média para os intelectuais.

Quanto à inserção do plano de Chacrinha, ela tem um certo fundamento histórico. Para o debate de que *Cultura e loucura* preserva a memória, Chacrinha teria sido convidado, não comparecendo por motivos de saúde – pelo menos é o que Hélio Oiticica declara em carta a Lygia Clark. O plano de Chacrinha foi extraído de *A opinião pública*. Para artistas e intelectuais da época, havia dois Chacrinhas (era diferente para os telespectadores). Um era a vedete da indústria cultural, que contribuía grandemente para a alienação e bestificação da classe média. É este que nos apresenta Jabor. O outro era valorizado pelo seu extremo mau gosto, aparecendo como perturbação anárquica numa sociedade bem comportada e militarizada: este seria o Chacrinha de Oiticica. Como o plano do camponês na seqüência da depressão intelectual, o aparecimento inesperado de Chacrinha cria um distanciamento crítico em relação aos artistas e intelectuais. E talvez possamos dizer que *Sobre os anos 60* funde os dois Chacrinhas: por um lado ele aparece como um palhaço alienante junto à seriedade e compenetração dos intelectuais sentados à mesa; por outro, é sintonizado com as falas que se referem à "farsa que é a cultura brasileira", à *Bíblia* como uma autêntica visão de LSD.

Nessa passagem de um filme para compor outro filme, as imagens podem reter o que chamaria de resíduo. Um dos aspectos mais importantes da montagem de um filme composto de fragmentos de outros filmes (desde que não se trate de antologia ou de citação) consiste em selecionar planos (ou trechos) que servem às finalidades do novo filme: a origem está evidentemente presente na imagem, mas deve-se evitar que o texto original venha demais à tona e fique se sobrepondo ao novo texto que está sendo criado. Nesse sentido, trabalha-se freqüentemente com planos fechados, e é preferível evitar montar juntos vários planos da mesma fonte. No entanto, podem permanecer na imagem elementos que não interessam ao novo texto: são estes que chamo de resíduos. Assim, em *Sobre os anos 60*, usamos um monólogo de Corisco de *Deus e o diabo*. No plano original, encontramos Dadá, com uma presença mais marcada no início e no final. Cortamos esses trechos, preservando o monólogo. No entanto, num determinado momento, Dadá passa em segundo plano, atrás de Corisco. Não podíamos eliminar Dadá (não dispúnhamos de instrumento digital para isso) sem prejudicar o monólogo de Corisco e sem prejudicar o ritmo que lhe imprimiram a montagem e a interpretação de Othon Bastos. Portanto, ficou essa aparição de Dadá por uma fração de segundo. Se o filme estiver bem montado, se seu ritmo estiver bom e levar o espectador, este mal se aperceberá do resíduo; se o perceber, lhe dará pouca importância porque a montagem o levará pelo caminho escolhido pelo novo filme.

Em *São Paulo sinfonia e cacofonia*, encontramos uma situação semelhante ao montar o monólogo de Geraldo del Rey extraído de *Bebel, a garota propaganda* (Maurício Capovilla, 1967). No original, este monólogo está de fato dirigido a outro personagem, que a nova montagem conseguiu eliminar completamente. Assim mesmo, há um resíduo, mas este passa totalmente desapercebido ao espectador: o resíduo são olhares dirigidos pelo ator à sua interlocutora. Como esta sumiu, esses olhares são totalmente rebatidos pelo espectador sobre o espaço em que o ator diz o monólogo.

Essa questão do resíduo que não se consegue eliminar totalmente leva com grande freqüência a preferir planos fechados que permitem selecionar mais facilmente os elementos interessantes para o novo filme.

No entanto, quando percebido, o resíduo poderá, às vezes, ser partícipe de um diálogo entre o novo filme e o filme original. No caso de Dadá, digamos que o resíduo sugere uma presença feminina secundária, o que não deixa de remeter ao caráter eminentemente "masculinista" de boa parte do cinema e até da vida cultural dos anos de 1960 (a seqüência dos intelectuais em crise, a que aludi acima, está montada exclusivamente com personagens masculinos, porque não há intelectual feminina em crise no cinema dos anos de 1960; à mesa de discussão referida acima sentam apenas homens). Os personagens principais, apesar de algumas exceções como *A falecida* (Leon Hirszman, 1964), são homens. Mesmo quando há personagens femininos importantes, como nos filmes de Glauber Rocha e Saraceni, eles reagem às ações dos personagens masculinos (*Deus e o diabo na terra do sol*, *Terra em transe*, *O desafio* etc.). *Sobre os anos 60* deixa a Dadá seu segundo plano, mas responde a essa situação dedicando uma inteira seqüência a atrizes dos anos de 1960.

Essas anotações, que comentam algumas relações entre um filme de montagem e os filmes que lhe forneceram sua matéria-prima, sugerem a possibilidade de uma ensaística cinematográfica, ou seja, de operações visuais e sonoras que sejam analíticas trabalhando com imagens e sons dos filmes analisados (dispensando a voz *over* analítica ilustrada).

Cinema Verdade no Brasil

Fernão Pessoa Ramos

Dentro da tradição do cinema documentário existem alguns momentos-chaves, de reviravolta estilística, que influenciaram a história do cinema como um todo. O primeiro pensamento mais sistemático e autoconsciente do cinema não ficcional emerge nos escritos de Dziga Vertov sobre o "cine-olho", dentro de uma postura crítica ao cinema de ficção. Nos anos de 1930, John Grierson inaugura a tradição não ficcional que irá dominar a primeira metade do século, a qual chamaria de "documentária". Em seus escritos, está contida uma proposta estilística e de produção para o cinema documentário, que irá permanecer só no horizonte até início dos anos de 1960. Utilização intensa de voz *over* expositiva, encenação e um namoro sem má-consciência com a propaganda marcam esta definição do documentário.

O Cinema Verdade/Direto constitui o primeiro momento de ruptura ideológica com o universo documentarista griersoniano. Surge, como estilo, nos anos de 1960 e domina o horizonte ideológico de nossa época, nesta virada de milênio. Vivemos, ainda hoje, dentro das crenças que nortearam seu surgimento. A crítica ética à encenação e a progressiva elegia da reflexividade (no caminho que vai do "direto" à "verdade") são dois momentos-chaves para a definição do campo da não-ficção, dentro do universo ideológico do Cinema Verdade. Nessa visão, o documentário deve "jogar limpo" e sempre revelar o caminho percorrido na composição dos procedimentos enunciativos do discurso cinematográfico. O Cinema Verdade/Direto revoluciona a forma documentária, através de procedimentos estilísticos proporcionados por câmeras leves, ágeis e, principalmente, o aparecimento do gravador Nagra. Planos longos e imagem tremida com câmera na mão constituem o núcleo de seu estilo. O aparecimento do som direto conquista um aspecto do mundo (o som sincrônico ao movimento) que os limites tecnológicos haviam, até então, negado ao documentário. Através do som do mundo e do som da fala, o Cinema Verdade inaugura a entrevista e o depoimento como elementos estilísticos.

O primeiro Cinema Verdade (o chamado Cinema Direto da Drew Associates 1960/1963 com a participação de Leacock, Maysles, Pennebacker e outros) acreditava poder contrapor-se à tradição griensoniana, atacando a encenação não revelada e assumindo "a vida como ela é" (em um sentido vertoviano, embora há anos-luz de sua visão da montagem). Mas a "lata de vermes" (a expressão é de Noël Carroll) estava aberta e o Cinema Direto seria rapidamente devorado por ela. A proposta ética do Cinema Direto irá afirmar-se somente em um segundo momento, quando as ilusões da "não-intervenção" do documentarista são derrubadas (sentimos a pressão, contra a ilusão objetiva, em entrevistas concedidas na época pelos cineastas). A obsessão contemporânea com a reflexividade faz questão de enfatizar os limites de qualquer prurido objetivo. O Cinema Direto queria ser "a mosca na parede", mostrando sem ser mostrado, construindo assim uma ética da não-intervenção.

A idéia da não-intervenção surge como antídoto do Cinema Direto ao tipo de composição imagética/sonora da tradição griersoniana, que incorporava sem má-consciência, as necessidades ideológicas que cercam a inserção institucional do documentarista no aparelho de estado. Mas o antídoto revela logo seus limites ao debater-se com a acusação da "verdade" (ou da "objetividade"). A tradição canadense/francesa de Rouch/Brault/Perrault, também denominada Cinema Verdade, encontra uma saída que parece ser mais próxima de nós e que contorna a ética não-intervencionista do Cinema Direto americano. Mas o próprio nome (Cinema Verdade) não nega o fato desta ter sido pensada dentro de um horizonte no qual se acreditava na objetividade de uma "verdade". As guinadas ideológicas são rápidas nos anos de 1960, e nem todos conseguem acompanhá-las. Mais do que um estilo, portanto, o Cinema Verdade inaugura uma nova ética dentro do documentário, marcada pela noção de reflexividade. O contexto ideológico que cerca o surgimento do Cinema Direto/Verdade mostra, portanto, a confluência de um salto qualitativo tecnológico, acompanhado imediatamente de uma revolução estilística, que desemboca no estabelecimento de uma nova ética para o documentarista. Ao nos depararmos com o discurso ideológico dominante hoje, que sustenta a produção documentária, podemos verificar que este discurso tem fortes raízes nas propostas e nos questionamentos do Cinema Verdade. Este texto buscará levantar alguns elementos para se analisar o impacto deste novo horizonte técnico, estilístico e ético na cinematografia brasileira dos anos de 1960.

O documentário brasileiro da década de 1960 deve ser pensado em sua correlação estreita com o horizonte cinemanovista. A partir de 1962, encontramos a presença das novas opções estilísticas do documentário mundial exercendo imediatamente uma forte influência no Brasil. A abertura para o ritmo e pulsação do mundo, e, de preferência, para o mundo dos excluídos, dá o tom desta produção. Da geração cinemanovista, Paulo César Saraceni é o primeiro a se aventurar, ainda em 1959, nesta direção com o pioneiro *Arraial do Cabo*, documentário sobre uma colônia de pescadores a 25 km de Cabo Frio dirigido em conjunto com Mário Carneiro. *Arraial do Cabo* deve ser considerado como marco na filmografia cinemanovista. É o primeiro documentário no qual sente-se com intensidade a atração pela imagem do povo, por sua fisionomia. Este é o filme em que já encontramos maduras as sementes dos dilemas e da estética cinemanovista, embora ainda distante das aventuras do Cinema Direto. Em *Arraial do Cabo* a imagem e a temática são novas, mas o estilo narrativo ainda pertence ao classicismo documentário.

No ano seguinte, na Paraíba, entre janeiro e março de 1960, Linduarte Noronha dirige *Aruanda*, outro marco nesta virada no cinema brasileiro. Filme sobre a festa do Rosário, em Santa Luzia do Sabugi, na Serra Talhada, alto sertão da Paraíba, sua repercussão demonstra a dimensão que teve o documentarismo na afirmação da estética cinemanovista. *Aruanda* teve seu roteiro desenvolvido a partir de uma reportagem escrita por Linduarte Noronha. O roteiro parece ter sido de autoria de João Ramiro de Mello, Vladimir Carvalho e Noronha. Como o nome dos dois primeiros constam dos créditos apenas como assistentes de direção, a disputa entre o grupo nuclear de *Aruanda* acaba na justiça. Rucker Vieira, pernambucano, embora não fazendo parte deste núcleo original, é o responsável pela fotografia e montagem do filme. Em depoimento José Marinho[1], Noronha menciona a equipe de filmagem em Serra Talhada composta por Rucker Vieira e João Ramiro. Vladimir Carvalho havia abandonado o grupo para prestar vestibular de filosofia em João Pessoa e se reintegra após a saída da Serra para as filmagens da feira, em Santa Luzia. Terminadas as filmagens, no início de março de 1960, Vieira e Noronha vão para o Rio de Janeiro fazer a montagem no Instituto Nacional de Cinema Educativo (Ince). O Instituto Joaquim Nabuco de Pesquisas Sociais, de Pernambuco, também contribuiu para a produção do filme, juntamente com o usineiro Odilon Ribeiro Coutinho. *Aruanda* nos mostra uma comunidade isolada, Olho d'Água da Serra Talhada, fundada em meados do

1. José Marinho, *Dos homens e das pedras – o ciclo do cinema documentário paraibano (1959-1979)*.

século passado por um negro liberto, em seu trabalho cotidiano em torno da roça de algodão e cerâmica, depois vendidos no mercado local.

Descrevendo o processo de produção do filme, Linduarte Noronha diz ter chegado ao Ince com o roteiro debaixo do braço e conseguido de Humberto Mauro o empréstimo (não habitual) de uma câmera que levaram para Santa Luzia. A fotografia de Rucker Vieira é um dos pontos altos do documentário, com tonalidades toscas e estouradas, captando a dureza do sertão. A banda sonora com pífanos e músicas folclóricas está em sintonia com o espírito do filme e também chamou atenção quando de seu lançamento. As tomadas sonoras dos documentários paraibanos do início da década foram gravadas em estúdios. No caso de *Romeiros da guia* (realizado, a seguir do sucesso de *Aruanda*, por Vladimir Carvalho e João Ramiro de Mello, em 1962) isto foi feito em João Pessoa, na Rádio Tabajara, com um grupo de romeiros. A voz narrativa em *over* destes filmes ainda é bastante convencional. Quase ausente em *Aruanda*, surge permeada por um tom culturalista classificatório em *Romeiros da guia*.

A imagem do povo e da natureza nordestina, tão cara ao primeiro Cinema Novo, surge finalmente estampada na tela. *Aruanda* é uma pequena jóia que dá forma às potencialidades que estavam no ar. É intensa a repercussão do filme, de sua temática e de sua estética, no Brasil da época. Exibido como carro-chefe na Homenagem ao Cinema Brasileiro promovida pela Cinemateca na VI Bienal de 1962, marca, junto com *Arraial do Cabo*, o que é mencionado, em jornais, como o "lançamento oficial do Cinema Novo em São Paulo, na VI Bienal", dividindo os créditos da nova estética com *O poeta do castelo* e *O mestre de Apipucos* (ambos de Joaquim Pedro, 1959); *Apelo* (Trigueirinho Neto, 1961); *Um dia na rampa* (Luiz Paulino dos Santos) e a ficção com tons documentários, também de Joaquim Pedro, *Couro de gato* (1961).

A introdução das técnicas do Cinema Verdade no Brasil, no entanto, irá ocorrer, de modo efetivo, dentro do núcleo autoral da geração cinemanovista que circula no Rio de Janeiro. Se quisermos estabelecer marcos, podemos mencionar o seminário de cinema organizado pela Unesco e pela Divisão de Assuntos Culturais do Itamaraty, no segundo semestre de 1962, como ponta-de-lança para a introdução das técnicas do "direto" no Brasil. Este seminário trouxe para o país o reconhecido documentarista sueco Arne Sucksdorff, que depois aqui se radicaria. É por meio de Sucksdorff que toda a geração do Cinema Novo tem contato com o fazer cinema e principalmente com as novas técnicas do "direto". Diretores e cineastas como Arnaldo Jabor, Eduardo Escorel, Dib Lufti, Antonio Carlos Fontoura, Luiz Carlos Saldanha, Vladimir Herzog, Alberto Salvá, Domingos de Oliveira, Oswaldo Caldeira, David Neves, Gustavo Dahl, atores como Guará Rodrigues, José Wilker, Nelson Xavier e Cecil Thiré e teriam seguido este curso, que parece ter marcado a história de vida desta geração. Sucksdorff chega ao Brasil trazendo dois gravadores Nagra. Posteriormente, passou-se a utilizar no seminário as câmeras e o Nagra recém-adquiridos pelo Serviço do Patrimônio Histórico e Artístico Nacional, envolvido no projeto. Deste seminário sai um único filme, *Marimbás*, dirigido por Vladimir Herzog, tido por alguns como o primeiro documentário brasileiro com tomadas, ainda não sincrônicas, em som magnético, utilizando Nagra. Versando sobre pescadores que ainda sobreviviam no Posto 6 da praia de Copacabana, o filme é construído em torno de entrevistas, procedimento estilístico que marca o Cinema Verdade. O plano do Itamaraty era dar continuidade ao Seminário com a vinda de Mario Ruspoli, em 1963, o que acaba não ocorrendo.

Na raiz do interesse súbito do Itamaraty pelo cinema está a figura de Mário Carneiro (filho de diplomata, um dos grandes fotógrafos do cinema brasileiro e diretor de documentários sobre arte), de David Neves (responsável pela participação da Unesco no Seminário), de Joaquim Pedro de Andrade, através de seu pai Rodrigo Mello Franco de Andrade, na época diretor do Sphan (Serviço do Patrimônio Histórico e Artístico Nacional), além do cônsul Arnaldo Carrilho. Joaquim Pedro, já estando na Europa em 1961, recebe uma bolsa da Fundação Rockfeller para ir aos Estados Unidos – onde mantém, durante o primeiro semestre de 1962, contato próximo com os irmãos Albert e David Maysles, figuras centrais no novo documentarismo mundial que emergia com o nome de Cinema Direto. Os Maysles já filmavam com Nagra, e Joaquim Pedro escreve entusiasmadas cartas aos colegas do Cinema Novo descrevendo os procedimentos do Cinema Direto. Voltando para o Brasil, em meados de 1962, sua experiência com os irmãos Maysles e a técnica do "direto" anima o produtor Luiz Carlos Barreto a convidá-lo para dirigir *Garrincha alegria do povo*, durante o segundo semestre daquele ano. Eduardo Escorel é encarregado do som. Em função dos equipamentos disponíveis, Joaquim Pedro parece não ter conseguido resolver satisfatoriamente os problemas técnicos do som direto e a gravação da voz de Garrincha sai prejudicada. O filme se distancia das experiências norte-americanas de Cinema Direto, utilizando-se basicamente de som de estúdio, com uma marcada voz *over* expositiva. A espontaneidade do filme dos Maysles também está ausente de *Garricha*. Embora seja evidente a influência do estilo "direto", o filme oscila em direção ao documentário clássico.

É nessa época que, segundo David Neves,[2] a presença de François Reichenbach no Rio de Janeiro proporciona a primeira experiência concreta da geração cinemanovista com um gravador

2. David Neves, A descoberta da espontaneidade (breve histórico do Cinema Direto no Brasil).

Nagra. Ainda de acordo com Neves, o primeiro contato do grupo com as potencialidades do Cinema Verdade havia sido através da exibição de *Chronique d'un été* (Jean Rouch e Edgar Morin, 1960), exibido, no início de 1962, numa Semana do Cinema Francês no Rio de Janeiro. O fato concreto é que, no segundo semestre de 1962, desembarcam no Brasil os primeiros Nagras, tanto no equipamento comprado pelo Patrimônio Histórico, quanto pela presença de cineastas como Reichenbach e Sucksdorff. A partir do final dos anos de 1950, com o gravador magnético progressivamente diminuindo de tamanho (o gravador Nagra, primeiro aparelho realmente portátil, pesava por volta de 8,5 kg), torna-se uma possibilidade concreta a gravação sincrônica som/imagem em tomadas exteriores. A gravação do chamado "som direto", no entanto, não é ainda um problema técnico completamente resolvido, e os cineastas brasileiros sofrem para obter os efeitos desejados.

No Brasil, *Maioria absoluta*, com direção de Leon Hirszman, filmado entre o segundo semestre de 1963 e o primeiro de 1964, parece merecer o mérito de ter sido pioneiro em explorar o Nagra de modo mais amplo, operado pelo jovem Arnaldo Jabor. A sincronização, posterior, foi feita por Luiz Carlos Saldanha, que fez também a fotografia do filme. A "genialidade técnica" de Saldanha, segundo definição de Saraceni, parece ter sido um elemento indispensável para a repercussão das técnicas do Cinema Direto no Brasil. Explorando o formato "entrevista", *Maioria absoluta* tematiza a questão do analfabetismo, tendo sido filmado no Rio de Janeiro, Pernambuco e Paraíba, às vésperas do golpe de 1964. O filme possui uma voz narrativa assertiva, que orienta a interpretação do espectador, apresentando o assunto e mencionando dados e números. Distingue-se, assim, das propostas mais típicas do Cinema Direto, que têm o objetivo de deixar a situação transcorrer *de per si* em frente da câmera. *Maioria absoluta* é, no entanto, um exemplo claro do forte contato da geração cinemanovista com a estilística do direto. O uso de entrevistas e depoimentos é intenso e respira-se a improvisação e casualidade que o conteúdo de tomadas improvisadas vai delineando em frente da câmera.

Integração racial, de Paulo César Saraceni, filmado também no segundo semestre de 1963 e montado no início de 1964, segue linha de abordagem parecida com a de *Maioria absoluta*. Tem como fio condutor entrevistas feitas na rua, em casas, no transporte público, sem nenhum pressuposto interno a não ser o temático. A narrativa evolui ao sabor da participação dos entrevistados, tendo como tema central a integração racial da sociedade brasileira, que aparece questionada em seus lugares-comuns. Também aqui o tom de denúncia predomina, com explicações sociológicas em *over*. O fascínio pela nova forma "entrevista" dá, no entanto, o tom diferencial. Ambos os documentários foram finalizados depois do golpe militar, em regime de semi-clandestinidade, com os diretores escondidos da polícia. Em 1965, aproveitando o aprendizado de técnico de som em *Integração racial* e *Maioria absoluta*, Jabor, com auxílio do esquema Itamaraty/Patrimônio Histórico, realiza *O circo*, curta-metragem em que o Cinema Verdade encontra sua expressão plena no cinema brasileiro, dominando com naturalidade o conjunto do filme. Em *Opinião pública* (1967), Jabor aprofunda o método a tal ponto que acaba quase tragado por ele. Neste filme, sucedem-se longas tomadas de conversas casuais e entrevistas, estourando de forma desafiadora os parâmetros de composição fílmica. A utilização do som direto já é uma técnica completamente dominada. Um fio tênue, marcado pela idéia de fornecer um "painel" da classe média, dá forma ao material coletado. Na realidade, respiramos no filme o fascínio pela forma da entrevista e pela espontaneidade que as novas técnicas cinematográficas permitem. As entrevistas são longas e sucedem-se sem muito motivo. A narrativa oscila entre o desleixo formal e uma postura agressiva frente ao espectador de classe média.

Encontramos em São Paulo um outro núcleo documentarista forte nos anos de 1960. Apesar de próximos, geograficamente e na proposta estética, o intercâmbio com o grupo cinemanovista parece não ter sido intenso e as equipes de filmagem não se misturam muito. O grupo paulista, que também respira o novo estilo "verdade", desenvolve-se a partir dos contatos com a escola documentarista argentina, principalmente através da figura de Fernando Birri, criador do Instituto de Cinematografia da Universidade do Litoral, em Santa Fé, Argentina. Entre 1951 e 1952, Rudá de Andrade foi colega de Birri no Centro Experimental de Cinematografia, de Roma. Também Vladimir Herzog tem contato com Birri no Festival de Mar del Plata de 1962 e escreve alguns artigos sobre o diretor, publicados no Suplemento Literário do jornal *O Estado de S. Paulo*. Em 1963, Fernando Birri vem a São Paulo para fazer uma série de conferências e para exibição, numa mostra, de seus filmes *Tire die* e *Los inundados*. Neste mesmo ano, Herzog, juntamente com Capovilla, vai ao Instituto de Cinematografia em Santa Fé para um estágio de três meses. A presença de Birri em São Paulo, em 1963, parece ter sido essencial para a definição dos rumos destes jovens cineastas, entusiasmados com as possibilidades do Cinema Verdade. Além de Herzog, podemos citar, como fazendo parte do núcleo paulista de documentaristas, Maurice Capovilla e Sérgio Muniz, de uma geração um pouco mais velha, a qual viriam se juntar Francisco Ramalho, Renato Tapajós e João Batista de Andrade.

Thomas Farkas atua como um catalisador do entusiasmo, permitindo que as idéias sejam postas em prática. Entre setembro de 1964 e março de 1965, Farkas mergulha na aventura de produzir quatro médias-metragens (*Viramundo*, *Memória do cangaço*, *Nossa escola de samba* e *Subterrâneos do futebol)* dentro das propostas do Cinema Verdade (é interessante notar a simultaneidade destas filmagens com a feitura de *Maioria absoluta* e *Integração racial*). Trazendo a vivência da sempre presente temática nordestina, Geraldo Sarno integra-se ao grupo paulista dirigindo *Viramundo*. Paulo Gil Soares, cineasta contemporâneo do jovem Glauber em Salvador, que Farkas conhece no Rio de Janeiro, é convidado para dirigir *Memória do cangaço*. De Santa Fé estão presentes os argentinos Edgardo Pallero, que cuida da produção executiva dos quatro médias, e Manuel Horácio Gimenez, que dirige *Nossa escola de samba*. Maurice Capovilla dirige *Subterrâneos do Futebol*. Farkas é o produtor isolado dos quatro médias e também fotógrafo de *Nossa escola de samba*, *Viramundo* e *Subterrâneos do futebol*. Em *Memória do cangaço* o esquema carioca Divisão Cultural do Itamaraty/Departamento de Cinema do Patrimônio Histórico e Artístico Nacional parece ter sido acionado para co-produção. As equipes se misturam, sendo interessante notar a ausência da turma cinemanovista (honrosa exceção é a fotografia de Afonso Beato em *Memórias do cangaço*). O grupo paulista está presente com mais peso em *Viramundo* e *Subterrâneos do futebol*. Em *Viramundo*, o som direto é feito por uma equipe ampla (Muniz, Pallero, Capovilla e Herzog), significativa da dimensão deste aspecto técnico. Muniz é também responsável pela direção de produção deste média que tem montagem de Sylvio Renoldi e colaboração de Roberto Santos. A música é de Caetano Veloso, cantada por Gilberto Gil. Em *Subterrâneos do futebol*, Clarice Herzog, Francisco Ramalho, João Batista de Andrade e José Américo Viana são creditados como colaboradores, aparecendo ainda Vladimir Herzog como diretor de produção.

Nos quatro médias o estilo "verdade" predomina, sendo a narrativa baseada em entrevistas, depoimentos e tomadas em direto explorando a improvisação. O estilo documentário "verdade" do grupo paulista parece ter um acabamento formal mais cuidado. Em *Memória do cangaço* é ironizado sutilmente o discurso didático-cientificista que tanto marcou o documentarismo brasileiro realizado, nos anos de 1930 e 1940, a partir da tradição do Ince. Utilizando-se do procedimento de entrevista, na fala do professor Estácio de Lima, catedrático de Medicina Legal da Universidade da Bahia, o filme incorpora e desloca um discurso expositivo que, classicamente, surge em voz *over*. A voz, no entanto, não precisa ser acionada para explicitar a contraposição entre a fala e a ideologia do média-metragem. Farkas parece haver conseguido para as filmagens um equipamento técnico de primeira qualidade, o que dá aos filmes força e agilidade em termos de tomadas em direto. Capovilla descreve o sistema dizendo terem seguido, nos quatro filmes, o que François Reichenbach havia ensinado a Afonso Beato: sincronizar o som direto sem usar o motor-sincro, fazendo "loops" das entrevistas e ajustando-as no Nagra enquanto se projeta. Estes médias-metragens foram reunidos no longa *Brasil verdade* e lançados em 1968, com o objetivo de atingir o mercado exibidor.

A partir desta experiência Farkas ainda produz, entre 1969 e 1971, uma série de dezenove curtas-metragens intitulada *A condição brasileira*. A idéia, que já existia quando da filmagem dos médias de *Brasil verdade*, busca viabilizar a produção de documentários que seriam depois vendidos ou alugados às escolas, explorando um mercado de cerca de duzentas cópias, o que pagaria os filmes. A primeira região a ser filmada foi o Nordeste, com sua geografia e costumes, tão caros ao cinema brasileiro dos anos de 1960. Este primeiro núcleo de documentários deveria ser seguido por outros conjuntos que abordariam o Norte, o Sul etc., o que acaba não ocorrendo. O objetivo dos documentários é claro: divulgar e registrar autênticas tradições da cultura nordestina, em vias de desaparecimento. O tom dos curtas gira em torno da importância da preservação das tradições e costumes. O documentário e sua forma narrativa aparecem como veículo próprio a este objetivo. A narração é bem mais tradicional do que nos médias de *Brasil verdade*, mantendo-se, em geral, uma voz *over* objetiva e assertiva que esclarece a importância e a dimensão das tradições. A maior parte dos filmes trabalha com entrevistas e som direto, misturando-os à voz *over* mais clássica. A direção dos curtas coube a Paulo Gil Soares – *A Morte do Boi* (1969-1970); *A vaquejada* (1969-1970); *Frei Damião – trombeta dos aflitos, Martelo dos hereges* (1970); *A erva bruxa* (1969-1970); *O homem de couro* (1969-1970); *A mão do homem* (1979); *Jaramataia* (1970); Geraldo Sarno – *A cantoria* (1969-1970); *Vitalino Lampião* (1969); *O engenho* (1969-1970); *Padre Cícero* (1971); *Casa de farinha* (1969-1970); *Os imaginários* (1970); *Jornal do sertão* (1970); *Viva Cariri* (1969-1970); *Região Cariri* (1970); Sergio Muniz – *Rastejador* (1969-1970); *Beste* (1970) e Eduardo Escorel – *Visão de Juazeiro* (1970). Do grupo de *Brasil verdade* mantém-se, além do produtor Farkas, que viabiliza as duas séries, Sérgio Muniz e Edgardo Pallero, que cuidam da produção executiva de todos os curtas (aqui sempre auxiliados por João Silvério Trevisan), sendo que Muniz ainda dirige os curtas *Rastejador* e *Beste*. Também Geraldo Sarno, que já havia dirigido *Viramundo*, é, juntamente com Paulo Gil Soares, o principal diretor da série. O som direto fica por conta de Sidney Paiva Lopes em praticamente todos os curtas (exceção de *Visão de Juazeiro*, que parece contar com uma equipe diferenciada: Jorge Bodansky fotografando e Hermano Penna fazendo o som direto). A mixagem ficou a cargo de Carlos de la Riva. A montagem dos curtas é basicamente dividida entre Geraldo Veloso e Eduardo Escorel, ficando a fotografia principalmente com Afonso Beato e, em alguns curtas, com Thomaz Farkas ou Lauro Escorel. Vladimir

Carvalho (produção), Ana Carolina (música) e Othon Bastos (narrração) são também nomes que aparecem nos créditos de mais de uma obra. A música dos filmes é bem cuidada, com a participação de artistas regionais como a Banda de Pífaros do Crato, Banda de Pífaros de Caruaru, Cego Birrão do Crato, Antonio Calunga, os cantadores Lourival Batista e Severino Pinto, além de Musikantiga e Gilberto Gil.

Através destes exemplos podemos ter a dimensão da influência exercida pela estilística do Cinema Verdade no cinema brasileiro dos anos de 1960. Um filme como *Câncer* (1968-1972), de Glauber Rocha, é inteiramente debitário desta forma narrativa. Embora com recorte ficcional, os planos são esticados até que a improvisação e o acaso exerce sua força sobre a interpretação dos atores. A tomada de som direto e a câmera na mão permitem que a interpretação seja mais uma vivência do instante, com algumas tênues marcas ficcionais para conformar esta vivência. Também na produção de Sganzerla e Bressane da Belair, núcleo do Cinema Marginal, encontramos esta abertura para a improvisação e para a experiência de viver a indeterminação do transcorrer do instante, na velocidade conta-gotas do presente. Também aqui um tênue universo ficcional serve de base para a representação do que interessa: o cotidiano da vida grupal. Apesar de parecer contraditório, a referência estilística destes filmes está contida por inteiro nas descobertas do Cinema Verdade.

A estética que surgiu com o Cinema Verdade continua a dominar hoje o documentarismo brasileiro contemporâneo. Embora não seja um estilo homogêneo, nossas últimas produções documentárias tem um débito evidente para com esta tradição. Mais importante ainda, a questão ética, central para o fazer documentário, é pensada inteiramente dentro do universo ideológico do Cinema Verdade. Dois de nossos principais documentaristas, Eduardo Coutinho e João Salles, desenvolvem trabalhos marcados por este estilo. *Cabra marcado para morrer* (1981-1984) constitui um dos grandes clássicos do Cinema Verdade. Coutinho exponencia o tipo de intervenção cara à Rouch, marcando a reflexividade enunciativa. O estilo do filme tem como referência a experiência de Coutinho junto ao programa televisivo *Globo Réporter*, pelo qual, nos anos de 1970 e 1980, passa parcela significativa dos documentaristas brasileiros. A estética do "direto", pensada originalmente para a televisão por Robert Drew, encontra na reportagem televisiva um campo ideal para expandir-se. Coutinho ainda coloca no centro a questão da reflexividade (o "conformar" do filme e da História), que perde força na forma televisiva. Para João Salles, o recorte já é outro, embora a forma narrativa em que gosta de trabalhar seja nitidamente debitária do direto. Em *Futebol* longos depoimentos e o acompanhamento "direto" dos atores futebolísticos em ação marcam o filme em sua indeterminação. No episódio de Paulo César Caju, o relacionamento com a equipe é tematizado explicitamente.

Os procedimentos do Cinema Verdade encontram-se muitas vezes banalizados e são absorvidos de modo indiferenciado nas produções documentárias que ocupam canais a cabo, ou em programas noticiosos no estilo "AquiAgora". A questão ética, central quando do aparecimento do estilo, surge deslocada ou ausente. Programas de *reality TV* (*No Limite, Survival, Big Brother*) exploram de forma caricatural algumas idéias que já encontramos nas propostas de Drew para o primeiro Cinema Direto: filmar, no ato da ação, a tensão dos agentes históricos (os Kennedy, por exemplo) envolvidos em um momento político crucial. A chamada *crises structure* do Cinema Direto traz uma inspiração paralela aos programas de televisão que envolvem tomadas exponenciando (mesmo que artificialmente) a indeterminação da situação extraordinária. A forma narrativa que o Cinema Verdade inaugura compõe o veio central do que hoje entendemos por documentário, embora muitas vezes surja misturada a narrativas com voz expositiva marcada ou a formas documentárias baseadas em reconstituição de fatos históricos, no estilo dos "docudramas". No caso do cinema brasileiro, buscamos aqui demonstrar as raízes desta presença, situando a introdução da estilística "verdade" como essencial para a formação do moderno documentário brasileiro.

Tendências do documentário etnográfico

Patrícia Monte-Mór

Pesquisa antropológica e cinema têm uma história de contatos. Nascem no século XIX, em meio a descobertas de novas terras, novos mercados e na ânsia por novos experimentos, registrando e apresentando os muitos encontros entre povos e culturas. Coletando materiais de pesquisa para os museus e coleções etnográficas européias do século XIX, viajantes, exploradores e pesquisadores passavam a registrar também hábitos e costumes, gestos e expressões dos diferentes povos. Equipamentos de gravação em cilindro de cera faziam parte da parafernália de pesquisa e guardavam os sons; as câmeras fotográficas, a partir de 1840, registravam a imagem e as câmeras cinematográficas aperfeiçoadas pelos irmãos Lumière captavam a imagem em movimento. Os primeiros filmes exibidos pelos Lumière numa sessão pública foram pequenos documentários que registravam "a vida como ela é".[1] O cinema desenvolveu-se como registro e como arte rapidamente, pelos diversos cantos do mundo.

Neste artigo, pretendo refletir sobre as tendências do que chamamos de documentário etnográfico (ou filmes documentários de caráter antropológico), das primeiras características dessa produção à sua pluralidade atual, vista como um segmento específico da produção de cinema e vídeo documental hoje, um século após as primeiras descobertas. À luz das questões colocadas pela história do cinema e da antropologia ao longo do século XX vamos tratar da produção brasileira recente.

1. Alberto Cavalcanti, O filme documentário, p. 243.

Filme etnográfico e etnografia: um ponto de partida

De que etnografia falamos quando pensamos no filme etnográfico? Talvez seja essa a pergunta crucial para entendermos esse gênero cinematográfico geralmente associado ao cinema documentário. Tanto podemos incluir nesta categoria registros de viagem e imagens de relatos administrativos coloniais do século XIX quanto os primeiros filmes produzidos num contexto de pesquisa, como os que realizou o zoólogo Alfred Cort Haddon numa expedição da Universidade de Cambridge ao Estreito de Torres para documentar todos os aspectos da cultura aborígine entre a Austrália e a Nova Guiné.[2]

Podemos falar também dos registros fílmicos de culturas e de sociedades que, como documentos, se revestem *a posteriori* de interesse antropológico: descrições não-ficcionais que são o resultado de uma vivência efetiva do cotidiano, dos rituais, das relações sociais de diferentes grupos, de diferentes povos. Estarão aí incluídas as produções clássicas documentais do "Cinema Verdade" de Jean Rouch ou a mídia indígena mais recente, que traz novas vozes a novas telas? Das primeiras imagens coloniais à *Nanook of the north* (Robert Flaherty, 1922), das realizações de Jean Rouch, como *Moi, un noir* (1958), *Jaguar* (1954-1967), *Les maitres fous* (1955) etc. a *Notícias de uma guerra particular* (João Moreira Salles e Kátia Lund, 1999), uma imensa produção rica e diversificada.

A etnografia e a observação participante foram tradicionalmente usadas na antropologia como método de descrever e observar as sociedades pesquisadas, inicialmente espacial e culturalmente distantes do pesquisador, mas que, a partir dos anos de 1950, incorporam temas e grupos sociais também partem de seu

2. Pierre Jordan, Primeiros contatos, primeiros olhares, *Cadernos de Antropologia e Imagem*, n. 01, 1995.

universo familiar. Esta perspectiva de trabalho do antropólogo fez que, desde os primeiros tempos, fossem incorporados ao seu arsenal de trabalho e observação os equipamentos de fotografia e cinema, em busca do registro do "real". O filme etnográfico tem essa marca de origem. No decorrer do século XX, muitos debates ocorreram na antropologia. Novas orientações teóricas, novas tendências. Desenvolveram-se também as técnicas cinematográficas e a tradição do cinema documentário. O que temos hoje como filme etnográfico? Desde produções que remontam a uma abordagem positivista, em que filmes são resultado de uma documentação "objetiva" da realidade, registros muitas vezes sem montagem ou som, até experiências fílmicas diversas, interpretativas, que incluem filmes estruturados em torno de argumentos, segundo convenções narrativas já instituídas nos documentários de maneira geral.[3]

Os empreendimentos de pesquisa do final do século XIX, associados a universidades e museus em formação, voltavam-se para a coleta de objetos, documentos, materiais diversos para formar acervos e coleções das principais instituições culturais ocidentais. No Brasil, o Museu Nacional, no Rio de Janeiro, não fica atrás, e incluirá os trabalhos fotográficos e depois cinematográficos de Roquette Pinto como documentação pioneira[4]. O filme *Rondônia* foi por ele realizado em 1912. Estes registros fazem parte da história do filme etnográfico. São imagens do "exótico", em gestos e comportamentos, que retratam o outro, imagens que podem viajar no espaço e no tempo para posterior pesquisa e divulgação.

O material das primeiras expedições buscava dar conta da totalidade da cultura observada, resultado de uma atitude do-

3. Paul Henley, Cinematografia e pesquisa etnográfica, *Cadernos de Antropologia e Imagem*, n. 9/2, 1999.
4. Ver L. Castro Faria, O antropólogo e a fotografia. Ver também P. Monte-Mór, Sobre antropologia e imagem. *Boletim da ABA*, n. 31.

cumentária, nos moldes da tradição de pesquisa das ciências naturais[5]. Sem montagem ou som (técnicas cinematográficas ainda não desenvolvidas à época), o trabalho de Roquette Pinto ou de Cort Haddon estará identificado com o de um conjunto de pesquisadores que, considerados "geração intermediária" de etnógrafos[6], estariam já mais distantes do viajante, do missionário ou do administrador. Seu trabalho de observação estaria direcionado a uma legitimação do pesquisador de campo, o teórico-pesquisador profissional, personagem que emergiu na primeira metade do século XX. O geógrafo Franz Boas foi pioneiro em estabelecer fronteiras entre o etnógrafo, aquele que descrevia e traduzia os costumes, e o antropólogo, aquele que seria construtor de teorias gerais sobre a humanidade.[7]

A partir de Malinowski e Flaherty

O cinema visto como instrumento de registro do exótico e das curiosidades do mundo ou simples divertimento das elites ganhou novas perspectivas no pós-guerra (1914-1918). Por um lado nascia uma segunda corrente de cinema, que estaria a serviço do "desenvolvimento do sonho" e tem Meliès como seu principal artífice;[8] por outro, duas novas experiências cinematográficas irão marcar o documentário: os trabalhos do russo Dziga Vertov e do irlandês Robert Flaherty.

A proposta de um cinema olho, Cinema Verdade de Vertov, denunciava a ficção e refutava qualquer forma de *mise en scène.*

---

5. J. Clifford. "A experiência etnográfica". In: GONÇALVES, José Reginaldo (org.). *Antropologia e literatura no século XX.* Rio de Janeiro, Ed. UFRJ, 1998.
6. G. Stocking (org). *History of Anthropology,* v. I. *Observers observed.* Madison, University of Wisconsin Press, 1983.
7. J. Clifford, *op. cit.*, p. 26.
8. M. Piault, *Anthropology et cinéma.*

As imagens não se resumiam a um "inventário" do visível, mas resultado de escolha e interpretação. *O homem com a câmera* (1929) foi seu mais importante filme. Para Vertov, o cinema se realiza em três etapas: a elaboração de uma estratégia de filmagem, a organização do visível durante a filmagem e a produção de sentido específico a partir do material bruto da realidade filmada. Formulou as teorias de montagem que publicou como instruções, em Moscou, em 1926.

Robert Flaherty realizou *Nanook of the north* em 1922. Sua experiência de vida junto aos Inuit, da Baía de Hudson, resultou na aventura do filme. *Nanook* é referência tanto para o cinema documentário de modo geral quanto para sua vertente etnográfica. Para Flaherty "tratava-se não mais de contar a história de uma expedição do ponto de vista do viajante ocidental, mas de procurar observar e mostrar, num processo de rigorosa depuração, o ponto de vista do nativo, da comunidade observada".[9] A fórmula sugerida por *Nanook*, de registrar "um dia na vida de..." (uma família Inuit), vai se reproduzir a partir de então, e os documentários etnográficos terão muito dessa marca.

Em termos antropológicos, é contemporâneo a estes projetos o trabalho do polonês Bronislaw Malinowski, nas Ilhas Trobriand, pesquisa que resulta na monografia *Os argonautas do pacífico ocidental* (1922) e faz surgir a figura do teórico-pesquisador de campo, desenvolvendo a etnografia como um gênero científico e literário, uma descrição cultural sintética que tinha por base a observação participante. Com Malinowski, uma variedade de padrões normativos para a pesquisa surgiu: o pesquisador de campo devia viver na aldeia nativa, usar a língua nativa, viver um período junto ao grupo estudado, investigar temas clássicos para que pudesse chegar ao todo por uma de suas partes, deixando de

9. H. Gervaiseau, Nanook of the North, *Cadernos de Antropologia e Imagem*, n. 1, 1995.

lado um inventário ou descrições de costumes.[10] Neste contexto, a fotografia desenvolveu papel fundamental no registro e na descrição da cultura trobriandesa por Malinowski, imprimindo a noção do "eu estive aqui" – o etnógrafo como membro integrante e participante.

A observação participante aparece em Malinowski como uma fórmula para o vaivém "interior" e "exterior" dos acontecimentos.[11] E se num primeiro momento é a experiência a palavra-chave para o seu entendimento, é a partir da representação em texto escrito ou visual que se dará a sua interpretação. Perseguir o "ponto de vista nativo" será um de seus cânones.

O cinema apropriou-se rapidamente dos domínios reservados à antropologia, fazendo circular suas câmeras nos mundos exóticos, produzindo imagens atraentes para as fantasias do Ocidente. O mesmo não se deu com a antropologia: depois de um início promissor, o aspecto econômico parece ter sido fator importante no bloqueio do impulso da técnica cinematográfica na antropologia. "O peso e o custo dos equipamentos deviam entravar o financiamento dos projetos, enquanto que as condições materiais de transporte, a maleabilidade relativa dos aparelhos, o perigo mesmo que representava a queima de bobinas em nitrato, inflamáveis, reforçavam a desconfiança, por muito tempo persistente, dos antropólogos acadêmicos ligados à escrita".[12]

No Brasil, os primeiros passos

No Brasil, as câmeras Lumière foram rapidamente integradas ao trabalho de alguns fotógrafos, mas foi nos quadros da fa-

10. J. Clifford, *op. cit.*, p. 29-30.
11. *Ibidem*, p. 33.
12. M. Piault, Antropologia e cinema, p. 64.

mosa Comissão de Linhas Telegráficas e Estratégicas do Mato Grosso ao Amazonas, a Comissão Rondon, que a fotografia (e posteriormente o cinema) teve destaque no registro das populações indígenas. Rondon iniciou-se nas comissões telegráficas em 1890, passando a dirigi-las em 1907. O major Luiz Thomas Reis, fotógrafo e cinegrafista, colaborou com a Comissão até 1938, realizando um vasto material de singular qualidade: produções fílmicas bem cuidadas, consideradas excepcionais para a época. Seu trabalho tinha por objetivo exibir às populações urbanas um Brasil grande e seu interior, divulgando as ações da Comissão e seu projeto de integração nacional. Para Pierre Jordan, Reis "realiza o primeiro filme etnográfico verdadeiro... filma utilizando todas as potencialidades que lhe oferece o tipo de material que dispõe. Ele escreve com a câmera"[13].

Reforçando essa idéia Pierre Jordan escolhe uma imagem de *Rituais e festas Bororo* (1917), de Thomas Reis, para a capa de seu livro *Cinema: premier contact–premier regard* (1992), catálogo que reúne as primeiras produções fílmicas dos diversos países, com o objetivo de dar a conhecer a "história de nossas sociedades através do cinema". Registrando percursos e viagens, contatos e rituais, paisagens e atividades administrativas, os primeiros filmes da Comissão são hoje documentação exemplar sobre populações, procedimentos de contato e ações políticas da época.

A produção da Comissão Rondon traz filmes como *Os sertões de Mato Grosso* (1912), primeiro filme do major Reis, realizado nos moldes de um Brasil pitoresco, com propaganda apregoando "empolgantes quedas d'água, extensas matas virgens e campos que se perdem no ilimitado do horizonte",[14] mas também *Rituais e festas Bororo*, talvez seu filme mais importante,

13. Pierre Jordan, *op. cit.*
14. Major Luiz Thomaz Reis, O cinegrafista de Rondon.

destacado na crítica cinematográfica como das primeiras experiências brasileiras de sucesso com montagem cinematográfica.[15]

O português Silvino Santos, na Amazônia, realizou mais de oitenta filmes desde o início do século, além de inúmeros negativos em vidro.[16] *No país das amazonas* (1922) e *No rastro do Eldorado* (1925) são alguns de seus títulos.

Os filmes realizados por Claude e Dina Lévi-Strauss, nos anos de 1930, são um retrato das primeiras difusões dos equipamentos cinematográficos na experiência acadêmica no Brasil. *Cerimônias funerárias entre os Bororo*, *Aldeia Nalike*, *Festa do Divino Espírito Santo* foram realizados quando Dina estava à frente da Sociedade de Etnografia e Folclore, fundada em São Paulo, em 1936, por Mário de Andrade. Os filmes dos Lévi-Strauss vão fazer parte também, anos mais tarde, do documentário dirigido por Jorge Bodanzky e Patrick Menget *À propos de Tristes Tropiques*, realizado para a televisão francesa, no ano de 1992.

A produção encontrada hoje no Museu de Arqueologia e Etnologia da Universidade de São Paulo relativa ao trabalho do etnógrafo e fotógrafo alemão Harald Schultz refere-se a trinta anos de pesquisa sistemática, realizada especialmente no Brasil Central, com fotografias e filmes: cerca de 36 filmes em 16mm, na maior parte coloridos. O cotidiano e os aspectos culturais de diversos grupos étnicos. Este trabalho faz parte de uma coleção chamada Encyclopaedia Cinematographica, editada em 1952, projeto realizado pelo Instituto de Filme Científico de Göttingham, na Alemanha, que tinha como objetivo "registrar as formas de comportamento dos seres vivos".[17]

---

15. Ver, a esse respeito, CD-Rom de Jurandir Noronha sobre cinema brasileiro.
16. Selda Costa, *Eldorado das ilusões. Cinema e sociedade: Manaus 1897/1935*.
17. Para esta produção ver Sandra Campos, Por uma antropologia do olhar, *Cadernos de Antropologia e Imagem*, n. 8, 1999.

As experiências da Comissão Rondon tiveram continuidade no Serviço de Proteção aos Índios, em que atuaram vários fotógrafos e cinegrafistas. *Um dia na vida de uma tribo da floresta tropical* (1950), uma colaboração de Heinz Forthman com o antropólogo Darcy Ribeiro, visava promover o conhecimento o mais sistemático possível da vida dos índios urubu-kaapor, seguindo o formato "um dia na vida de...", documentando-a exaustivamente através de recursos visuais (filme, fotografia) e sonoro (gravação), com o sentido de sugerir novas formas de atuação da política protecionista a ser desenvolvida pelo Serviço de Proteção aos Índios. *Funeral Bororo* (1953), resultado da mesma colaboração, segue a perspectiva da observação participante ao documentar um ritual funerário dos Bororo, no Mato Grosso, cujo acesso só foi possível mediado por Rondon.

Paul Henley[18] aponta para a década de 1950 como o período em que cinegrafistas, de alguma forma associados à vida acadêmica, começaram a fazer filmes que combinavam preocupações acadêmicas pela documentação etnográfica com instrumentos narrativos de um documentário cinematográfico.

Cinema etnográfico e cinema documentário: documentação e documentário

A partir dos anos de 1920 o documentário se popularizou e ganhou notoriedade na Escola Inglesa, especialmente com Grierson, como um "cinema solidário com as condições de vida da população".[19] Cinema de propaganda, financiado pela indústria e governo, traz à tela imagens da rua e seus habitantes mais hu-

18. Paul Henley, *op. cit.*
19. João Moreira Salles em comunicação oral no Festival *É tudo verdade*. Rio de Janeiro, CCBB, abr. 2001.

mildes, a dura realidade das casas, como em *Housing problems*, realizado em 1935, para a British Commercial Gas.

As iniciativas dispersas do cinema documental no Brasil ganharão regulamentação no Estado Novo, como política estratégica do governo de Getúlio Vargas que, seguindo as tendências européias, vinculará o cinema a fins culturais, fixando-se as condições estatais de apoio ao filme cultural (1937). Visava a produção documental nacional criando o Instituto Nacional de Cinema Educativo. Por meio do Ince, posterior INC, Humberto Mauro construiu sua carreira ligada ao cinema de curta-metragem.[20]

Na França, André-Leroi Gourhan definia filme etnográfico como filme que descrevia sociedades diferentes daquela de seus autores.[21] Desde então um cinema de "ciência cultural" passou a ser de alguma forma aceito, embora com certo receio e mesmo curiosidade pela disciplina antropológica, diz Mac-Dougall,[22] sendo mais um instrumento de observação, mais próximo à pesquisa. No caso anglo-americano, o patrocínio de órgãos de educação e da televisão conferiram novo lugar para o filme etnográfico produzindo uma série de filmes "reconstituídos".

O cinema documentário moderno, a partir das influências do Neo-realismo italiano e retomando as propostas de Vertov, irá se desenvolver amplamente, numa tentativa de romper com o cinema etnográfico que se fazia desde os tempos das expansões coloniais. Paul Henley[23] vai formular a idéia de *documentação* para contrapor o filme etnográfico clássico ao *documentário*, reconhecendo em Jean Rouch, a partir da França, na década de 1940, a articulação e a síntese entre esses dois conceitos.

---

20. Patrícia Monte-Mór, Descrevendo culturas: etnografia e cinema no Brasil, *Cadernos de Antropologia e Imagem*, n. 1, 1995.
21. M. Piault, Antropologia e cinema.
22. D. Mac Dougall, Mas afinal, existe realmente uma antropologia visual?
23. Paul Henley, *op. cit.*

Com Jean Rouch, o cinema etnográfico vai buscar purificar-se daquilo que é estranho ao diálogo entre o observador e o observado: uma linguagem que se constrói e se investiga ao mesmo tempo. Na África, "com dois de seus companheiros desce o rio Níger em canoa e registra imagens sem idéias preconcebidas, sem se preocupar muito com as regras do cinema, e não dispondo, aparentemente, de todos os equipamentos profissionais".[24] Realiza *Au pays de masques noirs* (1947). Alguns anos depois, em *Bataille sur le grand fleuve* (1951), filma uma caça ao hipopótamo. Retorna à África para mostrar aos pescadores o filme, permitindo aos "observados" acompanhar o empreendimento do antropólogo. A partir deste diálogo Rouch propõe a "antropologia partilhada": "...eu já havia refletido muito sobre o absurdo de escrever livros inteiros sobre pessoas que nunca teriam acesso a eles, e aí, de repente, o cinema permitia ao etnógrafo partilhar a antropologia com os próprios objetos de sua pesquisa".[25] Conforme Piault, "depois disso, o cinema etnográfico busca a via que lhe permitirá dar conta, o mais fielmente possível, desta experiência única e delicada que é o encontro de duas culturas buscando se escutar reciprocamente, senão se compreender".[26]

Marcando uma nova vertente de cinema etnográfico, em que *La chasse au lion à l'arc* (1957-1964) é um dos títulos clássicos, Rouch também proporá "etnoficções", realizando trabalhos conjuntos com os sujeitos de seus filmes. Será também referência radical no documentário, na sua proposta de "cinéma-vérité": "Não um Cinema Verdade, mas a verdade do cinema".[27]

No Brasil, dentre os principais realizadores do Cinema Novo, a partir de 1960, Jean Rouch é celebrado como impor-

24. M. Piault, Antropologia e cinema, *op. cit*, p. 67.
25. Jean Rouch, Os pais fundadores: dos ancestrais totêmicos aos pesquisadores de amanhã
26. M. Piault, *op. cit.*, p. 68.
27. Ver Jean Rouch, 54 anos sem tripé, *Cadernos de Antropologia e Imagem*, n. 1, 1995.

tante pai-fundador: "genial autor de um Cinema Verdade, sem tripé, sem qualquer artifício, sem maquiagem, sem ambientes que não sejam reais: câmera na mão, baixo preço para mostrar o verdadeiro rosto e gesto do homem".[28] Cinéma-Vérité na França, Cinema Direto americano, Cinema do Vivido no Canadá, são caminhos privilegiados pelo documentário a partir de então. No Cinema Direto, o filme construía-se não mais como uma "representação do real", mas sendo ele mesmo um acontecimento, processo aberto, um diálogo livre, polifônico.

Fortalecendo-se como gênero cinematográfico, o documentário vai buscar cada vez mais uma linguagem própria, uma narrativa, formar escolas e voltar-se também para a cultura próxima ao universo do cineasta, assim como a pesquisa na tradição antropológica. Nos temas também estarão incluídas as questões urbanas, as questões de gênero, os processos políticos, os sentimentos. No Brasil, a experiência política, a partir dos anos de 1960, vai instigar a produção de inúmeros documentários que tentarão dar conta da diversidade da cultura brasileira. Em muitos deles cientistas sociais terão participação como consultores ou pesquisadores. A experiência da Caravana Farkas é um desses projetos, resultando dentre outros títulos, no longa-metragem *Brasil verdade*. [29]

Embora a formulação de uma antropologia visual nos anos de 1960 já apresente resultados na produção inglesa, francesa[30] ou

28. Paulo César Saraceni, *Jornal do Brasil*, 12 ago. 1961.

29. *Brasil Verdade*, lançado em 1968, é a reunião de quatro médias-metragens realizados entre setembro de 1964 e março de 1965: *Viramundo*, de Geraldo Sarno; *Nossa escola de samba*, de Horácio Gimenez; *Subterrâneos do futebol*, de Maurice Capovilla; e *Memória do cangaço*, de Paulo Gil Soares.

30. O Comité International du Film Ethnographique, criado em 1952, fixa como objetivo a constituição de arquivos, o aperfeiçoamento da produção e o desenvolvimento da distribuição." M. Piault, Antropologia e cinema, *op. cit.*, p. 68.

americana, no Brasil a produção etnográfica estará ainda primordialmente vinculada aos estudos de sociedades indígenas, sua cultura material, festas e tradições. Os antropólogos, nos filmes, têm uma posição mais de consultoria que de artífices da própria realização, como em *Kuarup*, de Heinz Forthman (1965), com a participação do antropólogo Roberto Cardoso de Oliveira e *Jornada Kamayurá* (1965), com o mesmo diretor e o antropólogo Roque Laraia.[31]

Novas vozes no documentário

Nos anos de 1970, a publicação de um artigo da antropóloga Margaret Mead, "Visual anthropology in a discipline of words", vai ajudar a recolocar a discussão em torno do filme etnográfico e da produção audiovisual antropológica. Seria o filme etnográfico o produto primordial da antropologia visual? Jay Ruby vai propor que tais filmes deveriam satisfazer a quatro critérios: filmes sobre culturas integrais ou partes; informados por teorias da

31. Com o título I Mostra do Filme Etnográfico, realizou-se um evento, nos anos de 1970, coordenado pela antropóloga Claudia Menezes, no Museu de Arte Moderna do Rio de Janeiro, que pretendia "divulgar a problemática das minorias étnicas brasileiras e canalizar o interesse do público no sentido de descobrir um novo universo social, aquele constituído pelas sociedades tribais". A Mostra, segundo sua coordenadora, fazia parte de um "trabalho de documentação e pesquisa estritamente ligado ao conhecimento dos povos primitivos do Brasil[...]concretizado na iniciativa de organização de um Centro de Documentação Visual Etnográfica, cuja tarefa é coletar, recuperar e orientar a feitura de filmes que retratem a realidade indígena". Acompanhei a III Mostra, em 1997, organizada pela antropóloga Yvonne Maggie. No folheto de apresentação, a autora escrevia sobre "Etnografia, observação participante e documentário de cinema". Através da observação participante o cientista social aproximava-se do documentarista de cinema: "Os dois, em princípio, estão lidando com pessoas e voltados para uma realidade 'exterior', ou melhor, 'para fora'. Têm, portanto, alguns pontos em comum, mas usam linguagens diferentes". P. Monte-Mór (org.), *Comunicações do ISER*, n. 10, 1994.

cultura; explícitos sobre métodos de pesquisa e filmagem; utilizar léxico antropológico. Nessa perspectiva, exigia-se uma contribuição significativa de pesquisa antropológica para se fazer um filme etnográfico e não se incluiria nestes termos um filme documentário bem elaborado simplesmente por ser "sobre um povo".[32]

Loizos vai analisar as inovações que ocorreram nos filmes etnográficos de 1955 a 1985 e apontar para quatro aspectos: o desenvolvimento da tecnologia de produção, gravação da imagem e do som; temas mais diversos em função de novas ênfases teóricas; construção textual de argumentos mais ampla, inclusão de muitas vozes no filme, com falas espontâneas; autenticação etnográfica, através de apostilas e textos que acompanham os filmes. O autor enfatiza ainda a presença da nova tecnologia do vídeo no período, possibilitando não só o trabalho de criação de narrativas em co-autoria com os "sujeitos", mas filmes feitos pelos próprios "sujeitos".

Nos anos de 1970, a antropologia partilhada de Rouch vai marcar projetos realizados na Austrália, por exemplo, com os aborígines, que compreendiam o filme como um "instrumento utilizado para obter vantagens políticas em nível local e para fortalecer sua cultura".[33] Segundo o autor, que colaborou no projeto, "estava combinado que os filmes deveriam ser interessantes tanto para nós realizadores de filmes etnográficos, quanto para eles, participantes e usuários".

No Brasil, a experiência do antropólogo Terence Turner com os Caiapó, nos anos de 1980, foi inovadora, introduzindo equipamentos de vídeo junto às populações indígenas. Seguiram-se as experiências do Centro de Trabalho Indigenista, coordenado por Vincent Carelli e as antropólogas Dominique Gal-

32. Ver Peter Loizos, A inovação no filme etnográfico (1955-1985), *Cadernos de Antropologia e Imagem*, n. 1, 1995.

33. D. Mac-Dougall, *op. cit.*

lois e Virgínia Valadão, com o Projeto "Vídeo nas Aldeias", de capacitação das populações indígenas para a realização de produtos audiovisuais sobre a sua cultura, como um instrumento de autodeterminação. Muitas são as realizações deste projeto, dentre os vídeos: *O espírito da TV*, *A arca dos Zo'e*, *Eu já fui seu irmão*, *Meu amigo garimpeiro*, *Segredos da mata*, *Placa não fala*. Há também produções realizadas em parceria com índios como: *A iniciação do jovem xavante*, de Divino Tserewahú, Jorge Protodi, Caimi Waiassé, Vincent Carelli e outros, ou realizações dos próprios índios como *Tem que ser curioso*, de Caime Waiassé.[34]

A retomada pelo cineasta Eduardo Coutinho de seu projeto dos anos de 1960, *Cabra marcado para morrer* (1981-1984), abre caminho para sua valiosa produção documental a partir dos anos de 1980, com a qual inaugura um estilo próprio de documentário que nasce da interação do diretor com seu sujeito. *Santa Marta: duas semanas no morro* (1987) e *Boca do lixo* (1993) são exemplares.

No final dos anos de 1980, quando tendências pós-modernas redefiniam a pesquisa etnográfica, fazendo repensar a autoridade do texto antropológico, questionando as relações sujeito/objeto na pesquisa e enfatizando o caráter construído do seu texto, parece que o filme etnográfico ganhou um novo lugar. O texto etnográfico construído como "narrativas ficcionais" permite a incorporação de novas linguagens na pesquisa e a imagem passa a ter interesse significativo.[35]

O etnográfico no final do século XX

Notícias de uma guerra particular foi realizado em 1999, no Rio de Janeiro, pela produtora Videofilmes, trazendo as marcas do documentário autoral, com as melhores condições técnicas ci-

34. Os vídeos citados foram realizados entre os anos de 1990 e 2000.
35. Ver G. Marcus, & M. Fischer, *Anthropology as a cultural critique*, p. 72-76.

nematográficas disponíveis em fins do século XX: câmeras digitais, som direto, sendo um produto destinado à televisão. Escolhe um tema específico para aprofundar – a violência urbana – observada no contexto espacialmente próximo à vida cotidiana dos diretores, culturalmente distante. Negociado a cada passo, resultado da observação, da experiência, da interpretação, do diálogo e da presença de muitas vozes. Combina entrevistas com observação direta, narração em *off* com trilha sonora, presença objetiva e subjetiva dos realizadores.

Se os primeiros filmes produzidos jamais seriam vistos pelos povos focalizados, realizações como *Notícias* estão imediatamente acessíveis aos seus retratados, como parte mesmo das negociações de filmagem. São também filmes como este que estão entre os documentários considerados etnográficos da virada do século, presentes nos inúmeros festivais dedicados ao gênero, sendo absorvidos pela comunidade acadêmica antropológica, apontando não para o passado "enfadonho" do filme etnográfico,[36] mas para uma renovação do documentário, ampliando o seu público, considerando a pesquisa, aprimorando a sua linguagem e os recursos técnicos, reafirmando sua ética e sua arte.

Na antropologia concebida hoje como diálogo e polifonia, a negociação é parte constitutiva do trabalho, buscando meios de representar adequadamente a autoridade dos informantes.[37] A valorização dos antigos textos, relatos, fotografias, imagens

36. Sylvia Caiuby Novaes chama a atenção para o "enfado e a chatice" da maior parte dos filmes etnográficos, associados que são, segundo a autora, a uma "concepção de ciência que não vê grandes diferenças entre a descrição do sistema de circulação do sangue e o acontecimento de um ritual". Para a autora, esses filmes estariam presos a uma "atitude etnográfica típica dos anos 30, hiperdescritiva, na qual se supõe a possibilidade de uma total objetividade, e os dados sociais são literalmente tratados como *coisa*". Sylvia Caiuby Novaes, O banho do bebê, *Folha de S.Paulo*, dez. 2000.

37. J. Clifford, *op. cit.*, p. 48.

de viagens, formas expositivas distintas da monografia tradicional, centrada num único tema, são matéria própria da antropologia. Passam a interessar à disciplina desde os mais clássicos registros fílmicos etnográficos aos documentários recentes.

No Brasil, o conceito de filme etnográfico, no senso comum, está ainda bastante vinculado a um ponto de vista de pesquisa tradicional, em que o inventário, a coleção, aspectos generalizantes e a objetividade são características atribuídas às realizações assim rotuladas. Os realizadores não parecem se enquadrar nesta categoria de documentários, ficando como função dos festivais a eles dedicados ampliar esse debate e promover uma ampla discussão da questão, especialmente com o advento, nos anos de 1960, de uma antropologia visual.

O filme etnográfico como registro de aspectos exóticos da cultura vai dando lugar a uma produção documental particular, baseada em casos específicos, que já tem seus fóruns próprios de exibição e debate, que cresce no rastro do interesse renovado pelo cinema documentário e sua diversidade, a partir dos movimentos da década de 1990.

Em suportes diversos, dentre os quais se destaca hoje a tecnologia digital, o documentário etnográfico vai ultrapassando as barreiras e englobando tanto os títulos clássicos que fazem a história da sua tradição quanto produções realizadas nos circuitos comerciais, mas que trazem a presença de um certo "olhar antropológico" em seus roteiros, assim como a chamada "mídia indígena", produtos audiovisuais realizados pelas populações nativas. Seria interessante destacar, neste conjunto, documentários produzidos para a televisão que buscam associar as imposições da linguagem televisiva ao universo do documentário, produzindo programas inovadores que apostam na qualidade e que buscam retratar o Brasil para os brasileiros. *Brasil Legal* (TV Globo), *Música do Brasil* (MTV), *Além-Mar* (TV Educativa) são realizações dos anos de 1990, que tiveram a excepcional participação do antropólogo

Hermano Vianna no roteiro. *Um pé de quê* (TV Futura, 2001), dirigido por Estevão Ciavatta, conta com a participação da antropóloga Ana Luiza Martins Costa. Podemos citar ainda *Caminhos da Paisagem*, de Paschoal Samora (DirectTV), *6 histórias brasileiras* (GNT), produzido pela Videofilmes e *Pierre Verger: mensageiro entre dois mundos* (GNT), dirigido por Lula Buarque de Hollanda. A parceria antropólogo-cineasta tem gerado frutos, levando a um interesse pela formação de pesquisadores nas técnicas com a imagem e de documentaristas na pesquisa etnográfica.

É neste panorama que se realizam os diversos festivais dedicados hoje ao cinema etnográfico e se organizam as suas programações, com premiações e júris internacionais que incluem especialistas tanto de cinema quanto de antropologia. O Bilan du Film Ethnographic, festival dirigido pelo antropólogo-cineasta Jean Rouch e que celebrou o seu vigésimo aniversário no ano de 2001, a Rassegna Internazionale di Documentari Etnografici e Antropologici de Nuoro (Sardenha), o Cinéma du Réel: Festival International de Films Ethnographique et Sociologiques (Paris), o Festival de Cinema Etnográfico da Inglaterra, a Mostra Internacional do Filme Etnográfico, no Rio de Janeiro, ou o Festival de Cinema Documentário e Etnográfico de Belo Horizonte são exemplos. Os filmes etnográficos também estão presentes em encontros de antropólogos, como no Encontro Europeu de Antropologia Social (Easa) em Lisboa (setembro de 2001), nos encontros bienais da Associação Brasileira de Antropologia, com a instituição do Prêmio Pierre Verger para Vídeo Etnográfico a partir de 1996,[38] ou nos encontros promovidos pelo Instituto de Filme Etnográfico de Göttingham, na Alemanha.

---

38. Ganharam o Prêmio Pierre Verger de Vídeo Etnográfico: *Yãkwa: o banquete dos espíritos*, de Virgínia Valadão; *Memórias do Mundo*, de Ana Luiza C. Rocha e Maria Henriqueta Creidy; *Atlântico Negro*, de Renato Barbieri.

No Brasil, a Mostra Internacional do Filme Etnográfico passou a organizar a sua programação incluindo a classificação Vídeo-Pesquisa, para relacionar os filmes etnográficos produzidos no âmbito de pesquisa acadêmica, tentando resolver assim uma questão que ainda se arrasta nos meios mais tradicionais. Os filmes etnográficos devem ter ou não a participação do antropólogo? Uma outra inovação no universo do filme etnográfico proposta pela Mostra Internacional do Filme Etnográfico é a categoria Etnoclip – assim chamados os videoclipes musicais de caráter comercial que valorizam a etnicidade em sua proposta imagética. Um olhar para a estética do filme etnográfico e suas múltiplas possibilidades. *Mama África*, de Chico César; *Madalena*, de Gilberto Gil; *Segue o seco*, de Mariza Monte; *Maracatu atômico*, de Chico Science; *Zé Limeira*, de Mestre Ambrósio; *Minha irmã*, de Cidade Negra estão entre os títulos exibidos no festival de 1999. Os videoclipes da banda O Rappa, *A minha alma* e *O que sobrou do céu*, foram exibidos em 2000.

O chamado documentário antropológico contamina-se com o cinema contemporâneo. O cinema contemporâneo de ficção se aproxima da estética do documentário e propõe novas trocas: está em jogo aproximar-se da realidade, de suas contradições e, ao mesmo tempo, garantir novas platéias para o cinema. Limites entre documentário e ficção são temas de discussões em torno do novo documentário, da década de 1990, nos quais o "ponto de vista nativo" é apresentado e as fronteiras entre o ficcional e o documental se confundem. No Brasil, filmes como *Crede mi* (de Bia Lessa e Dani Roland, 1997) e *Sertão de memórias* (de José Araújo, 1997) são bons exemplos.[39] Estaria, por sua vez, o documentário etnográfico gerando a ficção etnográfica? O documental aparece valorizado na narrativa ficcional em filmes recentes

39. Ver Ana Lúcia Ferraz, Crede no baile de memórias: a produção cinematográfica nacional recente, *Revista Sexta-Feira*, n. 2, 1997, p. 202-204.

como *O baile perfumado* (Paulo Caldas e Lírio Ferreira) e *Central do Brasil* (Walter Moreira Salles), trazendo marcas radicais desta discussão.

Com os novos paradigmas da disciplina, os antropólogos descobrem que "contam estórias". Vão procurar também buscar os meios teóricos e técnicos para contar as estórias por meio das imagens. Reconhecendo no cinema narrativas e linguagens próprias, a produção etnográfica, deste ponto de vista, terá suas fronteiras alargadas, abarcando novas vozes e novas poéticas.

Eduardo Coutinho, hoje um dos mais importantes documentaristas brasileiros, responde em entrevista se seus filmes podem ser definidos como etnográficos:

> É complicado você lançar mão de grandes palavras, mas eu acredito que a minha visão nos filmes é antropológica, embora selvagem. Eu não sou cientista, mas tratamos dos mesmos problemas: o que é um relato, a fidelidade de um relato, como traduzi-lo. Eu não preciso traduzir o oral para o escrito, mas tenho que editar, e a edição também é um ato de intervenção. O engajamento que há nos meus filmes é uma tentativa de conhecer as razões e versões que andam por aí. É um engajamento ético porque eu tenho que ser leal com as pessoas que eu filmo.[40]

40. Eduardo Coutinho, Entrevista. *Revista Sexta-Feira*, n. 2, 1997.

DAS POÉTICAS DOCUMENTAIS EXPERIMENTAIS ÀS ETNOGRAFIAS FÍLMICAS ESTRATÉGICAS

O documentário como fonte para o experimental no cinema de Arthur Omar

Guiomar Ramos

Vou apresentar aqui um cinema que pode ser caracterizado como do tipo documentário-experimental. Trata-se do cinema de Arthur Omar. O tipo de experimentalismo que será estudado é representativo de um determinado momento da carreira deste cineasta. Nesse sentido, abordarei seu processo de criação a partir dos filmes da primeira fase de sua trajetória – ocorrida entre os anos de 1972 e 1984 – que dialogam diretamente com a linguagem documental.

Serão discutidos *Congo* (1972), *Triste trópico* (1974), *O anno de 1798* (1975), *Tesouro da juventude* (1977), *Vocês* (1979), *Música barroca mineira* (1981) e *O som ou o tratado de harmonia* (1984). Esses filmes referem-se ao momento que este autor trabalhava com a película (35mm e 16mm), suporte que irá abandonar para se fixar no vídeo.

Por meio da análise dessas produções colocarei no horizonte a idéia do experimental no cinema brasileiro documentário. Normalmente, a problematização em relação ao documentário aparece mais relacionada ao seu diferenciador – "ficção": é ou não encenado, acontece ou não em tempo real – do que ao experimental. Omar contrapõe, problematiza o documental não com a ficção, mas, sim com o próprio documentário: a experimentação tem como base algo já existente. Além disso, a busca pelo novo identifica-se com um mecanismo de constante ruptura com a estrutura do cinema documentário tradicional.

Quero mostrar, por meio da análise do tipo de captação e de montagem realizado por esses filmes, como se dá este processo de quebra contínua. Interessa-me aqui recolocar qual o sentido do novo, da ruptura. Novo, em relação a quê? Ruptura, baseada em quê? A noção de experimental aparece, muitas vezes, calcada em uma determinada obra, como aconteceu, por exemplo, com o premiado *Ilha das flores* (1989), de Jorge Furtado. Porém, no caso deste filme, como de tantos outros, o que foi representativo de um momento de ruptura é de tal maneira assimilado pela mídia que acaba por transformar-se em um outro padrão de documentário a ser repetido, perdendo, portanto, seu caráter inovador.[1]

A construção fílmica

A construção da linguagem do cinema de Arthur Omar, desde *Congo* (1972) até *O som ou o tratado de harmonia* (1984), pode ser vista através de três momentos distintos.

O primeiro se dá com a desconstrução do documentário convencional. Ele abrange os filmes *Congo* (1972), *O anno de 1798* (1975) e *Triste trópico* (1974).[2] Pode-se chamar essa fase de *negativa* no sentido que o todo fílmico é construído em função da anulação de outro modelo de cinema, o que não quer dizer que a montagem não tenha trabalhado, desde *Congo*, a composição de uma nova totalidade a partir da relação abstrata ou da livre associação que se estabelece entre seus elementos. Porém, está sempre presente a estrutura do documentário padrão como

1. Podemos, hoje, identificar a inspiração original deste documentário em programas televisivos que misturam o documental com o humor, como, por exemplo, o *Programa Legal*, com a atriz Regina Casé, alguns episódios do *Casseta & Planeta* e outros programas de autoria do próprio Jorge Furtado.
2. De todos os filmes aqui comentados, este é seu único longa-metragem.

base. Estes filmes foram chamados pelo próprio diretor de "antidocumentários".[3]

Num segundo momento, seu cinema, já liberto da função de se contrapor mais diretamente à forma de organização do documentário, vai aprofundar algumas experiências na relação entre os sons e as imagens, quando então não identificamos mais o confronto com a estrutura do cinema documental. Nos filmes *Tesouro da juventude* e *Vocês* há, dentro da faixa sonora e entre esta e a imagem, uma radicalização das experiências iniciadas com os antidocumentários. Nestes (principalmente no primeiro), som e imagem parecem pulsar musicalmente sem fazer referência ao tema ou ao mundo externo. Podemos acompanhar uma composição fílmica mais abstrata, já que o referencial ao documentário padrão não está presente, e não há outro referencial no lugar.

As experiências de desconstrução dos antidocumentários, e o aprofundamento dessas relações nos filmes que se seguiram desembocam numa terceira etapa, com o *Música barroca mineira* e *O som ou o tratado de harmonia*. Esses filmes apresentam um estágio de compreensão bem maior; neles podemos verificar uma procura por uma produção de sentido, numa relação *positiva* com o tema proposto. O confronto com o documentário padrão anulava dentro do filme a possibilidade de se desenvolver o tema presente no título.

Com o *Música barroca* e *O som ou o tratado da harmonia* esse confronto entre elementos fílmicos representativos do universo temático e do não-temático cria uma dinâmica dentro da qual o tema pode ser desenvolvido. O elemento conflitante vai ser absorvido pelo tema proposto. No *Música barroca* vamos ouvir, por exemplo, vozes aleatórias, como o grito de Tarzã ou tre-

3. Arthur Omar, O antidocumentário, provisoriamente, *Revista de Cultura Vozes*, n. 6, ago. 1978.

chos de um discurso político atual,[4] que não representam uma oposição ao desenvolvimento do tema, pois são assimiladas ao contexto em que o barroco nos é apresentado. Em *O som ou o tratado da harmonia*, por sua vez, esse mecanismo de absorção de contextos que são estranhos ao tema é ainda mais radical.

O rompimento com o documentário

O ponto de partida da construção da obra de Omar foi o corte com o cinema documentário. A primeira ruptura se deu com um tipo de documentário padrão. Seu artigo, "O antidocumentário, provisoriamente", revela-nos a consciência existente em relação ao formato daquele cinema ao qual ele se opunha.[5] Os *antidocumentários* são os curtas *Congo* (1972), *O anno de 1798* (1975) e o longa *Triste trópico* (1974).

O padrão de filme documentário ao qual Omar se opõe foi chamado por Jean-Claude Bernardet de modelo sociológico. De acordo com Bernardet, esse tipo de documentário, que surgiu dentro do contexto social e político brasileiro dos anos de 1960,

---

4. Soube, através do cineasta e montador Ricardo Miranda, que os fragmentos da voz que ouvimos discursar durante os últimos planos deste filme são do ex-sindicalista e político Luís Inácio Lula da Silva.

5. É contra essa *fórmula* fílmica que na época da realização de seu primeiro filme, *Congo* (1972), Omar escreve o artigo "O antidocumentário, provisoriamente". Em teor de manifesto, considera que esse documentário tradicional não tem capacidade para fazer o que se propõe – documentar. Ele parte da idéia de que o mecanismo de apresentação do objeto ou do tema em questão dá ao espectador uma ilusão de conhecimento. "Não somos parte do objeto, não podemos tomar parte dele, imersos na ilusão de recriá-lo[...] nenhum documentário é a fala de um vaqueiro, por mais que se focalize o vaqueiro e se o faça falar[...] é preciso questionar a estrutura do documentário como sendo produtor de conhecimento. "Nesse sentido, propõe a realização de antidocumentários, que seriam construídos usando-se "uma combinação livre de seus elementos". Arthur Omar, *op. cit.*

"como forma de registro das tradições populares, da arquitetura, das artes-plásticas, da música etc.", vai ser "questionado e destronado por documentários inquietos tanto com os problemas sociais como os da linguagem".[6]

Na edição de som de um documentário convencional, a informação principal é, quase sempre, transmitida através da voz. A voz *over* tem um papel de destaque, em geral, é a voz que narra, que apresenta ou desenvolve um determinado tema. Essa voz é às vezes complementada simultaneamente pelas imagens: o que estou ouvindo corresponde analogicamente ao que estou vendo. Os outros sons vão ser organizados hierarquicamente em torno dessa voz. As vozes dos depoimentos, em geral sincrônicas com as imagens dos depoentes, devem exemplificar o que foi dito pela voz *over*. A música surge num segundo plano para realçar, contrastar, ou preparar a entrada dessa voz; os ruídos aparecem mais ao fundo, sempre sincrônicos, dando mais veracidade às imagens que os geraram.

A complexidade encontrada na inter-relação entre sons e imagens dos filmes de Omar é precedida por um ponto de partida – a negação ao cinema documentário convencional. Ao negar este documentário Omar se apropria daquilo que está negando, no melhor estilo da antropofagia oswaldiana. A base inicial da inventividade de seu cinema é construída a partir da assimilação desse tipo de filme: a montagem absorve não só o conteúdo desses documentários como, também, sua forma de funcionamento. Nessa absorção toda a ordem e a subordinação com que as faixas sonora e a imagética apareciam organizadas se desfazem.

Todos os elementos deste aparato organizador – voz *off*, voz *over*, imagens de fundo e de frente, música, ruídos etc. – passam a ter o mesmo espaço dentro da construção fílmica. Nesse senti-

6. Jean-Claude Bernardet, *Cineastas e imagens do povo: uma aventura documentária no Brasil, 1960-1980*. p. 7-8 e 189.

do, a desarticulação da hierarquia na qual se estruturavam as faixas sonora e a imagética segue a direção contida no texto "Montagem de atrações", de Eisenstein.[7] A atração é "todo elemento que submete o espectador a uma ação sensorial ou psicológica[...] com o propósito de nele produzir certos choques emocionais[...] para tanto os discursos disponíveis são todas as partes constitutivas do aparato teatral[...] tanto a falação do ator quanto a cor da malha da prima-dona, tanto um toque de tímpano quanto o solilóquio de Romeu, tanto o grilo na lareira quanto o espocar de fogos sob a poltrona dos espectadores". Trata-se de uma visão neutralizadora no sentido de igualar todos os componentes de um espetáculo, colocando-os como passíveis de produzir um determinado efeito.

Como Eisenstein, Omar realiza em seu cinema uma persistente troca de lugares de cada recurso utilizado em um documentário padrão. Os vários componentes das faixas sonoras desativados da função de apresentar conteúdo passam a ter outras possibilidades de significação. Sonoridades que na estrutura fílmica tradicional eram pouco audíveis, porque surgiam hierarquicamente atreladas umas às outras, aqui vão ter destaque a partir de uma nova relação que se estabelece entre elas e com a imagem. O leque de opções que se abre a cada momento na construção da faixa sonora gera um agenciamento dos sons de outra natureza, ocorrendo uma ampliação desta faixa. Por exemplo, em relação à voz *over*, no documentário padrão ela aparecia com determinado tom, e falando sobre um determinado tema. Nos antidocumentários, as vozes podem manter a tonalidade do documentário padrão (como em *O anno de 1798* e em *Triste trópico*), ou se transformar em uma voz infantil, ou ainda em um fragmento de voz, como em *Congo*. Podem, também, falar com

---

7. Sobre o conceito de "montagem de atrações", ver Ismail Xavier, Montagem de atrações de Serguei Eisenstein, p. 187.

um vocabulário que mantém afinidade com esse universo dos filmes sociológicos ou trazer um conteúdo totalmente diverso. A essas alternativas em relação às vozes vão somar-se as diferentes opções de relação com as imagens e com as outras sonoridades – música e ruídos.[8]

Então, calcado nesse formato de documentário, assimilando sua estrutura e o tipo de conteúdo apresentado, Omar experimenta as mais diversas inversões/criações. Em *Congo,* a voz *over* masculina, grave e solene – própria do documentário padrão – transforma-se na voz de uma menina de nove anos que fala um texto de Mário de Andrade sobre a congada. O texto não é modificado, mas o tom de voz de uma criança é desqualificador para o tipo de conteúdo apresentado. Além disso, é completado com imagens de terreiros onde a congada não está acontecendo.

É a partir da reunião de todo material afinado ao assunto congada que a montagem realiza inversões. Textos que seriam uma fonte de pesquisa e, portanto, estariam invisíveis dentro do filme, tomam conta da tela. Assim, lemos: "a coroação de um rei negro em 1748 na igreja de Nossa Senhora da Lampadosa no Rio de Janeiro" ou "Quimboto feiticeiro – Secretário – Mestre de campo – Capataz – Primeiro Capitão – Marinheiro – Arautos – Damas de honor – 8 fidalgos do rei". Outras sonoridades, que também pertencem ao tema da congada, como o batuque de tambores, as vozes femininas de um canto tribal, uma melodia religiosa tirada de um órgão de igreja etc. nunca aparecem articuladas a uma imagem que as complete, ficando irreconhecíveis,

8. O aparato sonoro/visual dos documentários ao ser desarticulado de seu funcionamento original vai representar as diferentes possibilidades na inter-relação entre os sons e sua relação com as imagens; sua contínua experimentação acaba criando um novo espaço fílmico, já que esse processo que começa com *Congo* vai ser desenvolvido através de toda a sua filmografia.

e assim desfilam uma após a outra como uma grande coletânea de referências ao tema. Mesmo a respeito de sua última seqüência – a imagem chocante de dois cachorrinhos copulando – pode-se dizer que ela pertence ao mesmo local onde foram feitas as filmagens e, portanto, é um local onde a congada poderia estar ocorrendo.

A completa desconexão da faixa sonora com a imagética abre uma possibilidade de leitura que é de ora servir como comentário crítico ao cinema com que se confronta, ora abstrair completamente seu sentido original virando música.

Como comentário crítico à linguagem documental temos, por exemplo, o batuque de tambores que, descontextualizado de qualquer imagem, surge como uma sonoridade causadora de tensão, não sobre algum conteúdo apresentado pela narrativa, mas como expressão tensa de uma linguagem que não se completa. Em outro momento, entre a primeira e a segunda fala da menina, ouvimos um fragmento de voz masculina completamente incompreensível, seguido de um ruído de balão de gás se esvaziando (ou um som semelhante). Se a voz *over* da menina representa uma oposição ao formato da voz do documentário referente (grave, pausada, didática), essa faísca de voz masculina sincronizada ao ruído de ar escapando é a expressão concreta do desaparecimento dessa voz.

A utilização da música, nas duas vezes em que ela aparece não-fragmentada, também tem a função de criticar, de anular, o sentido das imagens às quais está "ligada". No exemplo mostrado a seguir utilizo-me da descrição precisa de Bernardet:

> Sobre um monte de feno um *zoom* abre-se, pára um instante e fecha-se voltando ao ponto de partida, isso acompanhado pelos pomposos acordes finais de uma sinfonia clássica. O feno, um fragmento banal do que o sítio oferece à vista, algo sem nenhuma importância ou beleza, é magnificado pelo rigor e segurança do

insistente efeito óptico e pela música, a ponto de tornar solene um monte de feno."[9]

Ela tem uma sonoridade que marca uma intenção dramática emocional. Esse caráter dramático fica ainda mais exagerado na relação insistente com as imagens pontuadas pelos movimentos de *zoom-out* e *zoom-in* sobre o dito feno. Esse plano é a representação da emoção (pela música) esvaziada (pela imagem do feno). Essa seqüência faz um paralelo com o documentário padrão, no qual poderíamos ter, no ápice do filme, a apresentação do objeto enfocado pelo tema, de uma forma dramática.

A relação da música do plano final com a imagem segue essa mesma idéia de criar uma emoção vazia. A percussão utilizada em sua melodia nos remete ao tema. Mas, além disso, o fato de ela estar situada no plano final, espaço que, no documentário padrão, é em geral reservado a conclusões a respeito do restante do filme, expressa a solenidade deste momento. Porém, a imagem à qual essa melodia aparece mixada é sem nexo e chocante – o plano geral de dois cachorrinhos copulando. Nessa relação a música é *pivô* de uma crítica escrachada a esse tipo de filme.[10]

Já o outro movimento presente neste filme, que é o de busca por um contexto completamente abstrato do material relacionado à congada, pode ser visto através do sintetizador, que eventualmente aparece como sonoridade musical imitando um órgão de igreja (contraponto da religião católica à africana). Temos a desarticulação das referências de conteúdo e a procura por sua existência como música. Por exemplo, podemos ouvir o sintetizador realizando uma espécie de *costura* entre as batidas destaca-

9. Jean-Claude Bernardet, *op. cit.*, p. 97.
10. A ironia, de maneira escrachada ou não, vai estar presente em todos os seus filmes. É interessante ressaltar que, aqui, essa crítica irônica é apontada para o cinema documentário com o qual ele dialoga.

das do tambor e o som contínuo de uma música, de maneira a deixá-los em um mesmo parâmetro de audição. Quando essa sonoridade aparece mixada às vozes femininas num canto tribal, ela enfraquece a definição dessas vozes, transformando-as em sons indefinidos, que podem fazer fundo para um ruído de máquina, para um ferro batendo ou para uma buzina. Sem estarem fixadas a uma função dentro do filme, essas sonoridades pontuam de leve a narrativa, fazendo com que possamos apreciá-la como dotada de uma unidade musical, seja ela contínua ou entrecortada.

Nos filmes que realiza a seguir, *O anno de 1798* e *Triste trópico,* Omar dá continuidade às experiências de descontextualização com intuito de fazer um comentário crítico ao cinema com que se confronta ou de abstrair completamente de seu sentido original virando música. Mas se no primeiro filme a montagem trabalhava quase que exclusivamente com elementos pertencentes à congada, nesses dois filmes Omar traz materiais completamente externos ao tema.

Em *Triste trópico* o confronto com o documentário padrão é mantido, com a utilização de uma única voz que permeia o filme – grave e didática – bem como na relação que esta voz estabelece com imagens e sonoridades. Mas a complementação desta fala é construída pelos materiais mais variados, desde imagens jornalísticas de um carnaval de rua do Rio de Janeiro alternadas a um filme doméstico da década de 1930, até fotos de almanaques antigos, *outdoors* modernos e fotografias do próprio diretor.

A crítica ao documentário aparece na maneira como a voz em seu tom e vocabulário tão precisos podem não estar dizendo coisa alguma: "Este filme homenageia o Dr. Arthur Alves Nogueira,[11] nascido em 1882 e morto em 1946. Reunimos aspectos

11. Arthur Alves Nogueira, avô do cineasta Arthur Omar, realizou as imagens do início do século que aparecem no filme.

de suas atividades na região cafeeira do litoral conhecida como Zona do Escorpião, onde até hoje traços de sua passagem se conservam na memória popular". O absurdo ou a incoerência do conteúdo nem sempre é construído no confronto com as imagens (como em *Congo*); ele pode estar dentro do próprio texto: "em 1925 renuncia a um consultório em São Paulo e instala-se como clínico geral em Rosário do Oeste, região cafeeira de grande turbulência, onde de seiscentas casas, cem eram de tolerância. [...] Intimamente considerava seu trabalho como uma autoflagelação na América Tropical".

O explicitamento de uma crítica ao documentário aparece também na maneira como a montagem coloca dentro do espaço fílmico fragmentos de um diálogo entre o ator e o diretor, refletindo a insistência com que Omar cuida para que a voz *over* se assemelhe à do documentário padrão: "você quer que eu continue naquele mesmo tom? Então vamos lá". E mais adiante o próprio diretor indica o tom apropriado para Othon Bastos continuar sua fala: "a enumeração das relíquias tem que ser um negócio totalmente sem ênfase".

No tocante à busca por uma relação mais abstrata com o material fílmico podemos perceber algumas experimentações mais aprofundadas. Por exemplo, um som de sintetizador é colocado sobre a imagem de um carnavalesco que dança na rua, de tal maneira que cria um conflito com o contexto que estamos vendo ao ponto de não reconhecermos mais o contexto de carnaval. Em outros momentos, sons que num documentário tradicional apareceriam juntos dentro de uma hierarquia e contextualizados à imagem, aqui se sucedem como se a montagem estivesse mesmo *gastando* as diferentes possibilidades sonoras de conexão com a imagem, sem optar por nenhuma. Para um plano geral de uma multidão que desce a barca vinda de Niterói para chegar ao carnaval no Rio de Janeiro, que dura quatro minutos, temos as seguintes sonoridades, uma após a outra: uma melodia de piano, uma música indígena com som de água, a mesma música sem a água, som de bumbo, mais o som de água, uma voz de índio que fala, som de sanfona, silêncio, voz de padre rezando missa em latim.

O trabalho de livre associação e as analogias entre o sentido desse discurso interminável da voz *over* e as imagens é bastante radical neste filme. Associações como a de uma frase em que lemos "Cabo da Boa Esperança", seguida de uma imagem de um cabo de guarda-chuva encostado a uma parede, e ainda a voz que ao se referir à doença de Dr. Arthur fala a palavra força: "teve um aniquilamento total das forças", utilizando uma música da banda da força pública e uma foto de soldados, é semelhante às experiências realizadas em *Congo* buscando um movimento abstrato.

De qualquer forma, esse movimento de absorver negativamente o documentário padrão, tão nítido em *Congo* e *O anno de 1798*, pode ser visto com reservas em relação a *Triste trópico*. As experiências de desconexão imagético-sonora, mais a constância dessa voz *over* que descreve fatos absurdos relacionados com o tal Dr. Arthur e sua viagem ao Brasil, conectadas às imagens de carnaval de rua do Rio de Janeiro e às de uma família no início do século, mesclam-se com tal insistência que os conteúdos, apesar de se acumularem como diferentes informações, acabam por se completar. As imagens de carnaval de rua, num momento tipicamente brasileiro, têm, antes de tudo, um aspecto ritual de celebração nativa. A voz *over* e as outras imagens, apesar de inseridas em um contexto absurdo, referem-se constantemente a esse universo antropológico brasileiro, remetendo-nos a conteúdos relacionados com a temática brasileira.

Em *O anno de 1798* existe essa mesma contraposição de informações relativas ao tema – Revolução dos Alfaiates – com materiais completamente externos, como músicas de Frank Sinatra, cenas de um documentário do tipo jornalístico de um parto cesariano, mais imagens de estátuas amarradas em um museu ou uma camisa pegando fogo. A voz *over*, em ambos os filmes, também é mantida como no documentário padrão, com sua tonalidade grave e séria. E o conteúdo desta fala, que pode ser identificado como histórico e antropológico, também é totalmente desmentido por pequenas modificações. Mas, aqui, os elementos representativos do universo temático – Revolução dos Alfaiates – e os externos ao tema, são colocados lado a lado, de maneira mais nítida, marcando um contraste mais ostensivo. A *presença* de elementos temáticos, a *ausência* deles ou a sua *presença modificada* apontadas nos filmes anteriores estão aqui em maior evidência.

Logo após a apresentação, que tem Frank Sinatra e um texto poético marcando de forma agressiva a *ausência* do tema, entra uma voz *over* documental, como em *Triste trópico*, que perdura o filme todo. Uma pintura de D. João VI numa parede de museu faz uma referência *fria* à época, sobre a qual a Revolução dos Alfaiates deveria discorrer.

A voz *over* expressa dois tipos de conteúdo. Um que diz respeito à Revolução dos Alfaiates e à Revolução Francesa, e o outro a um texto sem nexo inventado pelo diretor. No primeiro, a *presença* do padrão documentário está na sua forma de apresentação e em seu conteúdo. No segundo, a *presença* do padrão de voz do documentário, está em sua tonalidade, e no uso de um vocabulário típico da época enfocada. A *modificação* se dá através de seu conteúdo, sem nexo, diferente, por exemplo, da voz *over* do *Congo*, que era modificada na sua tonalidade.

O texto final é um bom exemplo dessa *voz*. Uma série de siglas é inventada pelo diretor, como APF: Abomináveis Princípios Franceses; IFR: Ideada e Fantástica República; IITLI: Imbecil Invenção a Todas as Luzes Insustentável; SLALFENSSDDNMMNCC: Seja

Levado Até o Lugar de Forca Erigida Para Esse Suplício e que Nela Morra de Morte Natural para Sempre; Sendo-lhe Depois Decepadas as Mãos e Cortada a Cabeça. Apesar de seu conteúdo absurdo o intento de nos confundir transmitindo a informação como se ela fosse verdadeira, é claro. O conteúdo da fala introdutória às siglas: "nas cenas de condenação se extrai uma série de abreviaturas que transformam a ocorrência em manifestação do diabo" é, obviamente, uma brincadeira de seu diretor. Mas a tonalidade, as pausas de respiração, a forma como essa voz se apresenta é construída dentro do mesmo padrão da voz-*presença*.

Para os dois tipos de conteúdo desta voz vamos ter músicas que nos remetem ao tema, prática utilizada pelo documentário padrão. Estas músicas acompanham, o tempo todo, a voz *over*. O texto que descreve o comércio na Bahia do século XVIII, por exemplo, é acompanhado por uma música de trompete que cria todo um ambiente condizente com a época descrita. Mas a música aparece também com a função de marcar de forma acintosamente radical a *ausência* da temática. Como acontece logo nos créditos iniciais que antecedem a voz *over* informativa: não parece haver nada que antecipe ou justifique a entrada da música cantada por Frank Sinatra nesse momento, a não ser a entrada abrupta do universo do diretor dentro do filme.

Neste texto histórico, veremos uma operação de parto cesariano. A fotografia, do tipo reportagem jornalística, mostra de uma forma crua e aflitiva todas as etapas dessa operação. Apesar do longo tempo em que essa imagem e essa voz permanecem juntas, o contraste do conteúdo da voz *over* com o que vemos é tão grande, que fica impossível pensar em qualquer significado para esse todo. Quanto mais a voz *over* dá números e dados precisos sobre o comércio da Bahia do século XVIII, maior o confronto com a imagem do parto cesariano e anulação de ambos os significados. A organização dos elementos fílmicos levando em conta sua sonoridade, aspecto bastante trabalhado em *Congo,* não é prioridade aqui. O que é mais forte neste filme são as experiências de anulação do conteúdo da voz *over*, dentro do próprio discurso da fala ou no confronto com as imagens. As experiências de inter-relações não complementares das faixas fílmicas vão fazer com que as ditas faixas sejam trabalhadas no decorrer de sua obra como texturas.

A abstração do documentário

Com *Tesouro da juventude* (1977), a idéia de construir o filme sobre a descontextualização da estrutura documental se radicaliza. Aqui não fica mais reconhecível o processo de desarticulação do padrão documentário. As imagens de arquivo de documentários etnográficos – manifestações políticas na Arábia, tribos africanas, lagartos devorando suas presas, uma onda do mar que bate com violência contra as pedras – aparecem de maneira totalmente abstrata. Imagens que talvez pudessem ter um significado temático, já que *Tesouro da juventude* é o nome de uma enciclopédia para adolescentes, mas são reproduzidas com uma tal granulação que ficam quase irreconhecíveis.

Diferentemente do contraste proposital entre sons e imagens que não se completam, procedimento constante de seus filmes anteriores, vamos ter agora a pouca variedade de imagens e sons que se repetem e se inter-relacionam numa exploração prolongada de seus efeitos. É composto basicamente por um único fluxo, em que música e imagem caminham juntas, como se estivessem fundidas. Sem referências claras ao que seria o tema do filme, ou a uma oposição ao documentário padrão, *Tesouro da juventude* experimenta e radicaliza articulações sonoras e imagéticas.

Para falar deste filme é necessário descrevê-lo, e isso, em se tratando de um movimento abstrato, não é uma tarefa fácil. Uma melodia de sintetizador percorre a faixa sonora e parece estar buscando na imagem um correspondente relativo à sua textura sonora. Por exemplo, para um som de sintetizador do tipo *Moog*, que cria sons artificiais e pouco precisos na imitação sonora, vamos ter uma fotografia também artificial e de pouca definição – excessivamente granulada, uma reprodução de material de arquivo cinematográfico.

Podemos dizer que as faixas sonora e imagética buscam se assemelhar, se fundir, como se pudéssemos sentir o som como uma extensão da imagem ou vice-versa. Em algumas seqüências, vamos ver a luz estourar e a imagem perder sua nitidez completamente, ouvindo o som de um acorde no sintetizador se estender até perdermos a referência à sonoridade originariamente tocada. Há outro tipo de busca da sincronia entre essas duas faixas quando, por exemplo, o sintetizador toca dois acordes, repete-os em seguida e a imagem faz o mesmo movimento – um velho árabe cumprimenta pessoas e um bando de pássaros pretos voa. O que determina sua repetição não parece ser a necessidade de realçar seu conteúdo, mas, sim, a idéia de manter uma conexão exata com o ritmo sonoro.

A música e as imagens, que permanecem repetitivas o filme todo, parecem cumprir um ritual – ritual este que vai estar sempre em toda a obra de Omar.

Há um momento em que, a partir dessa música indiferenciada do sintetizador, passamos a ouvir uma melodia tocada por um piano. O som do piano se destaca não só por ter uma sonoridade bem diferente do sintetizador, mas porque a melodia que está emitindo se desenvolve, não fica repetindo seus acordes. Essa música acompanha as imagens do filme de Méliès, *Viagem à Lua* (1902), que não estão fundidas ao som como as imagens anteriores, que parecem ditadas pelo ritmo do sintetizador. Em seguida volta a monótona fusão do som com a imagem.

Na busca por uma sincronia abstrata em que o som parece gerar a imagem, e esta, o som, existem algumas determinantes como a de que os sons contínuos do sintetizador aparecem sincronizados com imagens fixas. As imagens que piscam sobre a tela estão sintonizadas às batidas da percussão. Esses dois instrumentos, percussão e sintetizador, também vão aparecer em toda a sua filmografia.

As batidas de tambor que quebram a sonoridade repetitiva do sintetizador são tocadas, quase sempre, com uma rapidez contínua, lembrando o som de tiros. O que faz uma referência tênue (porque não é nítida) ao conteúdo das imagens: no último plano temos uma mulher rodeada por uma multidão, que parece ser uma manifestação política, levantando os braços para cima em sinal de vitória. Em completa fusão com a plasticidade das imagens, o som entrecortado das batidas de tambor é sincrônico com os pontos em que a imagem pisca. A sincronia da imagem *entrecortada* pelo efeito estroboscópico com os sons *entrecortados* pelas batidas do tambor vai ser tema de seu próximo curta-metragem – *Vocês,* de 1979.

As experiências abstratas na relação imagem-som de *Tesouro da juventude* ganham agora uma perspectiva de efeito concreto sobre o olho do espectador. *Vocês* apresenta, durante mais de três minutos, a imagem de um homem que atira com uma metralhadora na direção do espectador. O ruído da arma, apesar de não ser uma sincronia que visa realçar o realismo da cena, já que a metralhadora utilizada é de madeira, é tão forte que parece afetar seu suporte – a tela pisca sem parar, como se fundida ao som entrecortado da metralhadora.[12]

12. A referência concreta dada pela imagem do homem com a metralhadora é diluída pela insistência desta ação, a de atirar sem parar, e pela indefinição da imagem estroboscópica.

A faixa sonora alterna ainda em dois momentos distintos do filme o ruído da metralhadora com uma música popular cantada, mas a principal relação entre o som e a imagem neste filme é determinada pelo ruído. A experiência de fusão[13] de sons com a imagem, realizada no *Tesouro da juventude*, é repetida aqui com um efeito muito intenso sobre o espectador que *recebe* os tiros da metralhadora através do homem que atira, através do ruído constante dessa arma e através de uma sensação: a do efeito estroboscópico da imagem que, fazendo doer nossos olhos, nos atinge literalmente.

Em *Música barroca mineira* e *O som ou o tratado de harmonia,* a postura crítica dos antidocumentários e as experiências abstratas de *Tesouro da juventude* e *Vocês* dão lugar a uma narrativa que expõe o tema apresentado.

As referências temáticas de *Música barroca mineira* não estão articuladas de forma a esvaziar seu sentido, como acontecia nos antidocumentários. O que havia sido usado como forma de desconstruir a narrativa aqui ajuda a revelar uma história que desmembradamente revela suas partes. O mundo barroco mineiro vai ser mostrado, seu conteúdo não nos é negado. O estilo muito pessoal com que a temática barroca se apresenta é determinado pela consciência da trajetória fílmica que o antecede.

Em relação às vozes que falam, já tão comentadas nos outros filmes, a montagem se utiliza de fragmentos captados de diferentes fontes, priorizando ora seu conteúdo, ora sua sonoridade.[14]

---

13. A fusão aqui descreve um tipo de relação que vai além da mera sincronia do som com a imagem. O elemento sonoro está em tal sincronia com a imagem, que parece ser o *causador* daquele tipo de movimento ou plasticidade que estamos vendo. Chamo atenção também para o caráter abstrato dessas experiências de som com imagem, realizadas pela montagem desses filmes de Omar.
14. Irei referir-me, mais adiante, a outros tipos de vozes, como as que cantam ou que sussurram.

A voz que abre o primeiro plano, junto aos créditos, é um bom exemplo do aproveitamento do conteúdo da fala, já que este trecho não está sendo acompanhado pelas imagens. "Era preciso sair de Vila Rica o mais rápido possível. Acampados ao lado, cinco mil escravos[...] a imagem do rei rodava em cada cabeça, a lei servia à quantidade de ouro, e a religião também servia. A liberdade servia os desígnios do terror e estes eram os desígnios de Deus". O *conteúdo* explícito dessa voz faz referência ao tema e, apesar de não ter continuidade durante o filme, localiza, delimita um ambiente e um espaço temporal condizentes com a história de Minas Gerais. Já o *tom* desta fala não é o do documentário padrão, ele é *dramático* e essa tonalidade vai estar presente em outros momentos.

Outros tipos de vozes são usados por Omar para ilustrar uma igreja barroca – um padre rezando missa e o choro de um récem-nascido. Apesar de pertencerem ao universo de uma igreja, essas vozes são trabalhadas de maneira a criar contraste e estranheza na relação com as imagens. A voz *over* do padre rezando a missa em latim, por exemplo, recebe um tratamento sonoro totalmente irreal; preenchida por ecos e sons de água que se misturam às sonoridades de um órgão antigo, compõe uma ambiência de interioridade. Essa voz junto às imagens detalhadas do órgão mostrado por dentro vão nos conduzindo a este ponto de escuta, como se ela estivesse sendo ouvida de dentro desse instrumento que está sendo mostrado.

As vozes de choro de um recém-nascido, de um homem que cantarola e de outro padre rezando a Ave-Maria, com a resposta de seus fiéis, nos são mostradas a seco, sem o som de eco criando uma ambiência interiorizada. E, apesar de fazerem referência a rituais celebrados dentro da igreja, como o batismo e a missa, essas vozes, sem qualquer tratamento acústico, destacam seu poder utilitário dentro da entidade igreja – a audição da conhecida reza Ave-Maria soa com o tom cansado de um culto gasto pelo próprio cotidiano.

Mais à frente há duas seqüências em que vozes femininas e masculinas intercalam nomes de modos musicais e nomes de músicos da época barroca. Elas têm o tom de uma voz que enumera didaticamente uma lista. Essas vozes, novamente desarticuladas de uma imagem que complete seu conteúdo, têm sua própria sonoridade e sentido destacados a cada nome pronunciado.

A montagem se utiliza também de um grito do personagem Tarzã do conhecido filme do mesmo nome. Ouvimos alguém gritar a palavra violino e depois viola, seguidos do grito de Tarzã, como uma resposta a esse tom de chamado, dando-nos uma sensação de conforto. Essa composição sonora é colocada junto à imagem em *close* de um livro antigo sobre um altar com os dizeres: "A Pureza do Sangue". A emoção provocada em nada tem a ver com o sentido da palavra "violino" ou "viola" (referências temáticas, já que nos remetem a nomes de instrumentos utilizados tocados pela música barroca). O grito de Tarzã chega como uma resposta tonal às vozes femininas que gritam o nome dos instrumentos.

O uso da voz de Tarzã aponta para um novo tipo de experiência – a de utilizar-se de restos de película de outros filmes. A idéia é de trabalhar propositalmente com um elemento estranho ao que já foi captado durante a montagem. Esse elemento capturado de maneira aleatória (o montador Ricardo Miranda conta que ele e o diretor tiravam pedaços de película do varal de magnéticos de outros filmes) cria um conflito ao ser misturado à narrativa, que é solucionado pela montagem, uma vez que o grito de Tarzã se ajusta harmonicamente e proporciona a emoção requerida pelo plano.

As vozes que emitem suspiros de espanto, como "ah..., oh..., ah..., oh", surgem "ligadas" à imagem da palavra "cupim" e às partituras esburacadas do século XVI; expressam com ironia a conseqüência da passagem do tempo sobre o papel – realmente as partituras devem ter sido perfuradas pelos cupins.

A voz que fecha o filme tem a tonalidade de um sussurro dando a impressão de querer comunicar algo íntimo e pessoal. Aponta para a presença da voz do próprio diretor, que se coloca de maneira pessoal e poética: "Nada mais que a mim, nesta floresta de poeira, neste mundo de restos, nesta floresta de poeira, neste mundo de restos, que fique a mim nada mais que a mim...".

O sintetizador

A fragmentação causada pela presença de vozes tão diferenciadas é unificada pela sonoridade constante do sintetizador.

A articulação entre as seqüências de *Música barroca* se dá através de uma sonoridade básica que está presente em toda a sua filmografia – o sintetizador. O som deste instrumento tem aqui uma importância específica: sua tonalidade é parecida com a de outro instrumento – o órgão –, o qual está diretamente ligado à temática barroca.[15] Era o instrumento tocado nas igrejas antigas, acompanhamento obrigatório das músicas religiosas. Um órgão de tubos nos é apresentado com *closes* sobre seu interior, mostrando seus registros (as chaves), que ao serem acionados podem dar o timbre de outros instrumentos, que serão ouvidos quando forem tocadas suas teclas. Esse sistema é similar ao do sintetizador, dotado de dispositivos eletrônicos que podem produzir timbres de instrumentos tradicionais. Apertando-se um botão pode-se obter uma mudança de timbre. Ambos têm a possibilidade de imitar sons.

---

15. O órgão não é um instrumento eletrônico, ele funciona mecanicamente. Mas um sintetizador tem registros que podem copiar o timbre do órgão (como o de qualquer outro instrumento), ficando difícil diferenciar quando ouvimos o som de órgão ou sintetizador.

A apresentação do instrumento se dá num altar de igreja. Sobre os *closes* de cada um de seus registros (que vemos serem puxados), sons sem uma melodia definida parecem estar saindo do próprio órgão, numa demonstração de seu funcionamento. Já que a sonoridade do sintetizador é marcada nesta seqüência como pertencente ao espaço religioso, toda vez que ouvirmos esta *textura* sonora no restante do filme, vamos nos sentir dentro da temática religiosa.

O sintetizador neste filme apresenta três tipos de sonoridades – além da melodia religiosa – que se refletem sobre a narrativa. Um acorde muito grave tocado com insistência cria um clima dramático, passando para um tom muito agudo, causa estranhamento, se tocado em movimento muito aleatório, pode dar a impressão de falhas sonoras. Essas alterações bruscas em sua sonoridade, apesar de brecarem o fluxo fílmico, dão a impressão de estarem dentro do tema religioso, que é o tema do filme.

Existem também outras interrupções do desenvolvimento fílmico que não são causadas pelas alterações do sintetizador.[16]

Brecando o fluxo fílmico

A seqüência construída com imagens de pinturas de anjos de uma igreja é um bom exemplo dessas interrupções. O intuito parece ser o de gerar uma expectativa que adia a resolução da seqüência e ao mesmo tempo cria, na sua relação com as imagens, um ritmo próprio.

16. É interessante acompanhar as expectativas que a montagem cria em alguns planos, e que algumas vezes são cortadas com a intenção de desfazê-las. Em outros momentos, o corte se dá com o intuito de reforçar a emoção, repetindo o mesmo plano uma ou mais vezes.

Essa seqüência começa com planos rápidos do *close* de pinturas de anjos[17] tocando instrumentos musicais, sob o som muito agudo do sintetizador, aliado a batidas de bumbo constantes. O clima criado é de tensão. Quando a música de Vivaldi, *Concerto em dó maior para dois trompetes,* entra, parece que esta tensão será resolvida, mas um corte brusco sobre a música e a imagem faz voltar as batidas de tambor. Depois a música flui por muito mais tempo, mas é novamente interrompida. O ponto de corte da imagem vai ser sincronizado em cima de uma determinada nota da melodia, que desafina muito até sumir. Uma sincronia rápida com um *zoom in* e *out* da imagem de um santo parece localizar a causa de tantas interrupções e climas de tensão. Porque, depois dela, vamos ouvir a música plenamente, seguida de *flashes* rápidos sobre cada um dos anjos. O ápice da melodia é executado pelo ruído de fogos de artifício, sobre a imagem da Virgem Maria, a qual ocupa a abóbada da igreja.

As diversas interrupções estendem a expectativa de continuidade dos planos em torno da música, cortada sempre no mesmo ponto. As imagens dos anjos tocando representam a música fluindo e o *zoom out/zoom in* sobre a imagem do santo representa o corte desse fluxo, a tensão.

Nesse sentido, é nítida a preponderância da música sobre a imagem, já que toda a expectativa de continuidade é criada em torno do desenvolvimento daquela, e não desta. Além disso, a resolução desta seqüência se dá duplamente através do som, antes que haja uma resolução por meio das imagens. A continuidade da música é a primeira solução para o conflito criado pelos constantes cortes.

---

17. Sabemos que são pinturas do teto de uma igreja somente no último plano desta seqüência, quando essas imagens nos são mostradas junto à imagem da Virgem Maria.

A explosão de fogos de artifício[18] seria o *coroamento* desta seqüência, na qual o som surge tão forte que traz consigo a imagem de sua fonte: vemos os fogos explodindo em céu azul (em contraste total com as imagens dos anjos de teto de igreja), antes de entrar o plano da Virgem Maria.

Há um outro tipo de quebra na continuidade que não significa um corte na emoção passada pela seqüência, e não cria uma expectativa de continuidade. Ao contrário, a idéia é de provocar a repetição exata da mesma emoção. Por meio de um corte muito suave sobre um trecho comovente da música barroca *Credo*, a imagem vai desaparecendo em *fade* até chegar a um *black-out*. Temos a repetição do mesmo fragmento musical por três vezes, enquanto a imagem apresenta *closes* de diferentes páginas de uma partitura. Na terceira vez é acrescentado o ruído de um tropel de cavalos, que realiza, então, a passagem para o próximo plano.

Há também a interrupção através de uma cena irônica. Começando com o *close* do rosto de um menino angelical em sincronia com uma música religiosa, cena que nos causa emoção, segue-se a imagem de um filme antigo. A surpresa se dá quando é introduzida a voz na música, que já vinha do plano anterior. Essa voz entra em sincronia com a imagem do Grande Otelo, vestido como Julieta,[19] cantando numa sacada. Durante a introdução instrumental da melodia há todo um envolvimento emocional, que é desfeito pelo resultado cômico desta combinação de som e imagem.

---

18. A intensidade do efeito da sonoridade desses fogos de artifício fica explicada quando Ricardo Miranda (o montador de todos esses filmes) me fala que esse som foi gravado durante uma partida de futebol. Fica nítido também o uso de materiais não-temáticos, que aqui são poucos e assimilados ao tema de maneira a sua origem na captação ficar imperceptível.
19. Fragmento retirado do filme *Carnaval no fogo* (1949), de Watson Macedo, com a conhecida dupla Oscarito e Grande Otelo.

O efeito é realçado pelos próximos planos, quando, numa placa de estrada, lemos em grandes letras, a palavra cupim. Junto a vozes femininas, que em um tom de espanto e ironia vão falando "ah..., oh..., ah..., oh...", vamos ver uma velha arca que, ao se abrir, nos mostra um antigo livro de partituras todo comido por cupins. Tal tipo de quebra (já comentado), presente em todos os seus filmes, é utilizado de forma a esvaziar seu próprio discurso. Aqui a intenção é de brecar totalmente a emoção causada pelo último plano, fazendo o espectador se sentir ridículo, pois a mesma música que lhe causa emoção tem na sua continuidade um sentido jocoso.

Embora as imagens das velhas partituras continuem na tela, esta seqüência irá perder seu tom de ironia através da modificação da faixa sonora. As vozes que instauram tal ironia serão sincronizadas a um som de sintetizador, deixando de ter um tom jocoso para adquirir um tom dramático. A seqüência anterior a esses planos (a do menino de rosto angelical) cria, através da música, um clima extremamente religioso. Os planos irônicos, além de interromperem essa emoção, constituem a passagem desta cena religiosa para uma seqüência que nos passa um sentimento oposto: pagão? O *close* sobre uma partitura em que lemos "Missa Contra Paganos" abre e fecha os vários planos, plenos de movimentos de câmera, de *zoom out* e *zoom in* sobre as partituras barrocas, ao ritmo de Pink Floyd.

Da relação das vozes

Nesse jogo de deixar fluir e brecar informações e emoções referentes ao assunto música barroca, os ruídos têm um papel importante no desenvolvimento da narrativa. Diferente das vozes que ajudam a criar sensações junto dos outros elementos fílmicos, alguns ruídos marcam a presença de situações concretas que estão ausentes na imagem, podendo, às vezes, passar uma informação que não está na imagem nem na voz.

Na cena de abertura, por exemplo, o ruído de cavalo a galope é uma informação a mais, não está na imagem (vemos os créditos), nem está sendo dito, "era preciso sair de Vila Rica o mais rápido possível", mas provavelmente se refere à Inconfidência Mineira – teremos uma imagem rápida de Tiradentes. Para a seqüência anterior a esta, ainda sobre as imagens dos créditos, temos o ruído de passos com bastante eco, como se viessem de um espaço fechado. Eles ajudam a compor, com música religiosa, o que seria o interior de uma igreja. São ruídos que remetem à sua fonte original, na imagem. E é este potencial que é aproveitado nesta seqüência dos créditos.

Como a montagem não tem um compromisso de sincronizar com veracidade os ruídos com sua fonte na imagem, ela pode escolher um ruído condizente com a imagem e evitar outros. No plano da extração do ouro, por exemplo, vemos um homem dentro de um rio, garimpando o metal com sua bateia. Todos os seus movimentos são feitos dentro da água. Ouvimos com clareza um ruído condizente com essa imagem – o som de grilos. Mas o ruído da água, que é o movimento principal no campo da visão, nos é sonegado. Sem o ruído da água, afastamos-nos do movimento mais corriqueiro do *peneirar* o ouro. E quando entra a música – uma voz de ópera exultante –, o impacto de sua sincronia com a imagem do ouro na bateia é muito maior.

Há ruídos que ouvimos claramente, mas não têm a função de tornar presente a sua fonte na imagem. Na seqüência em que o órgão da igreja está sendo mostrado internamente, ouvimos um som de água correndo, junto com o som do instrumento que está sendo tocado. O barulho da água, quase imperceptível, ao se *mesclar* com a música do órgão, não nos remete à sua imagem. Ao ouvir o som da água, não necessariamente nos lembramos da imagem da água. Apesar desse elemento fazer parte do ritual católico, sua sonoridade parece ter a função de nos conduzir a uma sensação, talvez, de fluidez. O mesmo ocorre com o ruído de um helicóptero usado como *fundo* para a seqüência das partituras musicais esburacadas por cupins. O ruído do helicóptero, articulado ao *rock* pesado de Pink Floyd, soa como um instrumento musical. É usado para dar uma tonalidade, um efeito, à música que toca como informação principal. Nesta cena, como na seqüência do órgão descrita acima, não importa identificarmos a imagem de sua fonte, o que conta é seu efeito sonoro – o som que soa áspero ou suave, agudo ou grave etc.

Seu próximo filme, *O som ou o tratado de harmonia*, também escolheu como assunto preponderante o som. Dentro de uma trajetória fílmica que se utiliza de uma ampliação da faixa sonora como sua guia-mestra, isso é fundamental. Porém, a temática sonora aparece de maneira bem diferente em um e em outro filme. *Música barroca mineira* vai girar em torno da música barroca e de citações dos aspectos históricos aos quais este gênero de música pode estar relacionado: a imagem de partituras antigas, de paisagens das cidades históricas mineiras, suas igrejas, seus santos, além de outras referências ao século XVIII, como Tiradentes etc.

O som ou o tratado de harmonia trabalha com remissões específicas à questão sonora e também com referências explícitas a outros assuntos. O tema sonoro vai ser abordado de forma mais complexa e ambígua.

No trajeto mostrado até aqui pudemos acompanhar a capacidade que a montagem foi adquirindo na lida com o conflito proposital causado pela junção de diferentes assuntos.

Em *O anno de 1798*, a noção de conflito era dada pela presença de referências externas ao tema – as cenas do parto cesariano ou a música de Frank Sinatra –; estas, explicitadas, criavam estranheza e dificultavam a assimilação do tema. Em *Música bar-*

roca esses elementos conflitantes foram absorvidos – como o grito de Tarzã ou o discurso do político Lula – de maneira a trabalharem em função do tema apresentado. Em *O som ou o tratado de harmonia*, os assuntos externos ao tema são absorvidos e contextualizados dentro da narrativa, mas uma parte destes assuntos também aparece e se desenvolve dentro do filme.

O som... é um filme totalmente redondo. Podemos organizá-lo em dois grandes movimentos, que são emoldurados por um plano inicial e outro final. Esses dois últimos não compõem, a meu ver, os movimentos referidos acima, por terem uma função, respectivamente, de introdução e de conclusão.

Ouvimos diversas vozes falando de política, guerrilha e masturbação. Num segundo momento, esses assuntos, que pareciam aleatórios, vão integrar a questão sonora. Sem uma voz interligando as diversas temáticas, nem imagens que apresentem ora uma, ora outra questão, haverá um entrelaçamento das várias faixas sonoras com a imagem, de tal maneira que nada pode existir separadamente. Quer dizer, a montagem cria um elo entre este assunto e o tema central, mas seu significado específico fica ecoando dentro do discurso fílmico. O que não é absorvido pelo assunto sonoro funciona como um *componente autônomo*[20] que pode ou não ser desenvolvido pelo filme.

Pode-se dizer que as quatro primeiras seqüências formam um *primeiro movimento*. Elas desenvolvem a temática sonora propriamente dita. O assunto apresentado por esse *primeiro movimento* refere-se à maneira como a voz humana se manifesta, mais especificamente, sua tonalidade. Na construção do *primeiro movimento* estão presentes explicitamente outros assuntos, como já foi dito, mas a prioridade é a questão sonora. A referência a

20. Chamo aqui de *componente autônomo* aquele elemento que na obra de Omar não consegue ser absorvido pela temática sonora e mantém uma existência própria dentro do universo do filme.

Édipo, a Lamarca, ao Brasil, estarão inseridas no assunto sonoro. A primeira seqüência fala de como a tonalidade da voz tem influência sobre o conteúdo daquilo que é dito. A segunda nos mostra o percurso das ondas sonoras através dos órgãos da cabeça, da audição até a emissão. A terceira demonstra a força da emissão da voz na forma do canto e a quarta descreve uma experiência de cura através da audição da própria voz na forma de choro. A continuidade de uma seqüência à outra é evidente.

O *segundo movimento* é caracterizado pela entrada da fala de Hebert Daniel.[21] A voz *over* de Hebert, que já aparecera em fragmento na segunda seqüência, surge aqui com mais destaque. A guerrilha e posteriormente a questão da sexualidade vão ser prioritárias neste movimento. O momento que marca a transição do *primeiro* para o *segundo movimento* se dá quando o tema principal – o som – passa a ter uma importância secundária. As alusões ao som estarão associadas às experiências descritas no primeiro e no segundo depoimentos de Hebert Daniel. É do ponto de vista deste discurso que as seqüências apresentarão sua lógica de continuidade. O som passa de assunto principal, no primeiro movimento, para um referencial no segundo.

Este *segundo movimento* tem como característica a capacidade de ancorar, através da força do depoimento de Hebert Daniel, os temas (Édipo ou a identidade, Lamarca ou a guerrilha, Brasil) que ficaram desligados do assunto principal (o som), desenvolvido pelo *primeiro movimento.*

Entre o *primeiro* e o *segundo movimento* temos uma seqüência que denominei como *passagem*. É composta inicialmente por planos do *close* de um violão e de um cachorro latindo que se alternam para se desdobrar no plano de uma moça loira que está

21. Sabemos tratar-se de Hebert Daniel porque seu nome encontra-se nos créditos, e sua figura era conhecida na época (1982-1983) como ex-guerrilheiro do grupo de Lamarca.

nua e engaiolada, e se completa com uma cena irônica e patética: uma mulher que toca piano ao mesmo tempo em que segura um saco de compras de supermercado. Esta seqüência é *passagem,* pois representa um momento totalmente aleatório em relação ao que vinha sendo apresentado pelas seqüências anteriores. Ela também não se completa com a que vem a seguir, pois ela é separada pelo plano irônico. A idéia da ironia atua como maneira de brecar o fluxo fílmico, recurso usado por Omar de forma constante, desde *Congo,* também aparece neste filme.

O assunto tratado pelo *primeiro movimento* será a questão da tonalidade da voz. Para isso a narrativa nos apresenta um homem junto a uma sala de equipamento sonoro, falando um trecho referente à peça *Édipo Rei*: "O Deus me disse a mim, Édipo, herdeiro do trono de Corinto, que eu iria pra cama com a minha mãe, e que seria o assassino de meu pai". Logo em seguida, o ator aspira através de um tubo, e volta a falar o mesmo texto com uma voz muito nasalada. Uma outra voz *over* nos explica como o ar afeta o tom de nossa voz, o que influi nitidamente sobre o conteúdo do que dizemos: "Se a atmosfera da terra fosse composta de gás hélio, onde o som se propaga quatro vezes mais rápido, o tom de tragédia seria impossível, pois Édipo falaria com voz de Pato Donald".

Dentro do assunto tratado por esta seqüência, a impressão que se fixa em nós, como *componente autônomo* que vai ecoar durante o percurso fílmico, é o mito de Édipo. O plano introdutório tem um elo com este início do *primeiro movimento,* pois a voz *over* fala sobre identidade: "a minha identidade sonora me faz com que eu deseje certos sons e ao mesmo tempo eles formam a minha identidade sonora". Na repetição da última frase está implícita a ligação com a busca trágica pela própria identidade presente em *Édipo Rei* e a idéia de que cada um pode ter sua própria identidade sonora.

Tal concepção vai ser um indício da forma como a montagem vai tratar o som, imbricado com a questão humana. Quer dizer, se o primeiro plano introduz a procura do som, está introduzindo de fato a procura daquilo que de sonoro se reflete nas experiências humanas.

Na segunda seqüência temos o trajeto da audição à emissão da voz sendo mostrado com imagens dos órgãos de uma cabeça humana e com duas vozes que falam "a onda sonora é energia... eu sou energia, eu sinto a relação de meu corpo com o som", "a voz do Lamarca... Lamarca não era um orador, Lamarca falava coloquialmente, um pouco pelo nariz... e quando ele estava muito nervoso ele trincava os dentes e a voz soava muito metálica.... nesse momento eu sou o som... assim é a voz...".

O *componente autônomo* que marca a presença de um assunto não-sonoro se dá com a emissão por três vezes do nome de Lamarca. Apesar de este nome ser pronunciado em função de uma característica de sua voz – nasalada –, a montagem não anula o significado forte da presença desse nome. A emissão do nome Lamarca coincide com a imagem do cérebro, com o som de gongo, e depois com um fragmento da música de Wagner, ambos sons de caráter épico, quase bélico, que nos lembram ser ele o conhecido guerrilheiro. Este significado, tal como a referência ao Édipo, não é absorvido, não é desenvolvido pela seqüência.[22]

---

22. Por meio da voz masculina e da presença do nome Lamarca a montagem vai trabalhar a simultaneidade de assuntos. No movimento horizontal o nome Lamarca é inserido no contexto tonalidade vocal desenvolvido pela seqüência, em função de uma característica parcial sua – o tom de voz nasalado. No plano vertical é destacada sua característica total: Lamarca-guerrilheiro. A sincronização momentânea de seu nome a um toque de gongo seguido de percussão remete-nos à figura do conhecido guerrilheiro. O cérebro, que na seqüência seria mais uma imagem demonstrativa do órgão auditivo por dentro, entra aqui como sinônimo de liderança do tipo: "ele era o cérebro da organização".

A passagem do som da audição à emissão acaba no *close* da boca de uma mulher que canta e emite uma opinião sobre o Brasil. O assunto predominante continua sendo o som: a mulher demonstra a força da voz em sua potencialidade mais emotiva, o canto. Mas depois de cantar, a mesma mulher fala como se estivesse respondendo a uma pergunta: "O Brasil? oh... [rindo] difícil.... Olha, o Brasil tem muita energia, pra mim o Brasil é como uma mistura de cores que ainda não se encontraram". A única coisa que liga esta fala com o assunto sonoro é a palavra "energia", pronunciada duas vezes nos planos anteriores como vinculada ao som: "a onda sonora é energia, eu sou energia". O assunto Brasil, anunciado por esta fala, é claramente o componente diferenciador desta seqüência.

Esses três diferentes assuntos subjacentes às seqüências descritas e que reverberam ao longo do filme: Édipo, que nos remete à tragédia da identidade; Lamarca, que introduz o tema político; e Brasil, que dá seguimento a este tema, vão ter continuidade no *segundo movimento*.

O *segundo movimento* ancora o assunto guerrilha já presente no *primeiro movimento* com a presença do nome de Lamarca, continuando o depoimento de Hebert. Sua fala esclarece: "Eu fui um dos escolhidos para ir para a Ribeira, ou seja, pro treinamento de guerrilha numa mata fechada"; mas as imagens e a música – de um boneco halterofilista rodando sobre um disco de bolero – trazem a questão da sexualidade (no caso homossexual) que não está presente nesta parte do depoimento e que será desenvolvida posteriormente.

O discurso de Hebert prossegue agora relatando sua experiência sonora dentro da selva. A descrição dos ruídos característicos da mata está totalmente inserida em sua experiência de guerrilheiro.

> A gente acha que normalmente a mata é muito silenciosa. Na primeira noite é quase impossível dormir quando se desconhece a

> vida que se vive no verde [...] agora havia um momento de silêncio, e todo momento de silêncio na mata é algo de profundamente dramático [...] a seguir o momento do tiro há um eco e um silêncio de morte. Esse silêncio foi mais duro quando eu ouvi pela primeira vez um helicóptero sobrevoando a área quando o exército nos cercou [...].

A montagem aqui *costura* profundamente a experiência sonora a uma experiência dramática de vida. A descrição dos ruídos e do silêncio dentro da mata realizada pela voz *over* é drama, é suspense, é medo. Silêncio neste discurso é associado à morte, não é um silêncio qualquer, é o silêncio que se seguiu ao ruído de um tiro. Este relato aparece com a imagem de homens destruindo com marretas e picaretas o chão e as paredes de uma sala. As relações sonoro-imagéticas desta seqüência são extremamente complexas. Tudo que está presente na imagem dialoga em diferentes níveis com tudo que está presente na faixa-sonora. Com as imagens e o som direto, temos a representação literal do ato de destruir. A voz *over* relata uma situação de eminente destruição. Sobre a única parede ainda intacta há uma enorme foto de uma floresta idílica. O pôster é ambientado pelo som de flautas, dialogando com a voz *over* quando esta descreve a sonoridade natural da floresta ("é uma quantidade de gritos, de pios, galhos que se quebram"). À descrição de Hebert da iminência da invasão do exército (dada pelo som do helicóptero e dos tiros) soma-se a imagem e o som direto das picaretas e paredes desmoronando. A foto idílica da floresta na única parede que se mantém de pé vai simbolizar esta expectativa de destruição – imaginamos que a próxima parede a ser destruída será esta.

Nas próximas seqüências teremos o aprofundamento da questão da sexualidade de Hebert mencionada anteriormente, ele vai falar da contradição entre ser homossexual e guerrilheiro: "Ser homossexual e guerrilheiro parecia ser uma contradição absolutamente insolúvel [...] eu tive que optar: ou ser guerrilheiro ou ser homossexual, fui ser guerrilheiro, eu usava como forma de auto-erotismo a masturbação...".

Diferentes texturas nas imagens, com falas e sons retirados de contextos diversos, têm a finalidade de ilustrar a tensão própria deste depoimento: vemos a *performance* de um mímico segurando uma bexiga e a voz *over* de uma mulher relatando um estranho sonho em que ela amarrava o pintinho de garotos que estavam com vontade de urinar para ver se eles estouravam de vontade de urinar. A *performance* do mímico com a bola (a bexiga) é uma representação literal do relato do sonho dos meninos com os pintinhos amarrados, onde a bexiga está para estourar. Quando a voz *over* fala "eu amarrava pra estourar", a bola que o mímico tem nas mãos estoura seguida de som de bomba com eco, mais uma musiquinha do tipo circense que vai desafinando até sumir.

A próxima seqüência também marca um conteúdo de tensão que antecede a segunda fala do ex-guerrilheiro. Só que aqui, a sensação tensa não é transmitida sensorialmente, mas construída intelectualmente, com a descrição objetiva de um tipo de som – o trítono, que dentro da escala tonal é auditivamente tenso. Temos, em um plano americano, um homem descrevendo para o espectador como é a sonoridade do trítono: "[...] eu vou te tocar um acorde de quinta justa, tudo bem [...] aí você altera o acorde para quarta aumentada, conhecido como o diabo. Aí ele tem a sensação nítida que perdeu a mãe e aí ele diz: 'socorro perdi minha mãe!'". O conteúdo desta fala é referência ao tema "som", mas também dá continuidade ao drama colocado por Hebert. Aqui a tensão é descrita do ponto vista das regras musicais. Assim como a homossexualidade, tal sonoridade, por ser dissonante, era proibida na Idade Média – era conhecida como o *diabolus*.

Como em uma música, pode-se dizer que Omar trabalha com dois finais: a décima terceira seqüência, que antecede o plano final, pode ser vista como uma tentativa de síntese final do primeiro com o segundo movimento. O *close* de um gravador do tipo Nagra remete-nos à primeira seqüência, em que vimos este equipamento sendo utilizado por um técnico que parecia buscar sons com seu microfone. Se na seqüência inicial o gravador com o microfone representava a busca do som, aqui o *close* do gravador em funcionamento poderia significar o resultado dessa procura, a emissão do som. Mas, além do gravador, outros elementos foram arranjados no quadro sonoro-imagético deste plano, que nos remetem ao *segundo movimento.* Uma enorme cobra passa sobre este equipamento dando a impressão de ser a causadora das notas de desafinação do hino nacional que parece sair da fita danificada do gravador. Sons de bomba dão continuidade à melodia desafinada do hino, que se mixa a gritos de: "atenção senhores deputados, atenção senhores deputados", e berros de: "fascista!","comunista!" e "está suspensa a sessão".

O hino nacional desafinando é a representação da deterioração da nacionalidade, de sua perda. Por essa nacionalidade a guerrilha lutava. Os gritos de "está suspensa a sessão", "atenção, senhores deputados" são de Auro Moura de Andrade, presidente da Câmara, na última sessão do parlamento, em 1964, antes do golpe militar. Ilustram de maneira evidente o universo político contra o qual a guerrilha se opunha. A cobra como ressonância bíblica induz-nos à idéia da perversidade da ditadura como geradora de efeitos perniciosos sobre a nacionalidade.

Os três primeiros acordes do hino nacional voltam a tocar (sem desafinar), por um breve instante, no começo da fala da seqüência final por uma voz feminina: "eu acho que isso é o som...", como se fôssemos ouvir uma definição fechada, conclusiva, semelhante à pompa do hino nacional. Mas o final é novamente adiado. Esta frase e o hino são bruscamente cortados. A mesma voz, com a entrada de outra música, volta para falar em outros termos: "é como eu senti o que era o som e a preparação para que ele exista; a natureza precisa de silêncio profundo para parir o som. É muito bonito. Eu quero esse som que está saindo aqui e a vibração dele constante na minha vida, o que é difícil. Eu quero esse suspiro. Eu quero tudo que não é onipotência. Eu quero escancarar a fragilidade". Um *travelling* aéreo rente ao mar ensolarado acompanha esta voz (a mesma do plano introdutório do filme), com o longo trecho dos violinos da música barroca de Marin Marais.

Este último plano sintetiza, condensa o *primeiro* e o *segundo movimentos*. O som, imbricado às experiências humanas, costurado ao universo pessoal de Hebert, ancora todos os assuntos.

Final de percurso

A trajetória percorrida pelo diretor demonstra que, em seu cinema, está presente o processo documental em que som e imagem são coletados e depois reproduzidos, transmitindo determinadas informações. Tal material fílmico do tipo documental é produzido e vivenciado pela montagem de tal forma que reflete em um conflito na relação som/imagem. A obra *O som ou tratado de harmonia*, ápice deste tipo de procedimento, mistura o tema "som" com outros assuntos, passando a oferecer ao espectador a oportunidade de sentir o som como uma experiência no meio da vida, como a energia vital – o falar, o ouvir –, mas, também, como a política, o sexo, o amor.

O tipo de criação que caracteriza a feitura desses filmes, dentro do que pode ser considerado como cinema de vanguarda brasileiro, é bastante intrigante. As experiências do cinema alegórico de Glauber Rocha, do final dos anos de 1960 e 1970, mesmo as narrativas mais radicais, com estratégias de colagem e paródia, de Tonacci, Bressane e Sganzerla, não podem falar em termos do tipo da busca realizado pela obra de Omar.

Esse mecanismo pontual e metódico de retirada e experimentação da estrutura documental talvez possa se identificar com alguns procedimentos do cinema *underground* americano. *Tesouro da juventude*, por exemplo, poderia ser relacionado ao *found footage film* de Ken Jacobs, processo pelo qual o cineasta constrói sua obra a partir de restos de outros filmes, reprocessando um material de arquivo já filmado. *Vocês* nos mostra experiências semelhantes ao que seria o cinema de "flicagem" de Peter Kubelka, autor do primeiro filme deste tipo: *Arnulf Rainer* (1958-1960). A utilização em *Triste trópico* da própria imagem e nome do diretor, "Dr. Arthur", como também de partes de um filme doméstico de seu avô, poderia estar relacionada à experiência do *trance film* (filme de transe): o protagonista em busca de si mesmo. Outros desses filmes também poderiam aparecer identificados com o chamado "cinema estrutural", no qual o protagonista desaparece completamente e a figura central é o próprio diretor.[23]

Mas se podemos detectar a presença desses procedimentos do cinema de vanguarda americano no fazer fílmico de Omar, uma diferença fundamental se estabelece: a de que o diretor brasileiro realiza suas experiências sobre uma base fixa, que é a estrutura do documentário brasileiro. E em seu procedimento de apropriação, Omar não se desfaz do tipo de conteúdo cultural e político que esses documentários-fonte apresentam – o que explica o interesse dos temas das produções aqui analisadas: a congada, a Conspiração dos Alfaiates na Bahia, a música barroca mineira, os temas políticos em *O som ou tratado de harmonia.* Então, se o movimento de recusa e apropriação do cinema documentário, em um primeiro momento, atua de maneira adescontextualizar seus signos concretos e torná-los abstratos, em outro ele volta a concretizá-los.

---

23. Ver Carlos Adriano Jerônimo de Rosa, *Um cinema paramétrico-estrutural: existência e incidência no cinema brasileiro.*

Por isso, pode-se concluir que essa produção inicial de Omar se afirma como um tipo de documentário que, além de experimental, no que concerne a um tipo de cinema abstrato e frio em seu relacionar-se com o mundo exterior, é bastante atuante, "lincado" que está com os signos do real: a política e a cultura do Brasil da época.

A imaginação cinematográfica em *Di-Glauber*[1]

Tetê Mattos

Em outubro de 1976 morria o pintor Di Cavalcanti. No dia 27, o cineasta Glauber Rocha, ao ouvir no rádio a notícia de sua morte, saiu de casa, conseguiu alguns rolos de filme cedidos por amigos, uma câmera emprestada por Nelson Pereira dos Santos e foi com o fotógrafo Mário Carneiro para filmar o velório, que estava sendo realizado no Museu de Arte Moderna do Rio de Janeiro, debaixo de protestos e indignação dos familiares. O resultado desta filmagem é um documentário de curta-metragem do ano de 1977, que possui os seguintes títulos: *Di Cavalcanti*, ou simplesmente *Di*, ou o imenso *Ninguém assistiu ao formidável enterro de sua última quimera; somente a ingratidão, essa pantera, foi sua companheira inseparável*, referência a um trecho do poema *Versos íntimos* de Augusto dos Anjos,[2] ou por fim *Di-Glauber*, sugestão dada a Glauber Rocha por Alex Vianny.

É sobre este documentário, que ganhou o Prêmio Especial do júri do XXX Festival de Cannes e que até hoje tem sua exibição proibida devido a uma decisão judicial requerida pela família do pintor, que centraremos a nossa análise.

---

1. Este texto é uma versão do capítulo 5 da minha dissertação de mestrado *Processos poéticos: a imaginação cinematográfica em Di-Glauber*, defendida em março de 2000, em Ciência da Arte da Universidade Federal Fluminense, sob a orientação do professor Tunico Amancio.
2. Assim como no filme de Glauber Rocha, podemos afirmar que Augusto dos Anjos era um poeta inquieto, que explorava temas como podridão, decomposição e morte. Achamos que a opção de um dos títulos do curta-metragem ser retirado de um de seus poemas não se dá aleatoriamente. A inquietação do curta se relaciona com a inquietação do poeta.

Filmado em quatro locações – o velório do pintor no Museu de Arte Moderna do Rio, o sepultamento no Cemitério São João Batista, uma exposição de quadros de Di Cavalcanti e o apartamento do cineasta em Ipanema –, Glauber Rocha, nas palavras do crítico Jean-Claude Bernardet, "faz da morte uma festa".[3]

A pesquisadora Regina Mota[4] estrutura o filme em cinco blocos: (1) *travelling* do Museu de Arte Moderna e *travelling* sobre o caixão até o rosto de Di; (2) imagens do velório alternadas com as cenas de Pitanga dançando na frente dos quadros de Di; (3) entrada de Marina Montini anunciada na música, alternada aos quadros de mulatas da obra de Di/ recortes de jornal do dia seguinte/ colagens de pós-produção com amigos de Glauber; (4) crucifixos na contra-luz e saída do velório; (5) cenas do enterro com participação do diretor/ ficha técnica.

Acrescentamos mais um bloco à esta classificação e incluímos o número dos planos. O primeiro bloco, composto pelos planos 1 e 2, é regido pela leitura de Glauber do título do filme e leitura de matéria de jornal sobre a própria filmagem. O segundo bloco – planos 3 a 87 – refere-se à leitura que faz o cineasta do poema *Balada de Di* de Vinicius de Moraes. A entrada da modelo Marina Montini ao som de "O teu cabelo não nega", de Lamartine Babo, anuncia o terceiro bloco do filme. Aqui – dos planos 88 a 169 – Glauber narra seus inúmeros encontros com Di Cavalcanti. O quarto bloco refere-se à saída do velório para o sepultamento. É o momento de fechamento do caixão ao som de *O velório do Heitor*, de Paulinho da Viola. Este bloco, considerado como um bloco de transição, de passagem, é composto pelos planos 166 a 169. O quinto bloco – planos 170 a 193 – é composto pelas imagens do sepultamento do pintor no cemitério São João Batista ao som da música *Ponta-de-Lança Africano*, de

3. Jean-Claude Bernardet, A voz do outro, p. 7-27.
4. Maria Regina de Paula Mota, Di-Glauber. A montagem nuclear.

Jorge Benjor. Neste bloco o cineasta lê a crítica de Frederico Morais sobre o pintor e faz seus comentários. O sexto bloco refere-se aos créditos finais do filme. Achamos que este merece um destaque na medida em que é a única vez no filme em que há uma narração que não é feita pelo próprio cineasta. A música também muda. Falaremos dela mais adiante.

Para o crítico Sérvulo Siqueira,[5] *Di-Glauber* possui uma estrutura "aberta" na medida em que permite uma pluralidade de abordagens de leitura do filme. Glauber se opõe ao ritual sacralizador que, segundo Siqueira, nega o espírito da obra do morto e pretende liberar a imagem do pintor, apresentando-nos

5. Siqueira estrutura o documentário em duas partes: a primeira trata-se do velório, no saguão do Museu de Arte Moderna, onde se dá a evocação da personalidade, da obra, e do passado de Di Cavalcanti. Neste momento o eixo central do filme é o caixão em que repousa o corpo de Di Cavalcanti. Esta evocação é feita através de: (a) notícias de jornais (matéria de Edison Brenner); (b) leitura do poema "Balada de Di Cavalcanti", de Vinicius de Moraes; (c) imagens de seus quadros; (d) sensualidade do negro representada por Antônio Pitanga, e tão presente na obra de Di Cavalcanti; (e) lembranças do próprio Glauber de encontros e desencontros com Di Cavalcanti em suas vidas, dando destaque para quando o conheceu em Salvador na companhia do cineasta italiano Roberto Rosselini; (f) homenagens a outros mortos como Juscelino Kubitschek, Jango e Paulo Pontes. Esta primeira parte termina com a saída do cortejo dos salões do MAM. A segunda parte, na análise de Siqueira, trata do sepultamento que se passa no Cemitério São João Batista. É aí, para o autor, que se dá a recuperação do cadáver de Di Cavalcanti: "sua ressurreição se processará através de Babaraúna, Ponta-de-Lança Africano celebrado na música de Jorge Ben, na mítica visão indígena que considera a morte uma passagem para o verdadeiro ser e que Glauber incorpora sincreticamente à mitologia africana. Completa-se assim um ciclo da vida de Di Cavalcanti, que o filme exalta como feliz e gloriosa, sensual e generosa e inicia-se um outro ciclo, no qual a personalidade do guerreiro morto não será esquecida mas sempre enaltecida como exemplo mítico e a mensagem de sua obra perpetuada para as gerações". Sérvulo Siqueira, Di Cavalcanti e o documentário. *Filme e Cultura*, n. 34, jan./mar., 1980, p. 32-33.

um Di Cavalcanti vivo e caloroso. O caráter extremamente inquietante do documentário se dá também em função da personalidade dionisíaca do cineasta.

Na primeira seqüência do filme são apresentados de forma oral pelo próprio cineasta os créditos iniciais – que neste caso se limitam ao título da obra. Ao som de "Floresta do Amazonas", de Heitor Villa-Lobos, com imagens em *travelling* do Museu de Arte Moderna do Rio de Janeiro, ouvimos a voz de Glauber Rocha narrar: "Di Cavalcanti é o título do filme." Em seguida um outro título:[6] *Ninguém assistirá ao formidável enterro da tua última quimera; somente a ingratidão, essa pantera, foi tua companheira inseparável.* Em seguida, ainda sobre estas imagens, ouvimos a leitura de notícia de jornal sobre a própria filmagem publicada no *Jornal do Brasil*, de 28 de outubro de 1976, escrita pelo jornalista Edison Brenner: "Filmagem causa espanto e irrita filha e amigo".

Neste primeiro plano do filme, que juntamente com o segundo plano constitui o primeiro bloco, podemos observar a narração do cineasta referindo-se a seu próprio filme. O tom da leitura da matéria publicada é um tom de deboche, praticamente radiofônico.

No documentário clássico, a figura do narrador mantém um distanciamento com o que se passa no filme. A voz em *off*[7] é a voz todo-poderosa e que sabe tudo. É a voz da experiência. Nun-

6. Em várias matérias de jornais da época o trecho do poema de Augusto dos Anjos é considerado como um dos títulos da obra. Achamos que uma outra possibilidade é considerar o trecho do poema como uma epígrafe do filme.
7. Segundo Jean-Claude Bernardet, a expressão "voz *over*" seria mais adequada para designar a voz da narração/locução de um filme. No caso do filme em questão, o tempo todo reconhecemos a voz do narrador, que é a voz do próprio cineasta. Por isso, optamos pelo uso do termo "voz *off*" por ser também de uso mais frequente. Jean-Claude Bernardet, *Cineastas e imagens do povo: uma aventura documentária no Brasil, 1960-1980*, p. 11.

ca aparece no filme, e jamais fala de si própria. Em *Di-Glauber* a narração toma um rumo inverso ao do documentário clássico. Em primeiro lugar, é o próprio Glauber Rocha quem narra todo o filme, com exceção de um trecho dos créditos finais em que escutamos uma voz diferente da dele. Ele entra na história para se comunicar com o público de uma forma diferente: registra, comenta e critica o evento fúnebre e a sua repercussão. Ele lê manchetes de jornais que falam da filmagem daquele próprio filme a que estamos assistindo, e radicaliza mais ainda quando aparece ao lado do caixão na hora do enterro. A narração de Glauber varia ao longo do filme. Apesar de em nenhum momento do filme estar indicado que é o próprio Glauber quem narra, nem mesmo nos créditos iniciais ou finais, o espectador[8] desde o primeiro momento reconhece a voz inconfundível do cineasta.

Em um primeiro momento, a narração aparece como uma "meta-narração": ela cita artigos de jornais que falam do próprio filme. Chega ao extremo de descrever os trajes que ele, Glauber, está vestindo. "Barba por fazer, calça de brim azul marinho, casaco azul claro, camisa esporte quadriculada, sapatos marrom". Neste primeiro momento o tom é de narração radiofônica.

Em um segundo momento Glauber Rocha narra um poema de Vinicius de Moraes feito em homenagem ao pintor, intitulado *Balada de Di*. O tom é de declamação, com o cineasta dando todo o ritmo de narração de um poema.

Num terceiro momento a narração adquire um caráter de depoimento, quando o cineasta fala com toda intimidade de seus encontros com Di Cavalcanti. Começando pela primeira vez, em 1958, quando era repórter do *Diário de Notícias* da Bahia e co-

8. Estamos nos referindo aqui ao espectador mais intelectualizado, mais cinéfilo, frequentador de cineclubes, cinematecas, mostras e festivais. Este espectador é bastante semelhante ao público do Cinema Novo, que era composto principalmente pela juventude, estudantes universitários, intelectuais, artistas e fanáticos por cinema.

nheceu Di Cavalcanti quando foi cobrir a estada do cineasta italiano Roberto Rosselini no Brasil, que estava acompanhado do pintor. Glauber então narra diversos encontros com Cavalcanti – em 1964 e início da década de 1970 em Paris, em telefonemas do pintor para o cineasta no Rio de Janeiro – até a notícia de sua morte. Glauber se qualifica como interlocutor privilegiado de Di Cavalcanti, inscrevendo-se num plano de aproximação estético/afetivo/cultural.

Num quarto momento, o narrador/Glauber assume a qualidade de crítico, lendo um texto de Frederico Morais que faz uma avaliação da obra de Di Cavalcanti. Glauber Rocha entremeia seus comentários nesta narração. Aqui, mais radicalmente, a narração é fragmentada. O tom é de comentário e crítica irreverente. Por fim, nos créditos do filme, observamos uma voz interpretando a voz de Di Cavalcanti, alternada pela voz do cineasta como se dirigisse a ação/locução.

Em momento nenhum do filme observamos o uso do som direto. O filme é todo narrado em voz *off*, provavelmente colocada posteriormente em montagem no estúdio.

Com um ritmo intenso e uma câmera nervosa, operada pelo fotógrafo Mário Carneiro, Glauber Rocha passeia pela face cadavérica de Di Cavalcanti. Em *off* ainda refere-se ao artigo de Edison Brenner sobre a própria filmagem: "1, 2, 3, 4, 5, 6, 7, 8, 9, 10, 11, 12... Corta. Agora dá um close na cara dele". O pintor Di Cavalcanti aparece sorrindo. Intercalado a essas imagens vemos as do ator Antônio Pitanga dançando em frente de quadros de uma exposição de Di Cavalcanti. O ator Antonio Pitanga,[9] representação da raça negra nos filmes de Glauber, faz o trânsito

9. Antonio Pitanga foi um ator que Glauber Rocha revelou, construiu e consagrou. Por ser negro pode ser associado a personagens populares, como o agitador Firmino, em *Barravento*, o marginal negro, em *Câncer* e o profeta/Cristo negro em *A idade da terra*.

do filme com a obra de Di Cavalcanti, que celebra a beleza da mulata em seus quadros. O cineasta, então, com uma velocidade radiofônica, continua no artigo de Brenner, orientando mais uma vez o seu câmera como se estivesse narrando uma partida de futebol:[10] "Agora dá uma panorâmica geral. Enquadra o caixão no centro. Depois começa a filmar da esquerda para a direita". No meio da narração Glauber conta que a irmã do pintor pediu para ele parar de filmar, mas diz que não vai parar, fala para ela não se preocupar porque esta é a homenagem dele a Di Cavalcanti e pede licença "deseducadamente", afirmando que ele tem que trabalhar. Ainda no plano 34 narra: "Ninguém viu Glauber entrar para iniciar a filmagem no velório...".

Glauber transgride toda a função do narrador. Seu discurso é inegavelmente verborrágico. Mais para o final do filme, ele afirma que se Di Cavalcanti estivesse ali estaria pedindo para não encher o saco dele. Mais uma vez o cineasta foge de todas as convenções no que diz respeito a uma homenagem a um morto. É como se Glauber fizesse o papel de coringa: é diretor, narrador, personagem, depoente etc., aparecendo em vários momentos do curta-metragem.

O esquema particular/geral da narração em voz *off*, muito comum nos filmes documentários clássicos em que o narrador faz uma afirmação e imediatamente a imagem que aparece é de confirmação do que foi dito pela voz *off*, em momento algum acontece no filme de Glauber Rocha. As imagens possuem uma autonomia e o som também. O filme é composto por uma sucessão de imagens autônomas, que justapostas dão um sentido original ao documentário.

Também podemos, a partir da sequência inicial, comprovar a utilização de uma "metalinguagem" em *Di-Glauber*. Ana Lúcia

---

10. Há controvérsias se a narração é de uma partida de futebol ou de uma corrida de cavalos. De qualquer maneira, é uma narração radiofônica.

Andrade[11] afirma que: "a arte do século XX apresenta como uma de suas características mais marcantes a capacidade de auto-reflexão. O cinema como forma artística moderna por excelência não poderia deixar de se auto-referir, através do que os teóricos do discurso denominam 'metalinguagem'".

Pode-se afirmar que a metalinguagem permite que o espectador experimente o e reflita sobre o processo de construção do próprio filme. Em *Di-Glauber* a auto-reflexão leva o espectador a pensar sobre o processo de filmagem a partir do momento em que Glauber "revive", por meio da leitura de matéria de jornal sobre a sua própria filmagem, os momentos de captação da imagem. A metalinguagem, neste caso, é verificada em um filme que não possui o cinema como temática principal. No caso de documentário, podemos citar como o melhor exemplo de metalinguagem o filme *O homem com a câmera* (1929), do cineasta russo Dziga Vertov, que desnuda o fazer cinematográfico.

Segundo as tipologias de modos de representação desenvolvidas por Bill Nichols em *Representing reality*,[12] podemos afirmar que *Di-Glauber* se enquadra no *modo reflexivo de representação*. Primeiramente, a utilização da "metanarração" e o próprio aparecimento do cineasta em diversos momentos da imagem de uma certa forma explicitam as convenções que regem o processo de representação do filme. Um bom exemplo desta afirmação encontra-se no plano 179, em que vemos o cineasta Glauber Ro-

11. Ana Lúcia Andrade faz uma análise da metalinguagem na história do cinema desde seus primórdios até as produções mais recentes. Ana Lúcia Andrade, *O filme dentro do filme: a metalinguagem no cinema*, p. 15.
12. O teórico norte-americano cria tipologias de modos de representação do cinema documentário – modo expositivo, modo interativo, modo observacional e modo reflexivo – como uma forma operacional de categorização e classificação deste campo cinematográfico devido à sua diversidade. Bill Nichols, *Representing reality*.

cha caminhar ao lado do caixão de Di Cavalcanti, liderando o cortejo, que atrás prossegue com os familiares do pintor.

A reflexividade em *Di-Glauber* também pode ser encontrada em um trecho da sequência do depoimento (bloco 4) em que o cineasta narra os seus encontros com o pintor e comenta a notícia de sua morte: "e naquele dia, então, acordando de manhã, venceu o impacto da notícia que o Di morreu e resolvi fazer um filme...". (planos 157 a 159). Mais uma vez Glauber Rocha faz referência ao próprio filme, desnudando de uma certa forma o processo de criação, ou pelo menos o momento em que surge a idéia do filme.

No plano 91, referente à panorâmica em que lemos a manchete de jornal sobre a morte de Di Cavalcanti e sobre a filmagem de Glauber Rocha, também encontramos mais um exemplo de reflexividade. Os dizeres da manchete: "Glauber Rocha filmou tudo: o velório e o enterro...", justamente no momento do filme em que se dá a passagem/transição do velório para o enterro, faz-nos lembrar mais uma vez que o que estamos assistindo é um filme. É como se em algumas passagens pudéssemos apresentar como sinopse de *Di-Glauber*, não um filme sobre o velório e sepultamento do pintor Di Cavalcanti, mas sim um filme sobre a filmagem de Glauber Rocha do velório e do sepultamento do pintor. Em *Di-Glauber*, o sujeito e o objeto se confundem e se fundem num trabalho original: Glauber/Di, documentarista/personagem, cineasta/pintor, vivo/morto.

Também, como outra característica citada por Nichols, podemos afirmar que o documentário em questão, sem sombra de dúvida, não transmite "um julgamento abalizado que parece emanar de uma agência de saber e autoridade" sobre a morte do pintor – modelo do documentário clássico –, e, além disso, lança mão da ironia e da sátira para a representação da morte.

A ironia aparece no filme em diversos momentos – como, por exemplo, na narração debochada em forma de narração radiofônica: "Agora dá uma panorâmica geral. Enquadra o caixão no centro. Depois começa a filmar da esquerda para a direita. Aqui, devagarinho...". Ou ainda nas imagens do ator Antônio Pitanga dançando, na frente da câmera, numa exposição de quadros de Di Cavalcanti.

A informalidade no terceiro momento do filme, quando Glauber Rocha descreve os seus encontros com Di, também pode ser utilizada como exemplo de ironia. O encontro com o grande cineasta Roberto Rosselini – que, segundo Glauber, tinha ficado famoso não por *Roma cidade aberta* (1945) ou *Paisá* (1946), "mas porque tinha sido casado com Ingrid Bergman e o seu divórcio com a mulher ia virar fofoca e gerou uma opinião do papa" – pode ser encarado como um tom provocador/irônico nesta sequência do filme. O uso de gírias na narração do cineasta também demonstra a utilização do humor no documentário: "ali eu *saquei* o que era realmente o negócio de idéia na cabeça e uma câmera na mão", ou ainda "Di *transou* em todas", ou "em suma não *deu pé*".

O uso da ironia pode ainda ser constatado em momentos em que o cineasta deixa transparecer na sua narração, propositalmente, "atos falhos" da linguagem. Por exemplo, ainda na sequência em que fala de Roberto Rosselini, o cineasta confunde, propositalmente, Roberto Rosselini com Alberto Cavalcanti,[13] este último cineasta polêmico que teve passagem pela vanguarda francesa dos anos de 1920, pelo documentário inglês dos anos de 1930, pelo cinema ficcional inglês dos anos de 1940 e volta ao Brasil em 1950 à frente da Vera Cruz. O trecho em questão: "O

13. Glauber Rocha, em *Revisão Crítica do Cinema Brasileiro* (Rio de Janeiro, Civilização Brasileira, 1963), dedica um capítulo para falar de Alberto Cavalcanti, intitulado "Cavalcanti e a Vera Cruz".

Alberto Cavalcanti – não! Eu digo, Roberto Rosselini, ficou famosíssimo". Ainda nesta linha de ironia, numa sequência um pouco mais adiante, Glauber narra mais um encontro com o pintor em 1970 (ou 1971), em Paris, num jantar "numa churrascaria... Não! Em Paris não tem..., uma peixaria, uma coisa assim... que o valha...".

Voltando às questões levantadas por Bill Nichols sobre especificidades do cinema documentário em relação ao filme de ficção, o teórico inglês afirma que esse segmento do cinema, no que diz respeito à postura do cineasta documentarista, nos dá a impressão de pouco controle do objeto filmado. Mas esta impressão é falsa, pois o cineasta pode perfeitamente selecionar o material que lhe interessa. No caso do filme em questão, numa leitura desatenta, poderíamos indagar se Glauber Rocha de fato se confundiu e errou ao falar em "Alberto Cavalcanti" e/ou "churrascaria em Paris". Mas, em se tratando de cinema, sabemos que a narração de Glauber nos dá uma impressão, ou melhor, uma falsa idéia de narração ao vivo. O cineasta poderia – se quisesse – retirar os trechos em que "erra" ou "confunde" da narração do filme. Enfim, é uma opção do diretor nos dar esta informação, que no caso é bastante irônica, debochada e provocadora.

O fato de o tema do filme se referir justamente à morte radicaliza ainda mais o uso da ironia. O cineasta faz uso dela para representar o ritual de morte de uma determinada sociedade à qual ele mesmo pertence. A morte, que segundo padrões de nossa sociedade deveria ser um momento de silêncio, de choro, de tristeza, aparece no filme de Glauber Rocha de uma forma bastante diferente: é alegre, é barulhenta, é engraçada, é irônica, é festiva! O cineasta nos abre a possibilidade de uma outra forma de relacionamento com a morte.

Na sessão de estréia do filme na Cinemateca do MAM, Glauber distribuiu um texto para o público em que declarava sua posição sobre a morte: "A morte é um tema festivo pros mexicanos, e qualquer protestante essencialista como eu não a considera tragedya. [...] Filmar meu amigo Di morto é um ato de humor modernista-surrealista que se permite entre artistas renascentes: Fênix/Di nunca morreu. No caso o filme é uma celebração que liberta o morto de sua hipócrita-trágica condição".[14]

Podemos observar no filme de Glauber uma alta dose de humor e de paródia. O riso, a zombaria, a ironia e o grotesco, elementos da paródia, alcançam uma eficácia crítica. Nas palavras de Celso Favaretto, a paródia:

> [...] presta-se à denúncia das ambigüidades ideológicas de quem a utiliza: ao enfatizar que o sentido das coisas a que se refere não depende de suas virtualidades, revela a importância do jogo das forças contraditórias que operam nas interpretações. A paródia desperta a atenção mais para as versões e imitações do que para os significados primeiros. [...] A paródia trabalha a cultura, corroendo-a.[15]

Em *Di-Glauber*, a paródia concerne a um ritual da sociedade em que vivemos e tem o efeito de questionar a representação de certas convenções rígidas desta sociedade, no caso um enterro. Para Jean-Claude Bernardet, o filme de Glauber Rocha inaugura um cinema "antropológico sobre nós mesmos", pois não distingue o sujeito do objeto:

> Glauber faz da morte uma festa. A morte do amigo é um momento de vida exuberante, altamente erotizado, donde jorra o carnaval de uma vida. Através do morto, Glauber mergulha na

---

14. Texto retirado do *folder* do curta-metragem, que foi distribuído na sessão de estréia do filme na Cinemateca do Museu de Arte Moderna do Rio de Janeiro, em 11 de março de 1977.
15. Celso F. Favaretto, *Tropicália: alegoria, alegria*, p. 83.

> sua vida. Profundamente chocante para quem a morte é um momento de silêncio, de sepulcro, para quem o morto deve ser reverenciado pela tristeza. Ao se opor à atitude que adotamos usualmente diante da morte, *Di* nos confronta com esta atitude (que consideramos inquestionável – quem não fica triste diante do morto querido? – qualquer questionamento seria irreverente) e ao mesmo tempo nos abre para outras possibilidades de nos relacionarmos com a morte na nossa sociedade, de vivermos a morte de outra maneira. É bastante diferente fazer um filme que encara o processo da morte na nossa própria sociedade ou sobre rituais fúnebres de uma longínqua aldeia zulu.[16]

No momento em que Glauber decide filmar a "morte" é como se ele se distanciasse dela para poder tratá-la como objeto. A total liberdade do cineasta em filmar o que lhe convém, e da forma como lhe convém, faz com que ele rompa com todos os padrões estéticos não só de um documentário, mas ainda de um documentário sobre a morte.

Um bom exemplo de comparação é o documentário *Carmem Miranda* (1969) de Jorge Ileli, também sobre a morte, que mostra a chegada do corpo de Carmem Miranda no navio e a comoção de seus fãs. A estrutura não poderia ser mais clássica (modo de representação expositivo). A voz *off* orienta o que o espectador deve pensar do filme, a relação particular/geral com as imagens exemplifica o comentário em *off*, a música melodramática dá um tom de tristeza ao documentário, nada de gritos, de sambas (exceto nas imagens de arquivo de cenas dos números musicais da atriz), ou seja, toda uma formalidade nos enquadramentos, na narração, na montagem e sobretudo na direção. Um respeito quase que sagrado tanto ao tema da morte quanto à estrutura do documentário clássico.

16. Jean-Claude Bernardet, A voz do outro, p. 15.

Em relação à trilha sonora, o documentário passeia pelo que há de mais brasileiro na nossa música. A estrutura do filme é claramente pontuada pela trilha sonora. Começando pela imponente *Floresta do Amazonas*, de Heitor Villa-Lobos, nos planos iniciais do filme que compõem o primeiro bloco. Em seguida, já no segundo bloco, *Floresta do Amazonas* é intercalada pelo chorinho *Lamento*, de Pixinguinha. O terceiro bloco é a marchinha de Carnaval *O teu cabelo não nega*,[17] atribuída a Lamartine Babo, que anuncia a entrada de Marina Montini no filme. Até então as músicas apresentadas em *Di-Glauber* eram somente instrumentais. Agora observamos uma letra carregada de sentidos que, mais uma vez, só reforça a ironia do filme. Marina Montini, mulata musa inspiradora do pintor Di Cavalcanti, entra em cena a partir da letra:

O teu cabelo não nega mulata
Porque és mulata na cor
Mas como a cor não pega mulata
Mulata eu quero o teu amor

Tens um sabor
Bem do Brasil
Tens a alma cor de anil
Mulata, mulatinha, meu amor
Fui nomeado teu tenente interventor

Quem te inventou
Meu pancadão
Teve uma consagração
A lua te invejando fez careta
Porque mulata, tu não és deste planeta

---

17. Há discordâncias em relação à autoria desta música. Alguns estudiosos afirmam que Lamartine Babo a plagiou de uma canção popular nordestina. De qualquer modo, Glauber Rocha atribui a ele a autoria da música ao apresentar o seu nome nos créditos finais do filme.

Quando meu bem
Vieste à terra
Portugal declarou guerra
A concorrência então foi colossal
Vasco da Gama contra um Batalhão Naval.

Para o filósofo Henri Bergson,[18] o cômico possui algo de estético, por que aparece no momento em que a sociedade, livre de seu cuidado e de seu conservadorismo, começa a tratar a si mesma como obra de arte, ou seja, a rigidez de algumas sociedades – no caso a rigidez de um ritual de enterro – dá lugar ao cômico no filme de Glauber, e o riso é o seu castigo. Para Bergson é entre a vida e a arte que o cômico oscila.

O quarto bloco do filme, representado pelo fechamento do caixão e saída do velório, é composto pela música *O velório do Heitor*, de Paulinho da Viola. O "Heitor" em questão na música é um contraventor. Vejamos o trecho da letra do samba apresentado no filme:

Havia um certo respeito
No velório do Heitor
Todo mundo concordava
Que apesar de catimbeiro
Era bom trabalhador
Houve choro e ladainha
Na sala e no corredor
E por ser considerado
Seu desaparecimento
Muita tristeza causou.

Ao associar o pintor Di Cavalcanti com um bicheiro, o cineasta mais uma vez subverte as convenções de um documentá-

18. Enrique Bergson, *Larisa*.

rio em que se pretende homenagear um morto. Mas, ao mesmo tempo, estão presentes na letra valores "dignificantes": Heitor era um homem considerado e bom trabalhador. A música de Paulinho da Viola vai aparecer novamente no filme nos créditos finais.

No quinto bloco do filme a trilha é composta pela música *Ponta-de-Lança Africano*, de Jorge Benjor. É o próprio Glauber que explica em texto do *folder* acima citado: "[...] Celebrando Di recupero o seu cadáver, e o filme, que não é didático, contribui para perpetuar a mensagem do Grande Pintor e do Grande Pajé Tupan Ará, Babaraúna Ponta-de-Lança Africano, Glória da Raça Brazyleira! A descoberta poética do final do século será a materialização da eternidade".

Ao contrário do que costumamos ver em cenas de enterro, normalmente embaladas por músicas tristes, por cenas que transmitem um silêncio constrangedor para o espectador, em *Di-Glauber* o oposto acontece. Sinfonia, marcha de carnaval, chorinho e samba são ritmos musicais que não combinam com tristeza, enterro, velório e caixão.

Em relação à montagem, podemos afirmar que o cineasta se utiliza de uma montagem abrupta que acaba por ajudar a imprimir o ritmo frenético do filme. Ao todo são 194 planos, um número bastante grande para um curta-metragem de apenas 16 minutos. É o próprio cineasta quem afirma: "é a montagem nuclear que, de acordo com Eisenstein, revela que a quantidade está na qualidade".[19] Eisenstein defendia o princípio da "montagem intelectual", em que cada corte apresenta uma idéia, criando um conflito entre dois planos, sucitando, assim, uma impressão nova na mente do espectador. A justaposição de planos é um "ato de criação". Segundo Regina Mota:

---

19. *Jornal do Brasil, Caderno B*, 28 maio 1977.

> No filme *Di* [...] há um acúmulo de informações que são enxertadas na imagem, na palavra, na forma de se dirigir ao público, na maneira de proferir as palavras e de cortar o assunto, gerando um núcleo de tensão e de proliferação de significados. Isso permite aos espectadores tecerem suas próprias relações e a finalização de uma ou várias mensagens. Tal procedimento favorece a interação, a co-participação do espectador.[20]

Este "acúmulo de informações" pode ser observado em diversas passagens do filme, como, por exemplo, na inserção de alguns fotogramas de imagem de uma caveira indicando perigo (plano 129) e outro de um *start* de filme (plano 154). Nas inúmersa inserções, também, de quadros pintados por Di Cavalcanti, no meio de algumas ações como, por exemplo, na do ator Antônio Pitanga dançando (planos 3 a 20) ou imagens do próprio cineasta folheando um livro de gravuras de Di Cavalcanti intercaladas com as imagens de quadros do pintor (planos 93 a 107). Algumas vezes observamos na montagem uma justaposição de planos que nos são apresentados numa progressão geométrica. Por exemplo, os planos 109, 112, 114, 117, 121 e 127 correspondem a uma continuidade da ação, numa imagem que exibe os cineastas Glauber Rocha, Roberto Pires, Miguel Farias e Cacá Diegues no apartamento do primeiro, folheando/deglutindo exemplares de *Reflexos do baile*,[21] de Antônio Callado, e *Maíra*,[22] de Darcy Ribeiro. A estas imagens são justapostas imagens de um espelho iluminado correspondente aos planos 111, 113, 115 e 119. O filme é estruturado a partir de continuidades de ações fragmentadas entre si, gerando uma tensão entre estas imagens, e provocando um conflito de significações.

20. Maria Regina de Paula Mota, *op. cit.*, p. 7.
21. Ficção sobre o seqüestro do embaixador alemão Ehrenfried von Holleben ocorrido em 1970. O livro figurou na lista dos mais vendidos na década de 1970.
22. Romance de 1976.

A fragmentação também pode ser observada no trecho da leitura do poema de Vinicius de Moraes, *Balada de Di*, em que o cineasta insere a leitura da matéria de jornal sobre a sua filmagem (planos 34 e 36).

No último bloco do filme a narração é mais radicalmente descontínua devido a inserção de frases do próprio cineasta, interrompendo a compreensão de um raciocínio. As frases não se completam, não se acabam, há sempre um corte abrupto no discurso de Glauber que lê uma crítica publicada, sobre a pintura de Di Cavalcanti, de autoria de Frederico Morais.[23]

Em relação à câmera, operada pelo fotógrafo Mário Carneiro, como já havíamos dito antes, é uma câmera nervosa, que não pára quieta. O filme é todo feito com câmera na mão, imprimindo um ritmo de reportagem. Em muitos planos, principalmente os de quadros de Di Cavalcanti, a câmera faz o movimento de um pincel: é como se ele estivesse pintando um quadro. Mesmo nas cenas filmadas na exposição e na casa do cineasta, a câmera mantém o mesmo ritmo do enterro e do velório. Nem nos créditos finais (aliás, os únicos créditos do filme) Glauber dispensa a câmera na mão. A câmera é assumidamente um personagem dentro do filme.

Mário Carneiro, em entrevista à *Folha de S.Paulo*, em 21 de setembro de 1994, conta-nos que fotografou o filme completamente sem filtro, apenas com a luz natural, dando um tom arroxeado próximo à idéia da morte.

Voltando ao plano 91, gostaríamos de destacar a homenagem que o cineasta faz a alguns mortos ilustres: com o mesmo recorte de jornal sobre a morte de Di e a filmagem de Glauber, vemos o recorte "Viva JK!" sobreposto ao recorte de João Gou-

23. Frederico Morais é crítico de arte, ex-professor de história da arte, autor de vários livros sobre arte e artistas brasileiros e latino-americanos.

lart escrito "Jango" e com foto.[24] No mesmo plano, a capa do livro *Água*, de Paulo Pontes.[25]

Importante também é destacar a presença de atores no filme de Glauber, dando especial atenção às cenas em que surge o ator Joel Barcellos. O ator aparece no plano 137, em que, junto com mais um homem, observa o velório; no plano 168, no qual o ator, juntamente com parentes do pintor, carrega o caixão de Di; e nos planos 181 e 186, já no cemitério, ao lado de Marina Montini. Talvez aí possamos utilizar o conceito de simulacro de Jean Baudrillard. Para o teórico, a simulação "põe em causa a diferença do 'verdadeiro' e do 'falso', do 'real' e do 'imaginário'",[26] pois o simulacro se permite a metamorfose. No filme, a presença do ator Joel Barcellos no velório e enterro do pintor talvez seja um bom exemplo para entender o simulacro. Barcellos só estava ali presente devido à feitura do filme. Acontece que este ator acaba transformando a realidade no momento em que ele passa a integrar, junto com os amigos do morto, o grupo de pessoas que carrega o caixão do pintor. O ator está sempre posicionado em lugar de destaque: ora segurando a alça do caixão junto com familiares, ora ao lado da modelo Marina Montini no enterro. O espectador fica sem saber se ele faz parte do filme enquanto ator ou enquanto personagem, ou seja, se ele faz parte do "real" ou do "imaginário".

Desde o surgimento do cinema documentário, tal como entendemos este "domínio", que observamos a dramatização de seus personagens. Em *Nanook of the north* (1922), de Robert Fla-

24. Referência a Juscelino Kubitschek, presidente do Brasil entre 1955 e 1960, e a João Goulart, cujo governo reformista durou de 1961 a 1964, sendo derrubado pelo Golpe Militar de 1964. Kubitschek faleceu num trágico acidente de carro na Via Dutra, em 1976.

25. Paulo Pontes, dramaturgo, foi um dos autores da peça musical *Opinião*, realizada em 1964 como um manifesto contra a ditadura, e interpretada por Zé Keti, Nara Leão e João do Vale.

26. Jean Baudrillard, A precessão dos simulacros, p. 9-10.

herty, o personagem que interpreta a mulher do Nanook não era de fato a sua verdadeira esposa. O cineasta, por motivos de fotogenia, ao escolher uma outra habitante da tribo dos esquimós Inuit para representar, afirmava que "às vezes você precisa mentir [...] para captar o seu espírito verdadeiro".[27]

De forma bastante diversa de Flaherty, as presenças do ator José Dumont em *Até a última gota* (1980), de Sérgio Rezende, e da atriz Dora Pellegrino em *Copa mixta* (1979), de José Joffily, também são bastante diferentes do curta-metragem em questão.

Em *Nanook of the north*, um membro da própria tribo dramatiza uma situação semelhante a do seu papel na vida real; nos documentários da década de 1980 a utilização de atores profissionais se dá na forma de reconstituição de algum caso ou na interpretação de um papel já determinado pelo roteiro; em *Di-Glauber* o ator interage com o real confundindo o espectador, e, indo mais além, com o real se misturando com o imaginário e o imaginário transformando o real.

A presença de Marina Montini no filme também merece ser destacada. A modelo/musa do pintor, a pedido de Glauber Rocha, compareceu ao enterro vestida de roupas brancas, ao invés de roupas pretas ou discretas, mais apropriadas a cerimônias de enterro. Desta forma o cineasta mais uma vez interfere na realidade.

Regina Mota nos chama atenção para uma outra característica do filme que é a "corporificação do diretor", que no filme em questão aparece no som em *off* (o filme é praticamente todo narrado por Glauber Rocha) e na atuação em frente da câmera (nas imagens em seu apartamento, na exposição de Di e caminhando junto aos familiares e amigos do pintor no Cemitério São João Batista). Esta característica é observada num determi-

27. Silvio Da-Rin, *Espelho partido: tradição e transformação do documentário cinematográfico*, p. 35.

nado momento da obra do cineasta, em seus filmes realizados na década de 1970 até o último, *A idade da terra* (1980).

A genialidade de Glauber Rocha surpreende mesmo quando ele filma de improviso e sem recursos (o filme foi apenas finalizado com o apoio da Embrafilme). *Di-Glauber* é um curta-documentário em que a inquietação do cineasta, se não revoluciona, pelo menos questiona os procedimentos estéticos do documentário brasileiro.

O cinema de Eduardo Coutinho: uma arte do presente

Consuelo Lins

A cena é impactante: um plano em movimento em torno de uma moça conhecida na favela como Janis Joplin cantando um célebre *hit* da cantora americana, *Me and Bobby McGhee*, no ponto mais alto do morro, com a praia de Copacabana e o Pão de Açúcar ao fundo. O inglês é inteiramente inventado, da primeira à última palavra, mas a convicção com que as palavras são ditas nos faz quase acreditar que esse, sim, é o verdadeiro inglês, o mais antigo, o mais original, a língua primeira da qual surgiram todas as outras. Ao inventar esse inglês, a cantora, uma ex-*hippie* que perdeu o filho Sidarta e o marido no tráfico de drogas, expressa, de forma concentrada, o que vemos acontecer com a língua portuguesa ao longo de *Babilônia 2000*, filmado por Eduardo Coutinho na passagem do ano (1999-2000) nas favelas do Chapéu Mangueira e da Babilônia (Leme-RJ).

Diante de vidas precárias atravessadas por uma imensa violência, deparamos-nos com uma palavra vigorosa que inventa sentidos, cria vocábulos, mistura termos de diferentes origens, uma palavra que tenta escrever, enfim, sua própria gramática. Um português personalizado, cada um com o seu, que é como os personagens filmados respondem a um mundo que se manifesta na linguagem dominante (regras de gramática, comportamentos sociais, conveniências, boa educação, cultura geral) e que revela, ao mesmo tempo, opressões a que são submetidos e microresistências a esse estado de coisas. Muitas vezes, nós, espectadores, rimos do que é dito porque ficamos surpresos com essa possibilidade de criação de uma população bombardeada por uma multiplicidade de discursos, com a transformação da fala em um campo de batalha contra o horror de não poder comunicar, com esse prazer pela expressão que surge nos desvãos e nas falhas da linguagem. Um riso solto nos acomete ao vermos aquelas pessoas se contarem com tamanha energia, ao sermos surpreendidos por reações inusitadas diante de situações duríssimas. O humor surge justamente em momentos, muitas vezes efêmeros, de "crise da linguagem", em que há pequenas vitórias contra a opressão da fala.

> Sempre gostei dessa palavra *people*, nunca gostei de chamar as pessoas pelo nome. Naquele época, tempos idos, tinha aquele negócio de chamar "fulano", e a polícia estava perto, então eu preferia chamar assim *people*, e aí *people* era *people* e aí todo mundo me chamava de "people", porque raramente me chamam de Doaci [...]. Inclusive, pô, gosto de conversar, pareço aqueles homens da caverna, entendeu? Não sei se os homens da caverna eram assim, que ficam dentro da sua toca e quando vem conversar começam "blá blá blá blá", tem que sair mas não conseguem parar.

Esse pequeno depoimento, pleno de graça e de astúcia, articula expressões de pouco uso hoje como "tempos idos" para relatar uma estratégia de defesa contra a polícia através da palavra *people*. Ao mesmo tempo, traduz à perfeição a alegria de falar, que ele supõe – consciente de que pode não ter sido bem assim – ser a do homem das cavernas quando saía da toca.

Essa dimensão não é, no entanto, particular à *Babilônia 2000*. O cinema de Eduardo Coutinho é, desde sempre, um cinema da palavra filmada, que aposta nas possibilidades de narração dos seus próprios personagens. Seja em *Teodorico, o rei do sertão*, realizado para o Globo Repórter em 1979, seja no longa-metragem *Cabra marcado para morrer* (1984) ou nos filmes realizados em vídeo, *Santa Marta, duas semanas no morro* (1987), *Boca de lixo* (1993) e, radicalizando essa opção, *Santo forte* (1999), é a imagem da palavra do outro que está na base da sua concepção de cinema. Um cinema que dá aos personagens vontade de falar mais, de dizer mais alguma coisa, como nos deixa vislumbrar esse pequeno diálogo no final de *Santa Marta*:

Entrevistada: "O Brasil é o maior barato, né? O Brasil ..., nem vou responder o senhor, entendeu? Mas comigo tudo bem, nasci no morro, me criei, e não tem nada a ver, tudo certo".

Coutinho: "Obrigado".

Entrevistada: "Só? Não quer falar mais nada?". Coutinho: "Você que manda".

Entrevistada: "Vamos falar mais um pouquinho...".

Coutinho consegue fazer que as pessoas tomem gosto pela palavra e contem fragmentos de suas histórias a partir de determinadas atitudes éticas articuladas a uma estética que formam uma metodologia cinematográfica bastante singular, cujas linhas centrais tentaremos identificar aqui. Deteremos-nos basicamente nos filmes de Coutinho posteriores a *Cabra marcado para morrer* (1984), embora um aspecto dessa obra tão analisada e que marcou tão profundamente a história recente do nosso cinema seja abordado mais adiante. No entanto, o que nos interessa especialmente nessas considerações é identificar o que faz o cinema de Coutinho ser uma arte do presente.

A vida infame

Coutinho faz parte dos documentaristas que no lugar de se ocuparem de grandes acontecimentos e de grandes homens da história, ou de acontecimentos e homens exemplares, identifica acontecimentos quaisquer e homens insignificantes, aqueles que foram esquecidos e recusados pela história oficial e pela mídia. É "a vida dos homens infames" que interessa a esse cineasta, para retomar o título de um belo artigo de Michel Foucault,[1] em que a infâmia em questão não diz respeito àquele que é "baixo e vil", mas àquele que é não-famoso, segundo a etimologia latina da palavra: in=elemento negativo, fama=célebre.

A abordagem que ele faz da vida *infame* se inscreve, numa certa medida, na tradição do Cinema Verdade francês que tem como filme-manifesto *Crônica de um verão*, dirigido por Jean Rouch e Edgar Morin no verão parisiense de 1960. Uma tradição que afirma a intervenção explícita na realização de um documentário porque sabe que qualquer realidade sofre uma alteração a partir do momento em que uma câmera se coloca diante dela e que o esforço de filmá-la tal e qual é inteiramente em vão. São cineastas que intervêm, provocam e fazem dessa metodologia matéria a ser filmada. Contrariamente às regras do Cinema Direto americano, que pregam a mínima presença possível da equipe – a realidade é filmada como se a câmera não estivesse ali, sem entrevistas, sem olhares para a câmera –, a intervenção no Cinema Verdade acontece de várias formas, articulada a cada vez com o que vai ser filmado. O que se quer é a produção de um acontecimento especificamente fílmico, que não preexiste ao filme e que deve sofrer uma nova transformação depois dele. Assim, nos filmes de Coutinho, o mundo não está pronto para ser filmado, mas em constante transformação, e ele vai intensificar essa mudança. Da mesma maneira, seus personagens passam por metamorfoses, contam histórias que não sabiam que sabiam, e saem diferentes dessa experiência. São obras enriquecedoras não apenas para os espectadores, mas, também, para quem participa do filme.

Essa prática intervencionista, porém, não basta para criar imagens fortes ou interessantes, como aliás nenhum método ou

1. Michel Foucault, *O que é um autor?*, p. 89-126.

opção formal *a priori*. Muitas invenções estéticas do Cinema Verdade e do Cinema Direto foram absorvidas pela televisão, transformando-se na maior parte das vezes em fórmulas vazias, sem maiores interesses. Banalização semelhante aconteceu com a utilização do equipamento de filmagem leve e fácil de ser manipulado, inventado no final dos anos de 1950, que por um momento também foi visto como determinante nessas inovações. Como os documentários lidam com um *material* semelhante ao dos programas de informação televisivos – acontecimentos e personagens do mundo –, as dificuldades de se estabelecer um diferencial são grandes.

Os filmes de Coutinho, no entanto, produzem freqüentes deslocamentos tanto em relação às abordagens feitas quanto à estética produzida.[2] Contrariamente a reportagens e documentários que se aproximam do assunto com um saber estabelecido, Coutinho se concentra no presente da filmagem para dali extrair todas as possibilidades, e tenta, nesse movimento, se libertar de alguma maneira das idéias preconcebidas que povoam, à revelia, nossas mentes. Ele evita os textos em *off*, as perguntas decoradas e "objetivas", uma atitude distante, os enquadramentos estáveis. Os mundos que o cineasta nos revela não estão centrados em um comentário nem em informações precisas, mas em depoimentos que traçam uma rede de pequenas histórias descentradas, que se comunicam através de ligações frágeis e não-causais. São ecos que se estabelecem entre diferentes elementos da imagem ou da fala dos personagens. Contrariamente às informações telejornalísticas, em que a lógica do texto em *off* é o que determina a edição das imagens e onde o silêncio e os tempos mortos de uma

2. O que diz Youssef Ishaghpour sobre o artista moderno, "obrigado a tornar-se um especialista da mídia e do seu funcionamento", é pertinente para se pensar a obra de Coutinho. Em: *Cinéma contemporain, de ce côté du miroir*. Paris, Éditions de la Différence, 1986.

conversa não têm vez, aqui é a lógica das imagens e do que dizem ou deixam de dizer os entrevistados que pesa na construção das seqüências. O que o espectador percebe é resultado de uma mistura de personagens, falas, sons ambientes, imagens, expressões, jamais significações prontas fornecidas por uma voz *off*. Por isso a possibilidade de interpretações múltiplas é inerente à montagem desses filmes.

O que perpassa essas escolhas e opõe radicalmente seus filmes à produção televisiva é uma moral rigorosa em relação a seus personagens que se traduz em um respeito à vida dos que protagonizam suas imagens, o que o coloca a uma distância incomensurável do que vemos comumente na televisão.

A imanência do mundo

Essa moral pode também ser descrita de outra forma: os filmes de Coutinho possuem uma espécie de *imanência* radical, algo que o filósofo francês Clément Rosset chama de "princípio da realidade suficiente", ou ainda "princípio de crueldade": "a natureza intrinsecamente dolorosa e trágica da realidade [...] o caráter único, e conseqüentemente irremediável e inapelável, dessa realidade".[3] É uma "ética da crueldade", não no sentido comum de "manter o sofrimento", mas no de uma recusa à complacência para com qualquer que seja o objeto, "a coisa privada de seus ornamentos ou acompanhamentos ordinários [...]".[4] Um tipo de prática que, no cinema de Coutinho, se expressa na recusa a acrescentar uma verdade ou uma informação parasita a cenas que já se bastam, que não precisam de mais nada. Em termos de resultado estético, essa opção pela imanência, reforçada em *Santo forte* e *Babilônia 2000,* se manifesta em uma econo-

3. Clement Rosset, *O princípio de crueldade*, p. 16.
4. *Ibidem*, p. 17.

mia narrativa das mais severas, como já vimos, mas cabe destacar ainda a ausência de trilha sonora que não esteja absolutamente vinculada ao ambiente filmado, a ausência de imagens ilustrativas, pitorescas, ou de "cobertura", a recusa em fazer uma montagem a partir de temas em favor do fluxo de palavras de cada personagem e a ênfase no fato de que o filme é resultado de uma negociação entre a equipe e os entrevistados.

Essa ética da crueldade estabelecida por Rosset tem ressonâncias com a forma que o crítico André Bazin define o "cinema da crueldade", crueldade que rejeita um "humanismo" piedoso, criando uma ética/estética que pode ser encontrada em autores diferentes. Buñuel é um deles. Sobre *Los olvidados* (1950), Bazin escreve:

> Buñuel não emite sobre seus personagens adultos qualquer juízo de valor. [...] Esses seres não têm outra referência além da vida, essa vida que pensamos ter domesticado pela moral e pela ordem social, mas que a desordem social da miséria restitui às suas virtualidades primeiras [...] Nada mais oposto ao pessimismo "existencialista" que a crueldade de Buñuel. [...] Porque não elude nada, não concede nada, porque ousa desenfrear a realidade com uma obscenidade cirúrgica, ele consegue redescobrir o homem em toda a sua grandeza e obrigar-nos [...] ao amor e admiração. Paradoxalmente o principal sentimento que se desprende [...] é o da inalterável dignidade humana [...] essa presença da beleza no atroz, essa perenidade da nobreza humana na decadência [...] não suscita no público nenhuma complacência sádica ou indignação farisaica.[5]

Essa crueldade, segundo Bazin, não é senão a medida da confiança que Buñuel depositava no homem e no cinema. É nessa convergência entre um conceito da filosofia de Rosset com o

---

5. André Bazin, Luis Buñuel, p. 47-55.

que diz Bazin da crueldade que me parece ser interessante pensar o cinema de Eduardo Coutinho. As realidades abordadas são geralmente duríssimas, mas as imagens encontram pouco a pouco um tom que deixa essa dureza em segundo plano. O interesse passa a ser o cotidiano: as dificuldades, as pequenas alegrias, os medos, os momentos de descanso, os amores, os encontros, os amigos, a educação e a preocupação com os filhos. A aproximação cineasta/personagens se dá não a partir do princípio que a vida deles é um horror, mas a partir de um olhar terno e, o que é fundamental, sem nenhuma piedade, que quer ver como eles se viram no dia-a-dia, seja onde for. Mesmo quando aborda temas que causam uma certa repulsa – repulsa de fazer parte de uma sociedade que produz cenas de crianças, adultos e velhos revolvendo o lixo para comer, o que é, para dizer o mínimo, constrangedor –, os filmes de Coutinho revitalizam: revelam sintomas de saúde e de vida em meio a uma degradação evidente e mostram um pouco do que podemos continuar a gostar nesse Brasil submerso em corrupção, miséria, individualismo, indiferença.

Um cinema em que a questão da esperança não é uma questão. Em seus filmes como um todo e em seus personagens, essa condição de não-esperança é clara, o que não significa pessimismo e pouco caso por parte do diretor diante do que filma, ou, por parte dos entrevistados, uma falta de consciência da situação em que vivem. Ao contrário, há uma espécie de clarividência na relação que eles travam com o real; eles sabem, intuitivamente ou não, da impossibilidade de uma transformação social maior e o que o filme nos faz ver é a forma com que eles lidam com o que os cerca, suas estratégias de sobrevivência, a forma como inventam seus cotidianos. A esperança, "um veneno entre outros", impede o afrontamento necessário com a vida, impedindo, portanto, a identificação de linhas de fuga, de possibilidades de vida no que existe e não no que gostaríamos que existisse. Filmar *o que existe* não significa absolutamente pensar que a realidade fala por si. Esses clichês do documentário nunca fizeram parte do cinema de Coutinho. O que há é uma aceitação não-resignada do mundo e uma recusa de apontar saídas onde sabemos que não há.

Se Coutinho faz filmes que desconstróem a idéia de que a vida das pessoas é um horror, não deixa, no entanto, de apontar a dimensão intolerável do que estamos vendo. Justamente por não apresentar uma estrutura de causa-efeito ou de problema-solução, que faz o espectador tolerar e suportar qualquer coisa, o que há de inaceitável nas imagens não sofre nenhuma redução. Muitas se assemelham a um filme de ficção científica: um deserto de lixo onde crianças e adultos chafurdam e urubus sobrevoam. Restos da civilização industrial ocidental, periferia da periferia dos países ricos, quinto mundo, fim do mundo. Nos deparamos, porém, com pessoas que não apenas sobrevivem do lixo – único aspecto que normalmente interessa à mídia –, mas que, indiferentes à indiferença do poder público, vivem com dignidade e até mesmo com uma certa alegria.

A geografia e suas histórias

Filmar o que existe é filmar a palavra em ato, o presente dos acontecimentos e a singularidade dos personagens, sem propor explicações ou soluções. Esses são os princípios de sua metodologia, acrescido de mais um, nos seus trabalhos mais recentes: filmar em um espaço restrito, a favela (Santa Marta, Parque da Cidade, morro da Babilônia), o lixão de São Gonçalo (*Boca de lixo*). Nos últimos anos, a geografia espacial tornou-se fundamental para a realização dos filmes, o que de imediato impõe determinadas linhas ao que vai ser filmado, acentuando o caráter imanente das imagens. É o princípio da "locação única", como define Coutinho, que permite estabelecer relações complexas entre o singular de cada personagem, de cada situação e algo como um "estado de coisas" que vivemos hoje. Como falar de religião no Brasil? Percorrendo o país inteiro? Como falar da favela? Filmando várias? A abordagem de Coutinho não deixa dúvidas: filmar em um espaço delimitado e, dali, extrair uma visão, que evoca um "geral", mas não o representa, não o exemplifica, mas nos diz imensamente sobre o Brasil. "Ou tem filme ali, naquele lugar, ou não tem", o que implica riscos, mas já imprime uma outra densidade ao filme. Partindo da geografia, a história e a memória ganham uma outra substância, ligadas à terra, às pessoas, a suas fabulações, aos encontros, misturadas ao cotidiano.[6] As marcas de diferentes passados coexistem com o presente, sem que sejam estabelecidas relações de causalidade ou de sucessão entre o que está sendo mostrado. Há uma superposição não-cronológica das histórias, um cruzamento das violências cometidas contra os pobres – a maioria negra – no passado e as de hoje. O trabalho mal pago, as atividades mais duras, o desemprego, o desprezo e o preconceito de hoje convivem com marcas da escravidão, miséria e humilhações passadas. Da mesma forma, as pequenas liberdades, os pequenos movimentos de criação, "como outras tantas escapatórias e astúcias, vindas de 'imemoriais inteligências'"[7], aparecem na imagem. É, pois, um cinema do presente, mas um presente impuro, que deve ser entendido em um sentido mais amplo, não apenas o presente instantâneo da atualidade, mas o da rememoração ou evocação. Um presente que ao ser registrado pela câmera revela o trabalho do tempo e a coexistência de diferentes fluxos da vida naquele momento.

---

6. Em *Qu'est-ce que la philosophie?* (Paris, Les Editions de Minuit, 1991), Gilles Deleuze defende a aliança da filosofia com a geografia, para retirar a história de suas estruturas fixas e traçar linhas de fuga. A filosofia é, diz Deleuze, uma "geofilosofia". Em português: Gilles Deleuze e Félix Guattari, *O que é a filosofia?*
7. Luce Giard, "Apresentação" In: CERTEAU, Michel, Rio de Janeiro,Vozes, p. 19.

Ater-se à geografia e ao momento da filmagem são, para Coutinho, a "prisão" que ele constrói para que o filme se faça. Diz:

> [...] fazer uma adaptação de um livro... Hoje eu não quero nem ouvir falar disso porque [...] já entro vencido, tenho que corresponder no cinema à grandeza do livro do Graciliano. [...] não quero a prisão de começar da grande obra, eu construo a minha prisão. A prisão que eu construo é o seguinte: vou filmar num lugar só, vou conversar com pessoas, não vou fazer cobertura visual [...] Você constrói os limites em que você quer trabalhar.[8]

A palavra em ato ou a fabulação

Como fazer frente à imensa saturação na utilização da palavra na televisão (entrevistas, "povo-fala", enquetes...)? Como extrair a palavra do oceano de clichês em que ela submerge a todo momento? É o próprio processo de filmagem que faz que os filmes de Coutinho resgatem uma vitalidade dos depoimentos. Ele dá tempo a seus personagens de formularem algumas idéias sobre suas vidas e efetivamente os escuta. Faz poucas perguntas, mas obtém respostas que surpreendem cineasta e personagens. Tem-se a nítida impressão que muitos estão pensando certas coisas pela primeira vez, ali diante da câmera. Como se até então não tivessem tido tempo para tal. Em um certo sentido, há, nos seus filmes, uma dimensão analítica: a análise é particularmente o lugar da escuta. E talvez o que mais falte na atual produção incessante de imagens, palavras, sons, informações é justamente uma escuta que possa pontuar e dar algum sentido à fala dos personagens, para que a palavra não sucumba ao silêncio

8. Eduardo Coutinho, Entrevista, *Cinemais, revista de cinema e outras questões audiovisuais,* n. 22, 2000, p. 59.

que o mundo tenta condená-la. De fato, em muitos momentos, algo se constrói entre a palavra e a escuta que não pertence nem ao entrevistado nem ao entrevistador. É um contar em que o real se transforma num componente de uma espécie de fabulação, em que os personagens formulam algumas idéias, fabulam, se inventam, e assim como nós aprendemos sobre eles, eles também aprendem algo sobre suas próprias vidas. É um processo no qual há um curto-circuito da pessoa com um personagem que vai sendo criado no ato de falar.[9]

Se a filmagem é o que possibilita o surgimento dessa palavra, o processo de montagem é também essencial para mantê-la singular. Não há, em nenhum momento, uma generalização, uma classificação. Primeiro, porque as pessoas que falam não são exibidas como exemplos de nada. Não são tipos psicossociais – "o morador da favela", "o catador de lixo", "o crente" – não fazem parte de uma estatística, não justificam nem provam uma idéia central. Enfim, não são vistas como parte de um todo. Segundo, porque os depoimentos muitas vezes se contradizem, apontando para um mundo heterogêneo, com direções múltiplas. Em *Boca de lixo*, enquanto uma catadora de lixo prefere muito mais estar no lixão do que trabalhando em "casa de família" – "Não gosto de ser mandada" –, outra acha que muita gente trabalha ali "porque é relaxado, não tem coragem de pegar um ônibus e procurar emprego, porque prefere comer fácil porque aqui tem batata, tem de tudo pra se comer". Uma terceira diz que "ninguém come nada dali não, vocês botam no jornal e quem vê pensa que é para a gente comer, não é". Em *Babilônia 2000*, uma senhora, dona Conceição, conta que trabalhava em casa de família, "casa

9. É Gilles Deleuze quem retoma, no capítulo "Les puissances du faux", em *L'Image-temps*, Paris, Les Éditions de Minuit, 1985, o conceito de fabulação de Henri Bergson para abordar os filmes de Jean Rouch e Pierre Perrault. Em português: Gilles Deleuze, As potências do falso, p. 155-188.

de exploração", para no momento seguinte dizer que a patroa era muito boa, "me vestia, me botava bonitinha para ir dançar".

O que acontece com o personagem de dona Elisabeth, no filme *Cabra marcado para morrer*, é absolutamente revelador desse processo de fabulação que "libera" o personagem de uma militante combativa nessa viúva de um líder camponês assassinado pela repressão, ambos protagonistas anônimos de acontecimentos recusados pela história oficial. Depois da morte anunciada de seu marido, essa mãe de vários filhos decide desaparecer. Coutinho e sua equipe tentam encontrá-la seguindo algumas pistas. O filme expõe todo esse processo, que se faz sobretudo a partir de depoimentos. Dona Elisabeth é finalmente encontrada pelo filme e faz um inusitado encontro com uma dimensão da sua vida que talvez estivesse esquecida. Ela se escondeu durante 16 anos num vilarejo perdido no Nordeste, onde ninguém conhecia sua verdadeira identidade até a chegada de Coutinho. Uma circunstância faz com que ela conte duas vezes a mesma história, sua história, dela, de seu marido e de seus filhos, mas de forma inteiramente diferente. Na montagem, Coutinho mantém habilmente as duas versões, criando uma das mais belas seqüências do filme.

Na primeira entrevista, ela está ao lado do filho mais velho, que a pressiona para contar o que ele acha "contável". Ela está visivelmente constrangida por essa presença repressora. Da segunda vez, seu filho não está mais lá. É ela quem de fato pede à Coutinho para refazer a entrevista. "Eu não estava bem, estava muito emocionada." Sua palavra encontra então uma vitalidade incomum para nós espectadores. Ela se transforma pouco a pouco diante da câmera e dos moradores da localidade que assistem ao depoimento. Há então uma operação de autoformulação, de se reinventar a partir de fragmentos de sua vida, entrando no registro fabulatório. Ela se solta, faz expressões, olhares, gestos, encarnando o personagem da mulher corajosa que efetivamente foi. Talvez não daquela maneira, mas o que importa é o que acontece com ela no interior do filme: uma metamorfose vigorosa. Quando a equipe deixa a cidade, vemos ainda essa senhora ao lado do carro falando entusiasmadamente com Coutinho: "Democracia sem liberdade não é possível", "a luta não pode parar". Vontade de falar mais, de contar mais uma história.

Em *Santa Marta*, os personagens que sofrem essa transformação são aqueles que voltam várias vezes à imagem. É o caso de uma moradora negra do morro Santa Marta. Ela se apresenta à equipe depois de ler um cartaz fixado na porta de um barraco, convidando os moradores a dar um depoimento sobre violência.

> Eu nasci no morro [...] Eu não me lembro da vida dos meus pais, que quando eu nasci, eles já estavam aqui, eu não tive tempo nem de perguntar como é que eles vieram ou deixaram de vir, não tinha diálogo [...] Minha mãe não ligava muito para mim, mas eu não ligava, minha mãe era minha mãe, eu sou eu, eu tinha que viver, tinha que correr atrás dos meus prejuízos. [...] Saí fora, fui embora [...] 12 anos [...] Fui morar com um homem que nem valeu a pena, sabe? [...] Aí aconteceu o que aconteceu, me encheu de um montão de filhos, me deu duas facadas e saiu fora, então eu já acho que isso tudo já é violência [...] e ele me fez violenta também. O homem lá de casa tem que sair na mão todo fim de semana, entendeu? Todo fim de semana tem de brigar mesmo. Bebe muito, quer me agredir, eu não vou dar mole, agrido também. Eu sei que sai muita violência. Inclusive na semana passada acho que eu dei duas facadas na mão dele, porque ele veio me dar uma facada, eu disse que ele não me daria. Como eu ganhei de um, acho que ele queria acabar de me matar, né? [...] Só beber cachaça que começa a lutação, parece um campo de luta lá em casa. A gente briga todo dia se puder. Beber cachaça, vem me agredir eu bato também [...] Mas sem beber ele é maravilhoso. É uma pessoa ótima.

Essa moça fala ainda de outros assuntos como filhos, trabalho, morar no morro, racismo. No entanto, a força ou a "verdade" do que ela diz não se encontra necessariamente no que está sendo contado, mas no próprio ato de contar, na forma como ela se expressa, nos gestos, olhares, nos silêncios da conversa, na construção das frases, nas palavras utilizadas.

É, porém, em *Santo forte* que a aposta em uma palavra que fabula mais se radicaliza em função mesmo do tema centralmente abordado, qual seja a forma como os moradores da comunidade da Vila Parque da Cidade, no Rio de Janeiro, vivem no cotidiano a religião. A religião permite às pessoas falarem das suas vidas, do trabalho, das relações afetivas, filhos e maridos, e propicia uma fabulação extremamente fértil que nos faz experimentar a possibilidade de invenção e a força ficcional existente em todos nós. Diz Coutinho:

> A religião foi fantástica, não creio que volte a fazer um filme tão ficcional quanto este. As pessoas gostam do filme porque todo mundo quer o imaginário, o delirante, o maravilhoso, a ficção em estado puro. Talvez seja a coisa da religião, que é um salto para a ficção. Você não pode mais dizer o que é verdade ou mentira. Você tem uma preta velha que conversa com você [...] é verdade; passa a ser verdade [...] tem um teor ficcional. [...] Eu não trabalho com mitômana, eu não trabalho só com a "verdade", mas não com mitômana. [...] Eu estou no nível em que a verdade e a mentira se confundem, mas não na mentira total, factual.[10]

De uma certa maneira, *Santo forte* intensifica aspectos de outras obras de Coutinho, mas se diferencia pela temática. O próprio título já aponta para essa diferença, não fornecendo informações "geográficas" como em *Santa Marta, Boca de lixo* e

10. Eduardo Coutinho, Entrevista, *Cinemais*, n. 22, p. 31-72.

Babilônia 2000. Se a fabulação já está presente em seus outros filmes, em *Santo forte* há um reencontro com a própria origem do conceito, tal como foi formulado por Henri Bergson.[11] Fabular, de acordo com ele, é da natureza humana e está na origem das religiões e da arte. É uma aptidão do homem que entra em atividade a partir do momento que se vê obrigado a ter de explicar o que lhe apavora, o que lhe mete medo. Nesse momento, surgem potências religiosas que podem se manifestar de forma simples ou sofisticada, como os deuses gregos.

Em *Santo forte*, vemos essas histórias encantadas de alegria e de temor serem contadas e fazendo parte indissociavelmente daquele cotidiano. Os deuses dos personagens de Coutinho são absolutamente materiais, habitam nosso mundo, são vulgares, vingativos, compráveis, generosos, piedosos. Sem insistir na idéia de sincretismo ou hibridez, o que se dá no dia-a-dia na Vila Parque da Cidade está para além de qualquer tentativa de classificação, pois acontece, a cada depoimento, de forma singular. A impureza é da ordem do pessoal e intransferível quando se trata de articular santos, entidades, Jesus, demônios, anjos, personagens históricos e de passar de uma igreja à outra. A descrição que uma das entrevistadas faz dos espíritos que vieram visitá-la – Vovó Cambinda e José Bonifácio, entre outras "divindades" – é exemplar desse emaranhado religioso na vida dessas pessoas. A ortodoxia religiosa nada pode frente a esse cotidiano povoado por deuses e monstros. Assim como a descrição inusitada de uma moça – que se define como "atéia" – dos espíritos que costuma ver em torno da mãe, e do que ela pede nesses momentos: passar de ano, ganhar presente. Enfim, a vida religiosa é de uma materialidade

11. Henri Bergson formula esse conceito em *Les deux sources de la morale et de la religion*. Deleuze, como afirmei antes, o retoma para expor transformações substanciais no campo do documentário dos anos de 1960 em diante. Gilles, Deleuze, As potências do falso.

espantosa, com histórias que ajudam a viver e explicam, muitas vezes, essas existências precárias – "fui uma rainha do Egito muito má e hoje estou pagando" –; nesse sentido não deixam de ter a dimensão "ópio do povo" tão propagada pela esquerda brasileira nos anos de 1960, e tão criticada nos documentários dessa década. Mas "o ópio do povo" faz parte de uma complexa realidade, em que não é possível separar vida e crença nem ignorar as linhas de fuga de um cotidiano árduo obtidas nessas fabulações.

Nas interações que estabelece com os entrevistados, Coutinho não escamoteia a diferença. Diz ele:

> O fundamental é o seguinte: não pode ser nem de baixo para cima nem de cima para baixo. O grande problema é a relação que você tem com o outro na filmagem. A primeira coisa é estabelecer que somos diferentes [...] só a partir de uma diferença clara é que você consegue uma igualdade utópica e provisória nas entrevistas. Quando me dizem: as pessoas falam para você. Sim, falam, e eu acho que é por isso: porque sou o curioso que vem de fora, de outro mundo e que aceita, não julga. A primeira coisa, a pessoa não quer ser julgada. A pessoa fala, e se você, como cineasta, diz: essa pessoa é bacana porque ela é típica de um comportamento que pela sociologia... aí acabou. [...] o essencial é a tentativa de se colocar no lugar do outro sem julgar, de entender as razões do outro sem lhe dar razão. Cada pessoa quer ser ouvida na sua singularidade. Eu tento abrir dentro de mim um vazio total, sabe?[12]

Babilônia 2000 ou a arte da superfície

Em *Babilônia 2000*, Coutinho impôs algumas modificações na sua forma de filmar. Decide, em função mesmo da natureza do projeto – filmar a passagem do ano 1999-2000 no morro da

12. Eduardo Coutinho, Entrevista, *Cinemais*, p. 65.

Babilônia –, dividir a filmagem com outras quatro equipes. O que pode sugerir a seguinte pergunta: o que se passa com a autoria de um documentário feito de imagens técnica e esteticamente heterogêneas, com vozes e entonações diferentes elaborando questões desiguais? O que faz essa diversidade ser, afinal, um filme de Eduardo Coutinho? A lei antropofágica – "só me interessa o que não é meu"– pode fornecer uma pista: filmar outras experiências de mundo para além das nossas, filmar o outro, parece ser, no cinema, o que desde sempre atraiu Coutinho. Multiplicar as equipes, os pontos de vista sobre o mundo a ser filmado, interagir com os personagens de várias formas, mesmo se nada disso tenha sido pensado *a priori*, intensificou esse movimento de sair de si, atingindo dessa vez a própria figura do diretor-autor, que se fragmentou, se deslocou, descentralizando uma onipresença até então natural.

Nessa filmagem, ao princípio espacial da *locação única* (morro da Babilônia), somou-se um princípio temporal – realizar as filmagens em menos de 24 horas – e um princípio técnico/econômico – utilizar indiscriminadamente diferentes tecnologias digitais. Para Coutinho, se houvesse filme, ele teria de surgir dessa limitação espaço-temporal-tecnológica, dessa *prisão*, o que implicou em muitas tensões e alguns riscos. O maior deles foi, em função do tempo de filmagem, o da superficialidade. Pois, em um certo sentido, *Babilônia 2000*[13] é quase oposto à *Santo forte*, que coloca em cena 13 personagens, selecionados previamente depois de uma longa pesquisa e montados em longos depoimentos. As diferenças entre os dois processos de filmagem nos permi-

13. Não houve praticamente pesquisa específica para *Babilônia 2000* (cerca de uma semana), mas eu tinha realizado um documentário no morro em torno da história e do cotidiano das favelas do Chapéu Mangueira e da Babilônia (*Chapéu Mangueira e Babilônia: histórias do morro*, 1999), o que me permitiu conhecer boa parte dos moradores e facilitou nosso acesso no dia da filmagem.

tem, para além de qualquer julgamento de valor, vislumbrar as qualidades de um diretor que se permite tantas modificações em um curto espaço de tempo. Não que tudo se mova, mas há permanências e mudanças que são interessantes de serem apontadas.

Babilônia 2000 reúne muito mais personagens do que *Santo forte*, com intervenções diferentes. Um personagem como "People", por exemplo, citado no início desse artigo, tem apenas uma rápida participação, mas o que ele nos diz faz ressoar algo fundamental no filme, que é a vontade de falar e a força inventiva no uso da língua. Há personagens com os quais temos um contato bem mais longo, como é o caso de dona Djanira, que conheceu Juscelino Kubitschek no "triplex" onde trabalhava, que lembra da história da mãe que "engomava o pai para ir para farra, pois o homem é da rua", mas diz que com ela não, ela não aceitaria uma situação assim, "nana-nina-não". A filha Cidinha fala de sua educação "elegante", "fui criada nesse estilo, compreende? Vestidinha, limpinha, cheirosinha...". As imagens da câmera que acompanhou Coutinho possuem uma estabilidade maior, uma qualidade mais "apropriada", com poucos movimentos de câmera, enquanto as que foram realizadas pelas outras equipes são perpassadas por uma instabilidade de base, estão sempre em movimento, perdem o foco em muitos momentos. Diferenças técnicas/estéticas muitas vezes imperceptíveis para o espectador e completamente desprezadas por Coutinho durante o processo de montagem. O que conta é a força dos personagens, como é o caso de Carolina, faxineira, mãe de duas belas filhas, que nunca ficou sozinha, que a bagunça da casa lembra "a de Charles Chaplin", que pinta o cabelo ao mesmo tempo em que prepara a ceia, que manda roupas para "o Nordeste porque lá é muito pobre"; ou Roseli, que descasca batatas na porta de casa, e descreve sua relação com a comunidade da seguinte maneira: "nós fomos criadas aqui, nós nascemos aqui, nós não somos mais produtos do meio, mas fomos criadas no meio e não esquecemos o meio. A gente não vive mais no meio, eu e ela, mas meus pais moram aqui". Do seu modo, faz uma análise da religião no Brasil, descreve o que seria um país melhor, mostra a casa. Dois depoimentos longos e complexos com personagens entrevistados totalmente ao acaso, sem qualquer contato prévio.

Eis alguns exemplos que indicam como a idéia de superficialidade, de superfície ganha, nesse filme, um outro sentido, radicalmente positivo. Um corte em profundidade não é necessariamente mais revelador do que a superfície, plena de sinais de vida, dor, saúde, doença. A radiografia informa, mas um bom médico pode diagnosticar pela cor da pele, pelos olhos, por efeitos na superfície do corpo e também pelo que é dito, pela linguagem.

Babilônia 2000 é resultado de um dispositivo, criado por Coutinho, frágil, mas absolutamente fecundo e libertador para quem quer fazer cinema. Mostra que é possível se transformar a cada filme, mantendo, no entanto, alguma coisa. Não uma idéia, um tema, um modo de fazer, mas um certo movimento que faz do cinema uma arte cada vez mais impura, aberta ao mundo, à diferença, ao imponderável, ao presente.

Leon Hirszman: em busca do diálogo

Arthur Autran

De fato, a realidade da dor e da perda não toma parte de simulação alguma e é o que constitui a diferença de importância crucial entre a representação e a realidade histórica. Fazer com que esta diferença seja acessível para sua consideração não está além do poder do documentário.

Bill Nichols, *La representación de la realidad.*

Introdução

A atividade de Leon Hirszman como documentarista foi contínua desde o início até o final da sua carreira como diretor, resultando numa obra relativamente extensa para os modestos padrões de produção do cinema brasileiro. No total sua filmografia no campo do documentário é composta por seis curtas-metragens: *Maioria absoluta* (1964), *Nelson Cavaquinho* (1969), *Megalópolis* (1974), *Ecologia* (1974), *Partido alto* (1976-1982) e *Rio, Carnaval da vida* (1977); por três séries: *Cantos do trabalho* (1975-1976), *Imagens do inconsciente* (1983-1986) e *Que país é este?* (1977); por dois longas-metragens concluídos postumamente: *ABC da greve* (1979-1990) e *Bahia de todos os sambas* (1984-96, co-dirigido por Paulo César Saraceni) e um audiovisual finalizado em vídeo também após o falecimento do cineasta: *Cinema brasileiro: mercado ocupado* (1975-1995). Além disso, há registros de três filmes inacabados: *Minoria absoluta* (1964), *Caetano/Gil/Gal* (1969) e *A emoção de lidar* (1985).[1]

Para a composição deste ensaio optamos por selecionar filmes que representassem momentos distintos não apenas da obra de Leon Hirszman, mas também do próprio documentarismo brasileiro. São eles: *Maioria absoluta, Nelson Cavaquinho, Partido alto* e *Imagens do inconsciente.* Evidentemente o aspecto estético pesou na escolha, pois acreditamos que estes são os documentários artisticamente mais instigantes do diretor.[2]

O eixo do ensaio baseia-se na idéia de que os quatro filmes representam três modelos diferentes presentes no documentarismo brasileiro: a) o modelo "sociológico", representado por *Maioria absoluta*; b) o modelo "antropológico", representado por *Nelson Cavaquinho* e *Partido alto*; c) o modelo "estrutural", representado por *Imagens do inconsciente.*

Os nomes dos modelos não devem ser tomados a ferro e fogo pelos leitores, eles servem antes para dar uma idéia das perspectivas dos filmes do que propriamente para caracterizá-los conceitualmente nos quadros da sociologia, da antropologia ou do estruturalismo.

A divisão, especificamente em relação ao primeiro modelo, retoma a proposta de Jean-Claude Bernardet em *Cineastas e imagens do povo*, cujo nome e caracterização geral foram emprestados deste autor.[3] O nome do segundo modelo também foi proposto por Jean-Claude Bernardet em conversas, mas eu é que esbocei a caracterização. Finalmente, o nome e a caracterização do terceiro modelo são de minha integral responsabilidade.

---

1. A filmografia completa do diretor está compilada em: Leon Hirszman, *É bom falar*, p. 87-97.
2. Não foi possível assistir a *Rio, Carnaval da vida* e *Que país é este?*.
3. Jean-Claude Bernardet, . *Cineastas e imagens do povo: uma aventura documentária no Brasil, 1960-1980*, p. 11-48.

Modelo "sociológico": *Maioria absoluta*

Maioria absoluta foi filmado por Leon Hirszman no segundo semestre de 1963, mas sua finalização só ocorreu após o golpe militar de 1964; além disso a fita ficou proibida pela censura até 1980.[4] Segundo Helena Salem, o término de *Maioria absoluta* decorreu num "clima de semiclandestinidade".[5]

Leon Hirszman, no momento da realização de *Maioria absoluta*, partiu do pressuposto do artista-intelectual como demiurgo das vontades e dos interesses populares, daí decorrendo a necessidade da obra de arte ser instrumento de conscientização popular. Tal posição era programática por parte da esquerda nacionalista, que, no período anterior ao golpe militar, entendia o Brasil como um país caminhando em direção à etapa da revolução burguesa e, posteriormente, à etapa da revolução socialista. O Centro Popular de Cultura (CPC), braço cultural da União Nacional dos Estudantes (UNE), tinha toda a sua atividade marcada por esta diretriz.

Apesar de não ser financiado pelo CPC, o filme foi muito marcado pela entidade. No nível temático, a influência é aferida pela abordagem do analfabetismo – um problema que afeta amplas camadas do povo; no nível político, pelo apoio às reformas de base do governo João Goulart; no nível ideológico, pela expressão do nacional-popular e até na própria formação da equipe, pois, além de Leon Hirszman, temos David Neves, Arnaldo Jabor e Ferreira Gullar, que militavam no CPC e trabalharam na produção.

Trata-se do segundo filme brasileiro inscrito no quadro do Cinema Direto,[6] que então atravessava o seu auge nos Estados

4. Leon Hirszman, *op. cit.*, p. 30.
5. Helena Salem, *Leon Hirszman – o navegador de estrelas*, p. 152.
6. O primeiro documentário no Brasil a inserir-se no Cinema Direto foi o longa-metragem *Garrincha, alegria do povo* (Joaquim Pedro de Andrade); entretanto, pelo fato da produção não ter utilizado equipamentos ade-

Unidos, na França e no Canadá, considerados os três principais países produtores deste tipo de documentário por Gilles Marsolais.[7]

Maioria absoluta inicia-se com planos de adultos sendo alfabetizados nos quais só vemos a silhueta das pessoas, pois tudo está à meia-luz devido à utilização de transparências projetadas com sílabas. A locução já aqui se faz presente, explicando que o tema do filme é o analfabetismo e se pretende investigar quais as suas causas através da opinião das "pessoas que vivem em diferentes níveis o problema brasileiro".

Em seguida são apresentados cinco depoimentos: uma moça na praia declara que não há crise no Brasil; para um homem deitado na praia e com a mão sobre uma mulher o problema é a falta de moral e por isso o único artigo da Constituição deveria ser a exigência de todo brasileiro ter "vergonha na cara"; uma senhora sentada no sofá da sala vê na indolência do povo a grande questão; um jovem de óculos acha que os semi-analfabetos não podem votar, pois lhes falta orientação para um "bom voto" e, finalmente, temos uma voz *off* masculina que acredita na "importação" de "gente honesta" da Inglaterra, Alemanha, Holanda e Estados Unidos como a saída para o Brasil – aqui as imagens de cobertura compreendem massas de populares passando por catracas numa estação de trem.

O locutor se fez presente entre os depoimentos, mas de forma discreta e com a função essencial de ligá-los, sem interpretar nada até este momento. Então, sobre imagens de feira popular, nas quais se destaca a figura de um vendedor que anuncia a sua garrafada como remédio para dor de cabeça e

---

quados, os registros com som sincrônico frustraram-se. Ver NEVES, David. A descoberta da espontaneidade (breve histórico do Cinema Direto no Brasil)". In: Flávio Moreira da Costa, *Cinema Moderno*, p. 256-259.

7. Gilles Marsolais, *L'Aventure du cinéma direct revisitée*, p. 13.

constipações, entre outros males, a locução volta e desta feita com forte apelo interpretativo: "Os problemas são muitos e muitas as opiniões. Contra a sífilis, a dor de barriga e a queda de cabelos há quem recomende o mesmo remédio, a garrafada. E contra o analfabetismo? As doenças, como os males sociais, têm causas, e é por desconhecê-las que se buscam remédios milagrosos, soluções absurdas, apenas para escapar à realidade cujo peso nos oprime".

O constructo fílmico até aqui elaborado, cujo principal alicerce é a locução, opera de forma a desqualificar tudo o que foi dito anteriormente pelos entrevistados, pois o locutor equipara o nível de conhecimento deles sobre a questão social com o nível de conhecimento sobre medicina do vendedor de garrafada. A desqualificação em alguns casos é reforçada pelas imagens vistas quando dos depoimentos: a moça que acha não haver crise ri de tudo e parece fútil, já o defensor da "vergonha na cara" tem um ar boçal e está refestelado com a mão sobre uma mulher de biquíni. Dificilmente pode ocorrer ao espectador discordar do locutor e concordar com os depoentes, pois, segundo Jean-Claude Bernardet: "Ele [o locutor] é a voz do saber, de um saber generalizante que não encontra sua origem na experiência, mas no estudo de tipo sociológico: ele dissolve o indivíduo na estatística, e diz dos entrevistados coisas que eles não sabem a seu respeito".[8]

E visando qualificar claramente as bases do modelo "sociológico" de documentário, o ensaísta afirma:

> O que informa o espectador sobre o "real" é o locutor, pois dos entrevistados só obtemos uma história individual e fragmentada, pelo menos quando se concebe o real como uma construção abstrata e abrangente. Estabelece-se, então, uma relação entre os en-

8. Jean-Claude Bernardet, *op. cit.*, p. 13 (grifo do autor).

> trevistados e o locutor: eles são a experiência sobre a qual fornecem informações imediatas; o sentido geral, social, profundo da experiência, a isto eles não têm acesso (no filme); o locutor elabora, de fora da experiência, a partir dos dados da superfície da experiência, e nos fornece o significado profundo. Essa elaboração não se processa durante o filme, nem nos é indicado o aparelho conceitual que a rege, nem donde vem esse locutor de que só sabemos que está ausente da imagem. De forma que a relação que acaba se estabelecendo entre o locutor e os entrevistados é que estes funcionam como amostragem que exemplifica a fala do locutor e que atesta que seu discurso é baseado no real.[9]

Embora o trecho acima se refira a *Viramundo* (Geraldo Sarno), a aplicação da idéia de modelo "sociológico" é plenamente cabível para *Maioria absoluta*, conforme já indica o próprio Jean-Claude Bernardet.

Maioria absoluta, tal qual o Cinema Direto norte-americano ou francês, objetiva constituir-se, utilizando as palavras de Brian Winston, como "inscrição científica". Ou seja, os realizadores entendem estar apresentando para os espectadores aspectos da realidade que podem ser comprovados pela imagem e pelo som. Acredita-se no cinema como um instrumento capacitado a representar plenamente o mundo.[10] Porém, devemos assinalar uma diferença radical do documentário latino-americano dos anos de 1960 em relação aos seus contemporâneos nos Estados Unidos ou na França: trata-se da utilização recorrente da locução e com um grande poder de intervenção a ponto de legitimar, sublinhar ou desqualificar os depoimentos mostrados.

Vimos a desqualificação do filme com relação às opiniões de pessoas que genericamente poderíamos classificar como per-

---

9. *Ibidem* (grifo do autor).
10. Brian Winston, The documentary film as scientific inscription, p. 37-42.

tencentes à classe média urbana. Então de que lado o filme se pretende engajado?

Observemos a continuação da locução, ainda tendo como cobertura as imagens da feira popular: "O analfabetismo não existe por acaso. Nos grandes centros urbanos, onde é mais alta a renda e menor o índice das doenças, há menos analfabetos. É nas pequenas cidades e povoados, onde a média de vida é mais baixa, que o analfabetismo alcança percentagens esmagadoras. [...] Passemos a palavra aos analfabetos, eles são a maioria absoluta".

A "voz do saber" continua a exercer sua função básica, dar informações e explicações generalizantes, e ainda autoriza outra parcela da população a falar, no caso os camponeses analfabetos.

Como indica Jean-Claude Bernardet, a palavra é "outorgada" aos camponeses, mas lembremos que não só a eles, também para a classe média no início do filme a palavra foi "outorgada". A partir daí teremos uma série de depoimentos progressivamente expressivos em termos de atuação do entrevistado e da sua articulação verbal.

Os dois primeiros depoimentos são de mulheres, uma explicando a doença do homem ao seu lado que não pode falar e a outra falando sobre a sua miséria econômica. Os planos são contundentes, pois no primeiro caso o homem apenas emite ruídos desarticulados e treme sem conseguir controlar-se, no segundo a mulher está debaixo de uma palhoça paupérrima e sua condição de abandono é reforçada por isso.

A locução volta fornecendo dados sobre a falta de escolas, afirma que o analfabetismo se concentra nas habitações pobres e não nas construções das grandes cidades e conclui: "Da penumbra ele [o analfabetismo] espreita as suas vítimas, como a doença de Chagas, a verminose e a fome".

Os planos de cobertura neste momento são particularmente fortes ao mostrar uma casa miserável. Inicialmente, há uma câmera na mão que se movimenta para frente enquadrando um camponês dentro de casa, sai dele e desloca-se para outro cômodo cujo teto está completamente vazado. Temos ainda um plano com a câmera na altura do teto, reforçando a descrição anterior; através de uma panorâmica lateral desnuda-se a precariedade da casa e a absoluta ausência de objetos. O último plano dentro da casa circula pelo chão de terra e pelas paredes de forma a reforçar a última frase do locutor, até porque se liga com a idéia dos vermes estarem na terra e do barbeiro – o transmissor da doença de Chagas – esconder-se nas frestas daquele tipo de casa.

Esta é a segunda vez que a locução de *Maioria absoluta*, para discutir o analfabetismo, acaba por compará-lo com doenças. E a insistência no paralelo não está só na locução, pois no final da seqüência da feira livre há um plano médio de um ancião de saúde debilitada e logo após os planos já referidos do homem que treme o tempo todo. Ou seja, na construção fílmica aí articulada, as moléstias de saúde e os males sociais são problemas interligados, ambos causados numa primeira instância pela extrema pobreza dos camponeses nordestinos.

A pobreza fica claramente dimensionada a seguir: numa das entrevistas mais expressivas, temos um homem com a camisa aberta enquadrado na altura dos joelhos e que anda de um lado para o outro gesticulando e gritando a respeito da falta de alimentação e das suas conseqüências desesperadoras.

Após a locução informar que só se planta comida em 3% das terras cultivadas do Brasil, estão montados os depoimentos explicativos sobre os motivos da pobreza, da fome e do analfabetismo. Ou seja, vai se caracterizar quem explora os camponeses. Temos dois homens que reclamam do fato de trabalharem apenas para o senhor de engenho sem direito a nada, já outro camponês, enquadrado junto de várias pessoas, todas usando roupas esfarrapadas, com o canavial por trás, afirma trabalhar para "esses homens" e não ter conseguido nem registrar os filhos.

Finalmente, pois, o espectador foi informado de quem é a culpa mais diretamente pela situação em que se encontram os camponeses nordestinos, ou seja, esfaimados, doentes e analfabetos: a culpa é dos latifundiários.

Aos depoimentos seguintes caberá a função de amplificar as denúncias contra os latifundiários: uma mulher com filho pequeno no colo foi obrigada a sair o mais depressa possível da casa em que morava; o senhor sem dinheiro nem para comprar sapatos; e a última e eloqüente entrevista de um homem que sente vergonha, pois não tem dinheiro para comprar farinha destinada à alimentação da sua família.

Neste último bloco de depoimentos, mais do que nos anteriores, evidencia-se a observação de Bill Nichols, para quem "o documentário organiza os cortes dentro de uma cena para dar a impressão de que há uma argumentação única e convincente na qual podemos situar uma lógica determinada".[11]

De repente algo surpreendente dentro de uma estrutura tão redonda como a de *Maioria absoluta*: imagens aéreas de Brasília, destacando-se o Congresso Nacional, e no som o burburinho intenso de uma sessão parlamentar sugerindo grande confusão. Na banda sonora temos ainda o seguinte texto: "Dos 40 milhões de brasileiros analfabetos, 25 milhões maiores de 18 anos estão proibidos de votar. No entanto, eles produzem o teu açúcar, o teu café, o teu almoço diário. Eles dão ao país a sua vida e os seus filhos, e o país, o que lhes dá?" Um grito clamando "Atenção!" destaca-se no burburinho por sobre a imagem congelada do Congresso Nacional. Nenhum congressista é entrevistado sobre o tema do filme, trata-se tão-somente da perspectiva do realizador que vê uma das causas da manutenção do analfabetis-

11. Bill Nichols, *La representación de la realidad*, p. 50.

mo na falta de objetividade dos políticos preocupados apenas em bater boca.

O final de *Maioria absoluta* é constituído por planos abertos de camponeses caminhando próximo a canaviais, muitas vezes carregando instrumentos de trabalho. Na banda sonora uma música entoada que transmite tristeza e a última intervenção do locutor: "O filme acaba aqui, lá fora a tua vida, como a desses homens, continua".

Chama atenção nesta última seqüência a existência da reflexividade, ou seja, do filme assumir-se enquanto tal, pois se trata de algo pouco comum nos documentários brasileiros anteriores a 1968.

Maioria absoluta engaja-se obviamente em favor dos camponeses e contra os latifundiários, mas, como observou Jean-Claude Bernardet, o filme dirige-se à classe média no sentido de conscientizá-la sobre as condições de vida dos camponeses e de levá-la a atuar apoiando o voto dos analfabetos e a campanha de alfabetização do governo João Goulart.[12] A frase final da locução confirma esta interpretação, pois convoca os espectadores de classe média a agir.

Mas é possível ver impasses na última seqüência. O forte tom melancólico desta, transmitido pela música e pela composição das imagens – entardecer com homens solitários no meio da amplidão dos canaviais – permite-nos interpretar a intervenção final do locutor também como o reconhecimento dos limites do filme. Este forneceu dados, interpretou-os "sociologicamente" e apontou a solução. Cabe ao espectador agir, mas isto não quer dizer que obrigatoriamente o espectador vá fazê-lo e há o reconhecimento de tal limitação. Não deve ser estranho ao clima melancólico final o fato de que quando o filme foi terminado o governo João Goulart já havia caído.

12. Jean-Claude Bernardet, *op. cit.*, p. 36-38.

Jean-Claude Bernardet ainda afirma:"A solução da injustiça, espera-se que venha de nós [classe média], eventualmente das autoridades, e do voto camponês, mas não se vislumbra em momento algum esses homens se organizando, lutando, tomando em mão a ação que levaria à transformação de sua situação".[13]

Sem discordar desta interpretação, proporemos uma outra análise sobre a participação dos camponeses em *Maioria absoluta*.

É inegável que os populares mostrados no filme têm na sua grande maioria clareza da opressão à qual estão submetidos e mesmo de como essa opressão se articula. Tal postura da parte do realizador não era programática nos documentaristas brasileiros; como contraste, basta comparar *Maioria absoluta* com *Viramundo* se quisermos ter uma demonstração de como o povo é ingênuo, no melhor dos casos, quando não francamente reacionário. Ao nosso ver, existe em *Maioria absoluta* uma tensão não resolvida entre o desejo do cineasta de apresentar um certo "conhecimento popular", representado nas entrevistas dos camponeses, e o desejo de expor soluções inspiradas no ideário nacional-popular, representado na estrutura mesma do filme e na locução. Este último desejo é mais forte ao fim e ao cabo, mas não elide totalmente o primeiro.

Naquele momento histórico a exposição do povo falando articuladamente de si próprio era algo novo, dando início a uma das características marcantes do documentário brasileiro desde então, a saber, o registro do "conhecimento popular", conhecimento este marcado pelas lutas contra a opressão, pelas formas culturais populares, pelos costumes populares etc. Evidentemente, tal linha não tem aí todo o seu desenvolvimento e sim apenas um esboço.

13. *Ibidem*, p. 37.

Modelo "antropológico": *Nelson Cavaquinho* e *Partido alto*

Nas palavras de Leon Hirszman, realizar *Nelson Cavaquinho* após o AI-5 era "uma forma de protestar e revelar o povo"; além disso, o diretor também ressalta a importância da "improvisação" na concepção deste curta-metragem de 1969.[14]

Efetivamente, há no filme uma nova perspectiva da parte de Leon Hirszman. Nesse sentido um dado fundamental é a absoluta ausência de locução. A banda sonora é composta apenas por Nelson Cavaquinho falando ou cantando; nem as perguntas realizadas pela equipe de filmagem estão presentes. As intervenções do compositor surgem em sincronia com a sua imagem ou em *off* cobrindo planos do sambista, da quadra da Mangueira, da sua casa e do subúrbio na Zona Norte carioca onde residia.[15]

Ou seja, enquanto em *Maioria absoluta* temos a presença de uma locução "outorgando" a palavra e dando o significado geral do que estão dizendo os entrevistados, já em *Nelson Cavaquinho* a amarração é estabelecida pela justaposição de músicas e depoimentos do entrevistado. Isto logicamente acarreta diferentes significações para o espectador, pois, segundo Bill Nichols: "Quando as entrevistas contribuem para uma modalidade expositiva de representação, em geral servem como prova da argumentação do realizador, ou do texto [caso de *Maioria absoluta*]. Quando as entrevistas contribuem para uma modalidade interativa de representação, costumam fazer o papel de prova de uma argumentação apresentada como o produto da interação entre realizador e sujeito [caso de *Nelson Cavaquinho*]".[16]

14. Alex Viany, *O processo do Cinema Novo*. p. 298.
15. Helena Salem, *op. cit.*, p. 187-190.
16. Bill Nichols, *op. cit.*, p. 84.

As entrevistas em *Maioria absoluta* são a comprovação da tese apresentada através da locução, enquanto em *Nelson Cavaquinho* as entrevistas funcionam como um "testemunho", para utilizar a precisa expressão de Bill Nichols.[17] Ao invés da locução fornecer o "real" para o espectador, tendo sua devida comprovação nas entrevistas mostradas, o que acontece aqui é a busca da descrição da vida do compositor no seu cotidiano, em casa, no botequim, com seus amigos etc.

Para François Laplantine, a abordagem antropológica tem como ponto de partida uma "revolução do olhar" que leva à descentralização por parte do estudioso.[18] Leon Hirszman, assim como outros documentaristas da sua geração, passou por um processo análogo entre o final dos anos de 1960 e início dos anos de 1970. Tal processo originou-se quando da debacle da idéia do intelectual como demiurgo dos interesses populares, após o golpe militar de 1964 e o AI-5, que por sua vez acarretou uma reflexão mais aprofundada sobre a questão do outro no documentário. Daí classificar o filme como pertencente ao modelo "antropológico".

O efeito de descrição, mencionado acima e que não deve de maneira nenhuma ser tomado como neutralidade, é obtido através da aparência de pouca intervenção da equipe na filmagem e na montagem e, também, pela tal "improvisação" anunciada por Leon Hirszman. Evidentemente, tudo isto é uma construção, realizada, no caso de *Nelson Cavaquinho*, a partir da relação dialética de enquadramentos estudados convivendo com planos marcados pela agilidade e leveza. Resulta daí uma espécie de mistura do racionalismo de Leon Hirszman com a sensibilidade *esteticista* de Mário Carneiro, fotógrafo do filme. Estas características poderiam permanecer estanques, tornando o resultado estético confuso, mas, ao contrário, se influenciam mutua-

17. *Ibidem.*
18. François Laplantine, *Aprender antropologia*, p. 22.

mente dando margem a um dos trabalhos imagéticos mais ricos do documentarismo brasileiro.

A título de exemplo do que acabamos de afirmar, veja-se o plano geral mostrando Nelson de terno andando numa ruazinha: ele pára e coloca a cabeça dentro de uma casa como se estivesse cumprimentando alguém, volta a andar e só então a câmera, que até aí fizera apenas correções muito discretas, acompanha-o de forma a enquadrar a aproximação do sambista que fica em primeiro plano. No plano seguinte temos Nelson sem camisa dentro de casa bebendo cerveja na boca da garrafa; a câmera desloca-se mostrando uma menina sentada ali ao lado e, na continuação do movimento, temos mais crianças postadas na porta e pessoas olhando a filmagem pela janela.

Observemos ainda o belíssimo plano realizado com a câmera na mão, no qual se persegue uma bela morena e ela, tímida, tenta por todas as formas esconder-se atrás das suas colegas ou andando rápido; nada mais adequado do que na banda sonora a voz rouca de Nelson Cavaquinho entoando: "Tire o seu sorriso do caminho/ Que eu quero passar com a minha dor/ Hoje, pra você, eu sou espinho/ Espinho não machuca flor/ Eu só errei quando juntei minha alma a sua/ O sol não pode viver perto da lua". Em seguida temos um plano próximo, fixo e frontal, do sambista abraçado ao seu violão falando que está triste naquele dia devido a seu sobrinho.[19]

A última seqüência do filme, composta por dois planos, dá bem a medida da mútua e criativa influência entre Leon Hirszman e Mário Carneiro. Primeiramente temos um plano médio de uma mesa reenquadrada pela entrada do boteco, com Nelson acompanhado por outras pessoas, uma delicada *zoom in*

---

19. Quando das filmagens, um sobrinho de Nelson Cavaquinho faleceu em um acidente, o que causou evidentemente grande tristeza no tio. Ver Helena Salem, *op. cit.*, p. 188.

destaca Nelson, que canta "Vou partir/ Não sei se voltarei/ Tu não me queiras mal/ Hoje é Carnaval". Daí se corta para um plano geral no mesmo eixo do plano anterior, mas agora o boteco iluminado ocupa apenas o centro do quadro, cujo resto está escuro, a música continua. Neste caso a influência entre o diretor e o fotógrafo não está, como nos dois outros exemplos, mediada pela montagem; aqui os próprios planos condensam as qualidades artísticas dos dois criadores.

Para finalizar os comentários sobre *Nelson Cavaquinho*, ao nosso ver é importante ressaltar a "atuação" do sambista. Como bem definiu Sérgio Santeiro:

> A dramaturgia natural é o conjunto de recursos expressivos de que o depoente lança mão para representar o seu próprio papel. [...] Na dramaturgia natural, as suas ações banais do cotidiano são feitas demonstrativas ou exemplares de sua visão do mundo. O que se deu pela contingência de inúmeros fatores e circunstâncias ganha uma dimensão dramática, mediatizada pela consciência do ator que, primeiro, foi sujeito de uma experiência vivida, e é agora sujeito de uma memória *re-vivida*, passível de seleção e crítica que a faça digna do papel que o sujeito atribui a si mesmo.[20]

A "atuação" do sambista é marcada por planos dele abraçado ao seu violão, acariciando um pintinho e mostrando-o para a câmera, andando na ruazinha e falando com os vizinhos ou pelo cenho franzido. Entendemos que Nelson Cavaquinho compõe, ao lado da camponesa Elisabeth Teixeira (em *Cabra marcado para morrer*, de Eduardo Coutinho, 1981-1984) e do poeta Manuel Bandeira (em *O mestre de Apipucos e o poeta do castelo*, de

20. Sérgio Santeiro, Conceito de dramaturgia natural, *Filme Cultura*, n. 30, ago. 1978, p. 81-82 (grifo do autor).

Joaquim Pedro de Andrade, 1959),[21] a tríade dos grandes atores naturais do cinema brasileiro.

Leon Hirszman filmou, no ano de 1976, o curta-metragem *Partido alto* em condições bastante precárias de produção e só o finalizou em 1982, com suporte da Embrafilme.[22] O documentário apresenta grandes sambistas como Mestre Candeia e Manacéa cantando, e também explica através destes mesmos artistas a origem do samba tipo partido alto e a sua especificidade. Revela-se nos depoimentos, particularmente do altivo Mestre Candeia, que narra a história do partido alto, a memória e a autoconsciência da cultura popular.

Tal como em *Nelson Cavaquinho*, é possível perceber que o realizador busca "revelar o povo". Também aqui o esforço de "improvisação" tem um papel importante no sentido de gerar um efeito descritivo, enquadrando o filme no modelo "antropológico". Porém, o tratamento de *Partido alto* possui importantes diferenças quando o comparamos com *Nelson Cavaquinho*.

A diferença de tratamento pode ser aferida na opção por planos mais longos em *Partido alto*, cuja movimentação de câmera é bem maior e menos planejada, intensificando no espectador a sensação de despojamento e de "improvisação", esta última um dado de destaque, pois o partido alto é fundamentalmente o samba sem preparação; Mestre Candeia, inclusive, o relaciona com o repente nordestino. Mesmo a interferência da montagem, marcante na obra de Leon Hirszman, é mínima. O filme parece buscar na sua estrutura uma representação do assunto que está sendo tratado, daí porque o som direto deficiente em alguns mo-

21. No caso deste filme, não há depoimentos em sincronia com a imagem, mas a sensibilidade do diretor valorizou a "interpretação" que o poeta faz do seu cotidiano. Daí é possível inferir que em certos casos o conceito exposto por Sérgio Santeiro pode ser alargado para documentários fora do contexto do Cinema Direto.

22. Helena Salem, *op. cit.*, p. 235-6.

mentos ou a iluminação precária, principalmente no plano noturno que finaliza o curta, casam admiravelmente com o todo.

Outra diferença é que *Partido alto*, ao contrário de *Nelson Cavaquinho*, utiliza a locução. Quase no final do filme, após vários depoimentos e cantorias, temos a voz de Paulinho da Viola, colaborador de Leon Hirszman na realização, informando que: "A roda de partido é um momento de liberdade. O partideiro mesmo tira o verso de improviso como faziam João da Gente, Alcides, Aniceto do Império, Candeia, tantos outros. Hoje, como não há mais essa obrigação, qualquer um pode dizer seu verso mesmo decorado". Pouco depois, o compositor completa: "Quando menino eu via no partido uma forma de comunhão entre a gente do samba. Era a brincadeira, a vadiagem, onde todo mundo participava como podia e como queria. A arte mais pura é o jeito de cada um e só o partido alto oferecia essa oportunidade". Há novo intervalo para a seguinte conclusão: "O samba tem hoje muitos compromissos que reduzem a criatividade dos sambistas aos limites ditados pelo grande espetáculo. No partido, porém, tudo acontece de um jeito mais espontâneo. Por isso, sempre haverá partideiros e o verso, de improviso ou não, refletirá as verdades sentidas na alma de cada um".

O texto transcrito no parágrafo acima cobre um longo plano seqüência, realizado à noite com a câmera na mão em movimento, mostrando os partideiros tocando e cantando. Quando a locução surge, a música passa para segundo plano sonoro, mas nunca desaparece. O dado relevante é que o próprio Paulinho da Viola está tocando cavaquinho no meio dos músicos, sendo destacado em diversos momentos do plano, pois, como a câmera está em movimento, por vezes, ele fica fora de quadro.

A locução aqui existente não pode ser equiparada com a de *Maioria absoluta*, no qual não temos nenhuma referência visual do locutor e cujo texto é completamente impessoal, buscando a maior semelhança possível com o texto científico. Já em *Partido alto* a locução só ocorre no plano mencionado; nos créditos finais, informa-se que a "narração" é de Paulinho da Viola. O texto, na primeira pessoa do singular no segundo trecho, tem um caráter bem pessoal e pelo próprio estilo parece mais uma opinião, certamente muito qualificada, do que uma "verdade científica" revelada. Acrescente-se o fato, não enunciado pelo filme mas de conhecimento geral, de Paulinho da Viola ter forte ligação com os sambistas antigos. Ou seja, não é alguém de fora emitindo "verdades" sobre a música popular, mas um artista formado naquele meio.

O exposto acima leva-nos a problematizar a interpretação de muitos teóricos sobre o papel da locução no documentário, grosso modo entendida tão-somente como a "voz do saber". Ao nosso ver, em *Partido alto*, por exemplo, ela tem um papel bem mais sutil.[23] Através de Paulinho da Viola, cujo trabalho artístico sempre dialogou intensamente com a música produzida nos morros do Rio de Janeiro, a locução funciona como uma forma de ligação bastante coerente entre o objeto do filme – a música popular e seus representantes – e o público alvo – a classe média urbana pouco acostumada com aquela forma de samba.

Modelo "estrutural": *Imagens do inconsciente*

A série *Imagens do inconsciente* é composta por três partes: "Em busca do espaço cotidiano", "No reino das mães" e "A barca do sol". Cada episódio aborda um artista, respectivamente Fernando Diniz, Adelina Gomes e Carlos Pertuis, todos eles esquizofrênicos que desenvolveram trabalhos na terapia ocupacio-

23. Também em *Cabra marcado para morrer* a função da locução pode ser problematizada, pois o diretor Eduardo Coutinho é também o locutor de grande parte do filme.

nal do Museu de Imagens do Inconsciente, criado pela doutora Nise da Silveira.

Leon Hirszman conhecia o trabalho de Nise da Silveira desde os anos de 1960; em 1974 eles começaram a escrever o roteiro. Somente em 1983 foi iniciada a produção de *Imagens do inconsciente*, processo este que se prolongou até 1986.[24]

A organização dos três episódios é semelhante: apresentação dos dados biográficos do paciente com especial atenção para aqueles indicadores das principais razões que levaram à irrupção da psicose, o diagnóstico e o tratamento tradicional a que todos foram submetidos sem nenhum resultado, o trabalho artístico e, a partir daí, a interpretação da evolução do quadro clínico com suas idas e vindas. Em termos imagéticos, ressalta-se especialmente a produção artística dos pacientes, e, em termos sonoros, destaca-se a locução com voz feminina, de Vanda Lacerda, cujo texto é de Nise da Silveira, que interpreta as obras como reflexo do estado mental dos pacientes a partir das teses de Jung. O tratamento cinematográfico é marcado pelo despojamento e pelo rigor absolutos.

"Em busca do espaço cotidiano" é o caso cujo fundo social tem mais nitidez e, talvez por isso, aquele no qual Hirszman trafega com maior facilidade.

Como se trata do episódio de abertura da série, há uma apresentação do trabalho do Museu de Imagens do Inconsciente. Esta apresentação divide-se em duas partes: na primeira existem doentes caídos no chão, andando a esmo ou, num plano significativo, duas pacientes enquadradas; a que está em primeiro plano apenas geme; enquanto a que está em segundo plano fala do abandono dos internos; na segunda parte, marcada pelo início da locução de Ferreira Gullar e por um plano da placa do Museu de Imagens do Inconsciente, explica-se a história deste e

24. Leon Hirszman, *op. cit.*, p. 66-74.

também a importância da terapia ocupacional para o tratamento de esquizofrênicos. Além disso, as imagens nos apresentam os pacientes dançando, pintando ou cantando. Mediando as duas partes, há um plano no qual temos vários pacientes passando de um pátio para outro através de uma grade. Ou seja, busca-se traduzir imageticamente, e não apenas pela locução, o que representa no tratamento dos doentes a terapia ocupacional, um momento de expressão e libertação quando comparado aos procedimentos de internamento, medicação e choques.

Somente após este prólogo teremos, sobre imagens de Fernando Diniz, uma legenda indicando o seu nome e o do episódio. Aí sim a locução feminina entra em ação nos termos já comentados anteriormente. Trata-se de um homem negro de origem social humilde, mas que na infância freqüentou casas ricas, pois acompanhava a mãe, uma costureira. Fernando Diniz foi ótimo estudante e sonhava formar-se engenheiro para poder casar com a filha de um dos patrões de sua mãe, sofrendo da parte dos colegas todo tipo de preconceito devido à sua origem social e étnica. Ao saber que a menina casou, ele se desinteressou progressivamente pelos estudos até ser preso por nadar nu na praia de Copacabana e brigar com policiais.

A produção pictórica de Fernando Diniz mostrada no filme tanto pode ser abstrata, caracterizada por círculos, estrelas e espirais – para Nise da Silveira isto demonstra a exposição de problemas pessoais de forma que os outros não possam devassar –, como também naturalista e marcada pela tematização de salas de casas burguesas, o que se relaciona com o desejo do paciente de ingressar neste mundo. Há também pinturas de naturezas-mortas, de paisagens inspiradas pelas redondezas do museu, de japonesas inspiradas pelos traços faciais de uma monitora etc. O texto informa que, segundo o próprio Fernando Diniz, "o pintor é feito um livro que não tem fim".

Aliás, é de se registrar no episódio a presença de depoimentos de Fernando Diniz, alguns bastante instigantes como a afirmação de que a pintura "é sabedoria que a gente não sabe", ou ainda, "é só para fantasiar, mas nem sempre é fantasia". Também há planos dele pintando e tocando piano, desmistificando a idéia dos doentes mentais como pessoas completamente embotadas.

No episódio há um comentário sutil visando demonstrar o arcaísmo e a truculência dos tratamentos psiquiátricos tradicionais. Quando da narração do episódio da prisão de Fernando Diniz e do seu posterior confinamento em instituições psiquiátricas, temos imagens de arquivo em preto e branco da praia de Copacabana, de carros, de prédios e de uma ambulância pelas ruas,[25] além de um plano colorido de um homem sendo retirado de um camburão e levado para a delegacia. Esta imagem serve de cobertura para o seguinte trecho da locução: "Esse drama [de Fernando Diniz] não interessa à psiquiatria tradicional, que se satisfaz em procurar remover sintomas por métodos violentos".

Articula-se, assim, o caso específico de Fernando Diniz com a questão do tratamento psiquiátrico no Brasil e da necessidade urgente de reformá-lo, pois a mistura de imagens de arquivo com uma imagem contemporânea leva-nos a acreditar que a situação permanece a mesma, apesar de Fernando ter sido internado nos anos 1940.

É também de se ressaltar o forte tom reflexivo da seqüência, pois a absoluta diferença dos tipos de material utilizados nela, quando comparados ao restante do filme, revela para o especta-

25. As imagens de arquivo deste filme foram retiradas de *Cidade do Rio de Janeiro* (Humberto Mauro, 1948). Outro dado que liga o documentarismo de Leon Hirszman ao de Humberto Mauro é que este realizou um curta-metragem intitulado *Brasilianas n. 5 (Cantos do trabalho)*. Ver Fernão Ramos, Hirszman e Mauro, documentaristas, p. 210.

dor o aspecto de interpretação do mundo e não de verdade objetiva do documentário.[26]

O episódio "No reino das mães", sobre o caso de Adelina Gomes, só utiliza a locução com voz feminina. Adelina teve o namorado recusado pela família e foi internada após esganar um gato de estimação. Para Nise da Silveira há uma correspondência entre os problemas mentais desta mulher e o mito da ninfa Dafne, pois esta, para fugir do deus Apolo, escondia-se na mãe Terra. Ou seja, trata-se de um mito no qual a filha se identifica totalmente com a mãe.

Como para antecipar imageticamente esta interpretação, o filme inicia-se apresentando Adelina colhendo flores, no plano seguinte ela está sentada numa espécie de sala, levanta-se e sai de quadro, a câmera corrige a sua posição e o seu foco, destacando então uma flor.

Os principais temas da produção artística de Adelina Gomes são flores, vegetais, seres em parte mulher e em parte flor ou planta, mulheres com cabeça de cão, cães ferozes, casais e a Virgem Maria. A narração vai destacar especialmente a produção referente às mulheres com cabeça de cão ou acompanhadas por cães ferozes, pois liga isto com a imagem mitológica de Hécate, a mãe terrível, deusa do mundo subterrâneo e dos mortos. Para explicar como uma esquizofrênica do século XX, com pouca cultura formal, produz imagens que remetem a algo tão distante no tempo, o texto lança mão das teorias de Jung, para quem a *psique* possibilita formas de imaginação comuns a todos os humanos.

Neste episódio, tal como no anterior, busca-se desmistificar a idéia do embotamento emocional. "No reino das mães" termina com um plano próximo de Adelina pintando, ela pára, olha obliquamente em direção à câmera, sorri com doçura e depois

---

26. Jay Ruby, The image mirrored: reflexivity and the documentary film, p. 74-75.

volta a olhar para a pintura que está executando. A música sublinha o olhar de Adelina de forma bastante sutil.

O tratamento cinematográfico de "A barca do sol" é bem diferente quando comparado com os outros dois episódios, pois ao contrário destes, temos imagens de arquivo de Carlos Pertuis, depoimentos da sua irmã e a encenação de momentos da vida do artista – interpretado por Joel Barcelos.

Em um nível superficial podemos atribuir tais diferenças ao fato de que Carlos Pertuis já havia falecido quando *Imagens do inconsciente* foi realizado, enquanto Fernando Diniz e Adelina Gomes estavam vivos. Entretanto, há razões mais profundas, pois "A barca do sol", como o próprio texto narrado por Ferreira Gullar reconhece, apresenta um caso cujos componentes de opressão social não são fortes como os de Fernando Diniz ou Adelina Gomes. Tratava-se de um rapaz muito apegado à mãe e cuja relação com as mulheres era difícil. O pai, quando estava à morte, encarregou Carlos de cuidar da família e isto o perturbou profundamente; mesmo assim, trabalhou algum tempo. Após várias crises e a visão de um "planetário de Deus", porém, acabou internado. Outra diferença é o dado místico extremamente acentuado na personalidade de Carlos.

Interessante notar que Leon Hirszman não tentou esconder ou explicar o misticismo de Carlos Pertuis através da sua psicose, mas, ao contrário, o filme busca representar a visão de Mário Pedrosa, para quem este artista foi um dos grandes religiosos da história. Indicativo disto é o momento no qual Carlos, interpretado de forma distanciada por Joel Barcelos, olha as imagens de santos num belo plano em contra-*plongée* ou cuida de animais. A opção pelo distanciamento na atuação confere grande dignidade à figura de Carlos e evita a visão exótica ou piedosa por parte da audiência.

Imagens do inconsciente é um dos poucos documentários brasileiros a utilizar com inteligência a dramatização, recurso este atualmente bastante valorizado por teóricos como Bill Nichols, que o qualifica de "simulação subjetiva" e cuja função seria levar o espectador a ter uma "dimensão experimental e afetiva da realidade vivida".[27]

Na obra de Carlos Pertuis há grande presença de mandalas, composições fortemente geométricas, rituais, sombras, demônios, mulheres, astros celestes e, o mais destacado pelo texto da dra. Nise da Silveira, o sol representado de forma semelhante à divindade indo-persa Mitra. Explica-se que tais semelhanças se justificam pelo fato dos deuses pagãos estarem presentes nas profundezas da *psique*.

Discutindo o estruturalismo, Roland Barthes afirma:

> O objetivo de toda atividade estruturalista, seja ela reflexiva ou poética, é reconstituir um "objeto", de modo a manifestar nessa reconstituição as regras de funcionamento (as "funções") desse objeto. A estrutura é pois, de fato, um simulacro do objeto, mas um simulacro dirigido, interessado, já que o objeto imitado faz aparecer algo que permanecia invisível, ou, se se preferir, ininteligível no objeto natural. O homem estrutural toma o real, decompõe-no, depois o recompõe; é em aparência bem pouca coisa (o que faz com que certas pessoas digam que o trabalho estruturalista é "insignificante, desinteressante, inútil etc."). Entretanto, de outro ponto de vista, essa pouca coisa é decisiva; pois entre os dois objetos, ou os dois tempos da atividade estruturalista, produz-se algo novo, e esse algo novo não é nada menos que o inteligível geral: o simulacro é o intelecto acrescentado ao objeto, e essa adição tem um valor antropológico, pelo fato de ela ser o próprio homem, sua história, sua situação, sua liberdade e a própria resistência que a natureza opõe a seu espírito.[28]

---

27. Bill Nichols, *op. cit.*, p. 208-209.
28. Roland Barthes, A atividade estruturalista, p. 51.

Podemos dizer que o princípio constitutivo de *Imagens do inconsciente* baseia-se justamente na "decomposição" das obras de cada um dos artistas discutidos e na posterior "recomposição" em conjuntos, segundo alguns temas e/ou formas. A partir destes conjuntos teremos a revelação dos traumas, problemas e psicoses que atormentam os internos. Daí porque classificar a série como pertencente ao modelo "estrutural".

É necessário salientar que o modelo "estrutural" de documentário valoriza essencialmente o(s) modo(s) como determinada(s) pessoa(s) encara(m) o mundo. Ao nosso ver, *Imagens do inconsciente* busca representar a estrutura da *psique* de Fernando Diniz, Adelina Gomes e Carlos Pertuis utilizando como ferramenta interpretativa as teorias de Jung.

Uma objeção que se pode levantar diz respeito à onipresença da locução, que acaba por induzir a nossa interpretação sobre o significado das obras artísticas. Entretanto, nos parece que este é o único meio, até o momento, de se representar num documentário a perspectiva de pessoas com sérios problemas de articulação verbal e/ou escrita; do contrário, tender-se-á a mantê-las numa incomunicabilidade total.[29] Devemos ainda relembrar que sempre quando possível são inseridos, em *Imagens do inconsciente*, depoimentos dos pacientes, como ocorre no caso de Fernando Diniz.[30]

Ainda em relação à locução, note-se que ela funciona em *Maioria absoluta* de forma diferente quando comparada a *Ima-*

29. Não obstante possuir uma proposta interessante, o curta-metragem *Dizem que sou louco* (de Miriam Chnaiderman, 1994), sobre moradores de rua classificados como loucos, ao renunciar a uma intervenção mais direta da parte da realizadora não consegue articular um discurso que leve o espectador a se debruçar sobre a questão.

30. Carlos Pertuis, que morreu antes da realização do filme, tem a sua linguagem classificada por Leon Hirszman como sendo "ininteligível" quase o tempo todo. Leon Hirszman, *op. cit.*, p. 69.

gens do inconsciente. Aqui o espectador é informado sobre qual chave de interpretação foi utilizada – a saber, as teorias junguianas –, enquanto lá isto não se dá. Ademais, no segundo caso há créditos atribuindo os textos a Nise da Silveira e isto fica reforçado pela locução com voz feminina; já no primeiro caso não somos informados sobre quem é o responsável pelo texto, e o tom grave da voz masculina acentua a sua impessoalidade.

Em *Maioria absoluta* a locução enuncia uma tese e as entrevistas servem como demonstração da validade da tese, enquanto em *Imagens do inconsciente* a locução mantém uma relação de mão dupla com as obras. Isto decorre do fato de que a tese de *Maioria absoluta* preexiste às entrevistas e há poucas frestas permitindo aos espectadores sair do âmbito dela. Já em *Imagens do inconsciente* as colocações não preexistem às obras, mas, ao contrário, foram feitas a partir da análise dos diferentes conjuntos de obras.

Tudo somado permite ao espectador uma posição mais aberta frente a *Imagens do inconsciente*. Para ficarmos apenas num exemplo: quando Nise da Silveira entende que Fernando Diniz evoluiu ao passar da abstração para o naturalismo, podemos concordar sob o ponto de vista clínico, mas se o espectador der mais ênfase à questão estética – e o filme permite isso – a produção abstrata poderá parecer-lhe superior.

O que importa aqui é ressaltar as frestas existentes em *Imagens do inconsciente*, permitindo uma recepção muito mais aberta quando comparada com a de *Maioria absoluta*.

Observações finais

A tipologia sugerida tem como elemento definidor a perspectiva do filme diante do objeto a ser trabalhado.

No caso do modelo "sociológico", a perspectiva é pautada por uma tese, em geral exposta através da locução, mas não unicamente e nem obrigatoriamente. O filme utiliza-se das entrevistas e das imagens para comprovar a tese, acarretando um espaço para contradições e ambigüidades pequeno, embora ele exista conforme vimos em *Maioria absoluta*.

Já o modelo "antropológico" pauta-se por uma postura descentrada da parte do realizador e marcada por uma perspectiva descritiva, o que absolutamente não quer dizer neutralidade. O filme busca dar impressão ao espectador de menor interferência possível, daí a ausência e/ou diminuição na participação da locução, os planos mais longos e a montagem menos agressiva.

Finalmente, o modelo "estrutural" busca captar o discurso – verbal, pictórico, literário etc. – pelo qual o outro representa o mundo, decompõe este discurso e depois o recompõe em conjuntos a partir de semelhanças e/ou diferenças temáticas e/ou formais. O filme apresenta os conjuntos, que, por sua vez, revelam entre si semelhanças e/ou diferenças.

Uma distinção de fundo entre o modelo "estrutural" e o "antropológico" reside no fato de que este tende a se concentrar na concretude das coisas, enquanto aquele tende a tratar da abstração. A título de exemplo, tomemos dois filmes recentes com o mesmo tema, a religião. *Fé* (de Ricardo Dias, 1999), de cunho claramente "antropológico", concentra o foco na apresentação das cerimônias, dos lugares de peregrinação e nos paramentos dos rituais, suas entrevistas em geral esclarecem para o espectador o significado do que foi mostrado; já o magistral *Santo forte* (de Eduardo Coutinho, 1999), cuja classificação cabe no modelo "estrutural", articula-se a partir das entrevistas que revelam a perspectiva de mundo dos fiéis filtrada através da religião.

Além disso, o modelo "estrutural" se assume nitidamente enquanto discurso construído. *Imagens do inconsciente* possui uma alta dose de reflexividade em momentos como os planos extraídos de *Cidade do Rio de Janeiro* ou na atuação distanciada de Joel Barcelos interpretando Carlos Pertuis; já em *Nelson Cavaquinho* ou *Partido alto* não há o menor índice de quebra da ilusão de realidade.

É importante atentar que, ao apresentar três modelos do documentarismo brasileiro para discutir a obra de Leon Hirszman, não pretendemos circunscrever toda a produção deste gênero de filme, pois é óbvio que diretores como Arthur Omar, Aloysio Raulino ou Jorge Furtado enveredam por outros caminhos.

Não obstante, parece-nos que esta tipologia funciona a contento quando se trata de diretores egressos do Cinema Novo como, por exemplo, Eduardo Coutinho, Sérgio Muniz, Geraldo Sarno, Maurice Capovilla, Paulo Gil Soares e Vladimir Carvalho, entre outros.

Também não se quer aqui estabelecer uma hierarquia entre os tipos, no qual o modelo "sociológico" seria o mais primário e o "estrutural" o mais sofisticado, e nem que todos os diretores passaram pelos três modelos.

O que estes três tipos nos revelam, quando aplicados no estudo da obra de Leon Hirszman, é um grande esforço no sentido de investigar os segmentos sociais oprimidos de forma cada vez menos marcada pelo paternalismo e pelos preconceitos, tentando efetivamente estabelecer um diálogo o mais aberto e franco possível. No caso específico de Leon Hirszman, não se trata de uma crença na possibilidade de dar voz pura e simplesmente ao outro, mas da consciência de que o possível é constituir uma via de mão dupla.

Agradeço pelos comentários de Fernão Ramos, Glênio Póvoas, José Inácio de Melo Souza e, especialmente, Jean-Claude Bernardet.

Beleza e poder: os documentários de Joaquim Pedro de Andrade

Luciana Corrêa de Araújo

É pelo caminho do documentário que Joaquim Pedro de Andrade estréia na direção, com o curta *O mestre de Apipucos e o poeta do Castelo* (1959). Nada mais coerente para quem defendia o cinema documentário como um "excelente caminho de formação"[1]. No entanto, mesmo depois de reconhecido como diretor de longas-metragens de ficção, o cineasta continuaria a explorar esse mesmo caminho que, afinal, não se limita a privilégio de iniciantes. Na sua filmografia de relativamente poucos títulos, somam-se seis documentários e sete ficções (entre curtas e longas, considerando apenas aqueles realizados em película).[2]

O mestre de Apipucos e o poeta do castelo tem como ponto de partida o registro dos hábitos cotidianos do sociólogo Gilberto Freyre, o mestre, e do poeta Manuel Bandeira. Para isso, Joaquim Pedro contou com a colaboração dos próprios "retratados", que lhe mandaram por escrito descrições de sua rotina diária. A descrição de Freyre é a que está no filme, lida por ele. No trecho dedicado a Bandeira, entretanto, o que ouvimos não é o relato do poeta sobre seu cotidiano, mas a leitura feita por ele de

---

1. Joaquim Pedro de Andrade, A problemática brasileira dos filmes curtos, *Jornal do Brasil*, 14 maio 1960, p. 6.
2. Em ficção, Joaquim Pedro dirigiu os longas *O padre e a moça* (1966), *Macunaíma* (1969), *Os inconfidentes* (1972), *Guerra conjugal* (1975) e *O homem do pau-brasil* (1981); e os curtas *Couro de gato* (1961), incorporado ao longa *Cinco vezes favela* (1962), e *Vereda tropical*, episódio de *Contos eróticos* (1977).

alguns de seus poemas. Essa é apenas uma das profundas diferenças que marcam as duas partes do curta.[3] Isso porque o que está em jogo não é a subserviência à importância dos dois escritores. Prevalece, sim, a ambição de construir, cinematograficamente, uma análise crítica tanto das personalidades quanto de suas obras.

O fato de Joaquim Pedro inverter magistralmente o tom do registro, enfatizando hábitos corriqueiros de homens tão ilustres, não significa de modo algum uma leitura rasteira, superficial. Ao contrário, a simplicidade das ações arma um vibrante contraponto com o refinamento do olhar que as organiza – um olhar ambicioso o bastante para querer mostrar a aparência e, através dela, revelar a essência. Essa ambição está evidenciada desde a proposta enviada ao Instituto Nacional do Livro, que financiou o curta. Sobre a parte que será dedicada a Manuel Bandeira, Joaquim Pedro escreve: "A documentação não se deve limitar ao aspecto exterior, material do assunto. A principal tentativa a ser feita é a de captar no filme a personalidade espiritual de Manuel Bandeira, provocando no espectador um desenvolvimento contínuo de emoção à medida que for sentindo evoluir e se afirmar cada vez mais no filme o clima espiritual do poeta".[4]

No filme, uma das estratégias para alcançar tal objetivo é justamente sobrepor, às imagens cotidianas de Bandeira, alguns de seus versos que têm como traço comum a falta – como aponta Ana Cristina César.[5] Joaquim Pedro reforça assim o contraponto entre dois espaços: o concreto e o imaginário. O primeiro, percorrido pela imagem, o segundo, pelos poemas recitados na banda sonora. Alcança com isso uma perfeita tradução dos versos

3. *O mestre de Apipucos e o poeta do castelo* foi concebido e realizado como um só curta, mas pouco depois de seu lançamento também passou a ser exibido separadamente.
4. Joaquim Pedro de Andrade, proposta ao INL, 19 jan. 1959.
5. Ana Cristina César, *Literatura não é documento*.

"o que não tenho e desejo é o que melhor me enriquece", do poema *Testamento*. O despojamento material do poeta entra em vivo contraste com a riqueza do seu imaginário, movido pelo desejo, em que se tornam possíveis todas as proezas descritas no poema *Vou-me embora pra Pasárgada*, que encerra o filme.

Ao longo de *O poeta do castelo* fica cada vez mais nítida a oposição que se estabelece com a parte dedicada a Gilberto Freyre, visto em meio à exuberância de seu sítio de Apipucos. *O mestre de Apipucos* reforça a todo momento o orgulho do Freyre proprietário e sua satisfação em enumerar os objetos que lhe pertencem e dos quais desfruta com evidente prazer, como a casa dos tempos do engenho, os azulejos portugueses, os vinte mil livros da biblioteca, a rede do Ceará. Há mesmo a presença de serviçais muito prestativos como a cozinheira Bia e o negro Manuel, que serve o café da manhã ao sociólogo e a sua esposa numa lustrosa prataria. Tudo é construído para colocar Freyre na posição do patriarca satisfeito, seja pelos bens acumulados, seja pela subserviência dos empregados. Uma figura, pois, bem distante – oposta mesmo – da sobriedade e isolamento do poeta, assim como é mostrado pelo filme. Um certo Freyre, um certo Bandeira.[6]

Em *O mestre de Apipucos e o poeta do castelo*, o autor literário não aparece como "figura histórica cuja biografia terá função edificante e exemplar" – linha mestra, segundo análise de Ana Cristina César, adotada pelo Instituto Nacional de Cinema Educativo (Ince) ao produzir diversos documentários sobre personalidades literárias entre 1939 e 1949, com direção de Humberto Mauro.[7] Joaquim Pedro afasta-se desse modelo, retirando a ênfase na glorificação para empreender uma leitura crítica da perso-

6. Ana Cristina César escreveu sobre *O poeta do castelo*: "Um certo Bandeira: uma certa representação de certa marca de sua poesia", *op. cit.*, p. 49.
7. *Ibidem*, p. 19.

nalidade e da obra de cada um dos escritores, que não estão distantes nem cristalizados em sua importância. E isso não só porque ainda estão vivos e participam do filme, mas sobretudo devido ao olhar indagador do cineasta, que procura entender através deles (pessoas e obras) parte da trajetória da criação literária, tanto nos aspectos mais concretos que dizem respeito à inserção do intelectual na vida brasileira quanto no território menos palpável do imaginário.

Para compor, cinematograficamente, a leitura crítica a qual se propõe, Joaquim Pedro vale-se especialmente de um minucioso trabalho de decupagem, fundado no princípio da continuidade entre os planos, como reza a cartilha da linguagem clássica do cinema. A preocupação em estabelecer *raccords* bem marcados entre os planos é constante ao longo de *O mestre de Apipucos e o poeta do castelo* – e não só no filme como também desde os primeiros esboços de roteiro. Em *Mestre*, o cineasta investe no poder do *raccord* e do campo/contracampo para construir o personagem Gilberto Freyre que lhe interessa: aquele cuja relação com os espaços e as pessoas à sua volta é de dominação. Além disso, a sucessão de *raccords* por analogia (por exemplo: Freyre passando a mão na barriga/peixe fritando na panela) exige do sociólogo uma "interpretação" bem mais histriônica do que a quase solene que caracteriza a atuação de Bandeira. Se em *Mestre* a natureza dos *raccords* remete à linguagem do cinema clássico e, particularmente, do cinema mudo (com seus encadeamentos por analogia), em *Poeta* a câmera aproxima-se do olhar neo-realista, privilegiando as ações em sua continuidade temporal, dando uma afetuosa atenção mesmo (ou talvez sobretudo) aos gestos mais banais, como preparar o café da manhã.

Em *Mestre*, sobressai a crítica à postura patriarcal de Freyre, que exibe para com pessoas e espaços a sua volta uma relação de dominação. Perpassa no filme um aspecto que fica mais claro quando se pensa num filme posterior de Joaquim Pedro: *Os inconfidentes*. No longa histórico, a reconstituição dos acontecimentos ligados à Inconfidência Mineira permite uma avaliação – que inclui severa autocrítica – da atuação de artistas e intelectuais de esquerda ao longo da ditadura militar. A partir daí é possível enxergar com maior nitidez, no documentário sobre Freyre, uma crítica ao conservadorismo de uma certa intelectualidade brasileira – modernista e moderna em alguns aspectos, e em outros incomodamente conservadora e elitista. A questão do poder desloca-se em *Poeta*, no qual o que ganha vulto é o poder da criação, a possibilidade de criar tanta beleza a partir de recursos materiais tão reduzidos. As armadilhas do poder e o poder da criação são questões que já surgem nesse primeiro documentário de Joaquim Pedro e que irão se mostrar recorrentes nos seus documentários posteriores.

Em *Garrincha, alegria do povo* (1963), a relação entre futebol e poder pontua todo o filme. Primeiro longa documentário a sair do grupo cinemanovista, dirige sua artilharia mais pesada para a atuação das instituições do poder dominante: os políticos, o clero, a polícia, sem deixar de fora os dirigentes de clubes. Desde o início, ainda durante a apresentação dos créditos, a arte de Garrincha está vinculada à exploração que dela se fez. As primeiras imagens são fotografias estáticas de jogadas e dribles, mostrando o jogador em ação. Logo em seguida, outras fotografias mostram Garrincha ao lado de presidentes (Juscelino Kubitschek e João Goulart). Encerrados os créditos, tem início uma primeira parte mais voltada para o cotidiano do jogador: uma final de campeonato no Maracanã; um passeio pelo centro do Rio de Janeiro; na cidade natal de Pau Grande, com a mulher e as filhas ou jogando pelada com os amigos; um treino com o time do Botafogo, os problemas com o joelho.

Há também o depoimento para a câmera de um Garrincha visivelmente constrangido, confessando certo cansaço com a vida de ídolo. As pressões que vêm junto com a popularidade não ficam apenas na fala do jogador. O filme reforça esse aspecto. Não hesita em colocar no texto lido pela voz *over* avaliações desfavoráveis quanto às visitas que chegam à casa em Pau Grande, deslumbradas com a fama do morador ou movidas por algum interesse eleitoral. Também não poupa críticas ao esquema de concentração imposto pelo clube aos jogadores. E faz irônico comentário à popularidade de Garrincha: enquanto a câmera mostra, na sede do Sport Clube Pau Grande, a fotografia do jogador pendurada na parede, ao lado (e ligeiramente mais baixa) do retrato de Getúlio Vargas, a voz *over* lembra os tempos em que Garrincha jogava no clube e, com seus muitos gols, "subia mais na estima dos companheiros, até chegar à altura do presidente Vargas na sede do Sport Clube Pau Grande".

Quase meia hora do filme é dedicada à retrospectiva da atuação brasileira em Copas do Mundo. Começa com o bicampeonato em 1962 para depois mostrar a primeira conquista em 1958 e daí, numa cronologia inusitada, encerrar com a dramática derrota na Copa de 1950, quando Garrincha nem fazia parte da seleção. Em meio às imagens dos principais jogos, não faltam insistentes referências à classe política (e também ao clero, na figura de D. Hélder Câmara), com ênfase especial para o então governador Carlos Lacerda, que como parte da recepção aos campeões presenteou Garrincha com um passarinho, o mainá, ouvido diversas vezes ao longo do documentário. A retrospectiva, montada exclusivamente com material de arquivo, não se restringe, portanto, aos lances dentro de campo, mas incorpora também as jogadas políticas em meio ao espetáculo do futebol.

Ainda no clima melancólico da derrota na Copa de 1950, o filme começa a apresentar duas teorias que tentam dar conta do fenômeno do futebol, capaz de exercer "sobre a emoção do povo um poder que só se compara ao poder das guerras", diz a voz *over*. A primeira teoria, psicanalítica, vê na bola de futebol o símbolo do seio ou do ventre materno. A voz *over* logo trata de desqualificar essa teoria, apresentando a segunda, que afirma ser "mais sensata", segundo a qual "o povo usa o futebol para gastar o potencial emotivo que acumula por um excesso de frustração na vida cotidiana". As últimas imagens do filme remetem às duas teorias. As imagens aéreas do Maracanã lotado mostram o estádio como um útero imenso e acolhedor. Seguem-se vários gols do Botafogo e depois a imagem final: uma fotografia de Garrincha suspenso nas redes do gol, sem sequer tocar o chão – o futebol como armadilha ideológica.

Garrincha, alegria do povo desmonta alguns preceitos do modelo mais tradicional de documentário. Especialmente por privilegiar a reflexão sobre a informação e com isso instalar uma hierarquia própria, não raro oposta às expectativas do espectador disposto a ver um ídolo do futebol em ação. O projeto maior do filme é a análise crítica do tema, a que se subordina todo o resto. Exemplo desse procedimento é a inversão cronológica que encerra a retrospectiva do Brasil nas copas do Mundo com a derrota de 1950, sendo que o país acabava de conquistar o bicampeonato no ano anterior. É uma escolha anticlimática, sem dúvida, que condiz com o desejo de lançar um olhar crítico sobre a transitoriedade da vitória, sobre a mobilização emocional e a alienação política que o futebol é capaz de proporcionar (estamos, como se vê, em pleno território da segunda teoria apresentada).

Longe da imparcialidade, *Garrincha, alegria do povo* se compromete escancaradamente com suas idéias. E, ao contrário da crítica distanciada em relação a Freyre em *O mestre de Apipucos*, o filme não se coloca imune diante do comprometimento do espetáculo com o poder, instalando discreta e fina autocrítica em seu discurso. O documentário de 1963 se alimenta, e também se atormenta, de conflitos: debruça-se sobre um tema que mobiliza passionalmente todo um país para adotar uma abordagem objetiva dos mecanismos de poder e alienação que o sustentam; e, para expor o quanto um espetáculo (o futebol, mas também o cinema) pode funcionar como escape, se constrói como um belo espetáculo cinematográfico, seja na riqueza das imagens captadas, seja na rigorosa montagem dos diversos materiais utilizados (imagens em movimento e estáticas, material próprio e de arquivo).

Garrincha pode ser definido como "um filme de montagem", não só por se utilizar sistematicamente de imagens de arquivo como pela maneira com que vai amarrando as imagens (alheias e próprias) para, a partir daí, construir os sentidos que pretende ressaltar. Mesmo se levando em conta os inegáveis méritos dos planos filmados pela equipe, é difícil não ver no trabalho de montagem o espaço mais privilegiado pelo filme. Nesse sentido, há um visível afastamento em relação às propostas de Cinema Verdade que pautavam a concepção do documentário naquele momento.

A idéia inicial não partiu de Joaquim Pedro, mas do produtor Luiz Carlos Barreto e do jornalista Armando Nogueira, que antes mesmo da Copa de 1962 pensavam em realizar um documentário sobre o futebol brasileiro. Queriam "filmar uma reportagem autêntica, dentro dos moldes das experiências levadas a cabo por Jean Rouch, sem sofisticação ou fantasia."[8] Para dirigir o documentário, convidaram Joaquim Pedro, recém-chegado de uma temporada de estudos no exterior, que incluiu estágio em Nova York na produtora dos irmãos Albert e David Maysles, dois dos principais realizadores do Cinema Direto americano.

Por essa época (segundo semestre de 1962), já havia no Brasil informações e conhecimento sobre os novos documentários que estavam sendo produzidos na Europa (o Cinema Ver-

---

8. Valério Andrade, Garrincha: marco de jovem cineasta, *Correio da Manhã*, 28 jul. 1963.

dade) e nos Estados Unidos (o Cinema Direto), não só através de alguns artigos publicados na imprensa como também pela exibição de filmes como *Chronique d'un été* (1961), de Jean Rouch e Edgar Morin, e filmes de François Reichenbach, segundo o histórico feito por David Neves.[9] O interesse só fez aumentar, tanto que no ano seguinte, quando do lançamento do filme, o Cinema Verdade já era considerado a "coqueluche do momento" no meio cinematográfico.[10] Considerando, além disso, que todo o material de divulgação do filme (incluindo reportagens na imprensa, declaração dos realizadores e o próprio *trailer*, que anunciava "Um filme verdade"[11]) assumia a filiação às novas tendências do documentário, não é de estranhar que *Garrincha* tenha mobilizado a crítica em torno da questão: trata-se ou não de Cinema Verdade?

Antes de arriscar algumas considerações sobre a questão, cabe diferenciar Cinema Direto de Cinema Verdade, tomando por base as análises de Brian Winston.[12] Ambos partiam da mesma base material (câmeras portáteis com som sincronizado), mas adotavam abordagens distintas. Os realizadores americanos do Cinema Direto perseguiam a condição de "mosca na parede", isto é, de observadores que registravam os acontecimentos sem neles intervir. A busca da espontaneidade e da autenticidade implicava também a crítica à utilização de voz *over* e mesmo de música. Tudo para "reforçar o conceito de que os realizadores não haviam mediado o resultado".[13] Os realizadores franceses do Cinema Verdade, por seu turno, trataram a questão da objetividade indo pelo caminho oposto ao da não-intervenção. Para tan-

9. David Neves, A descoberta da espontaneidade (breve histórico do Cinema Direto no Brasil).
10. Sérgio Augusto, Garrincha, alegria do povo. *O Cruzeiro*, 10 ago. 1963.
11. Texto do *trailer* de *Garrincha, alegria do povo*.
12. Brian Winston, The documentary film as scientific inscription.
13. *Ibidem*, p. 45.

to, colocavam-se, eles mesmos, nos filmes, aceitando "com entusiasmo o encargo da mediação" para alcançar não *a* verdade, mas a verdade de sua própria observação.[14] Erik Barnouw traça paralelos: "O artista do Cinema Direto aspirava à invisibilidade; o artista do Cinema Verdade de Rouch era com freqüência um participante declarado. O artista do Cinema Direto representava o papel de um espectador que não se envolvia; o artista do Cinema Verdade abraçava o papel de provocador".[15]

Tendo essas propostas em mente, volto a *Garrincha*. Há momentos no filme que se aproximam dos procedimentos do Cinema Direto, na sua proposta de não-intervenção. O mais explícito deles é a seqüência em que se acompanha um passeio de Garrincha pelo centro do Rio de Janeiro, filmado de longe pela câmera. Chamando atenção para o procedimento utilizado e talvez para evitar algum estranhamento por parte do espectador, a voz *over* entra explicando tanto o posicionamento da câmera quanto o objetivo perseguido: "Para sentir a popularidade de Garrincha, escondemos uma câmera no centro da cidade e, da janela de um edifício, seguimos os seus passos".

É curioso perceber como a seqüência conjuga procedimentos do Cinema Direto e do Cinema Verdade, porque ao mesmo tempo em que a câmera assume a posição do observador que não se envolve (a "mosca na parede") a voz *over* faz questão de deixar claro toda a estratégia. Em *Garrincha*, os realizadores não se colocam em cena, mas há constantes referências à própria feitura cinematográfica, não só através da voz *over* (como na seqüência citada acima), mas também pela ostensiva manipulação das imagens estáticas, que a câmera rastreia em panorâmicas e *zooms*, sem se limitar ao enquadramento original. Ao se valer do recurso de decompor – ou recompor – o movimento (seja ele de jogadas

14. *Ibidem*, p. 52.

15. *Apud* Brian Winston, *op. cit.*, p. 51.

ou de expressões faciais), o filme remete à base mesma do aparelho cinematográfico: imagens fixas que, colocadas numa sucessão, dão idéia de movimento. Tamanha manipulação do material salta fora da esfera do Cinema Verdade ou do Cinema Direto, e aponta para o elaborado trabalho de montagem que estrutura o filme.

O filme de Joaquim Pedro aciona uma variedade de referências, sem se restringir ao Cinema Verdade ou Direto. Mesmo porque, se não faltava conhecimento por parte do cineasta quanto às novas tendências do documentário, o que não havia no país era a base material para colocar em prática essas propostas. *Garrincha* não contou com câmeras leves, que dessem maior agilidade na filmagem ao mesmo tempo em que permitissem gravar som sincronizado. A produção conseguiu um gravador Nagra, emprestado pelo diretor sueco Arne Sucksdorff, que na época dava curso de cinema no Rio de Janeiro. O responsável por operar o Nagra ficou sendo um dos alunos do curso, Eduardo Escorel, que se tornaria um dos principais colaboradores de Joaquim Pedro.

O Nagra foi usado no dia em que se filmou a final do campeonato carioca de 1962, no Maracanã. Segundo Escorel, não se gravou som direto sincronizado com a câmera, e sim vários tipos de som ambiente, para serem utilizados ao longo do filme.[16] Os dois únicos depoimentos em som direto que aparecem no filme – o de Garrincha e o do médico Nova Monteiro – foram gravados com os pesados equipamentos tradicionais. Sem o equipamento adequado, o filme não tinha como explorar, com a agilidade necessária, um dos procedimentos básicos tanto do Cinema Verdade quanto do Cinema Direto: a entrevista.

16. Luciana Sá Leitão Corrêa de Araújo, *Joaquim Pedro de Andrade: primeiros tempos*, p. 136.

Em compensação, a produção do filme pôde dispor de vantagens como a utilização de até cinco câmeras para registrar os jogos e os espectadores. Com isso, dinamizou a filmagem das partidas de futebol, que até então eram registradas apenas com uma única câmera em plano geral. Joaquim Pedro considerava essa uma das inovações do filme, imediatamente adotada por Carlos Niemeyer no seu *Canal 100*, com a diferença que Niemeyer preferia mostrar as jogadas inteiras, sem fazer "o *corte cinematográfico* ocorrendo no meio, que era uma característica do *Garrincha*".[17] A importância dada por Joaquim Pedro ao corte, ou seja, à intervenção sobre o material filmado através da montagem, é bastante esclarecedora quanto às relações do filme com as propostas do Cinema Direto e do Cinema Verdade.

O fato de *Garrincha* não ter adotado plenamente essas propostas não se deve apenas à falta de equipamento, mas também às próprias concepções de cinema e à postura política do cineasta naquela época. Mesmo entusiasmado com os novos documentários que surgiam, Joaquim Pedro não parece ter modificado substancialmente as idéias que já expressava nas conversas com a equipe do curta *Couro de gato* (filmado pouco antes de sua viagem ao exterior), quando exaltava o corte como elemento básico cinematográfico.[18] Fica difícil imaginar um Joaquim Pedro plenamente adepto da "não intervenção" defendida pelo Cinema Direto americano. Ele até reproduz o discurso (não só quando da realização de *Garrincha* quanto de seu documentário seguinte), mas o filme se encarrega de injetar nuances e trazer à tona as diferenças. Some-se a isso o impulso político de desvendar e criticar os mecanismos de alienação e exploração pelo poder atuantes no fenômeno do futebol no Brasil – impulso que

17. David França Mendes, Entrevista com Joaquim Pedro de Andrade. *Dimensões*, n. 0, 1992 (grifo da autora).

18. David Neves, *Couro de gato. O Metropolitano.*

não excluía "uma certa onipotência diante da realidade", como iria reconhecer Joaquim Pedro tempos depois.[19] O projeto do documentário não consistia em exibir *uma* visão do futebol, assumindo o ponto de vista particular do realizador, como no Cinema Verdade, mas *a* abordagem certa: desmistificadora, totalizante, definitiva.

Em termos de equipamento, pelo menos, a oportunidade para que Joaquim Pedro explorasse aspectos do Cinema Direto não viria com *Garrincha*, e sim com *Improvisiert und zielbewusst ou Cinema Novo* (1967), que realiza a seguir, produzido por K. M. Eckstein para o Canal 2 da TV alemã.[20] O filme ganhou uma versão brasileira produzida pela Cinemateca do MAM-RJ, com texto do crítico Maurício Gomes Leite (lido por Paulo José) substituindo a narração original de Eckstein. Entre o material trazido pela equipe, toda ela alemã, havia uma câmera Éclair 16mm, sincronizada por cabo ao gravador Nagra.[21]

Realizado todo ele com câmera na mão, o filme tem o frescor de uma "atualidade" sobre o Cinema Novo de meados dos anos de 1960. Ali estão registrados diversos momentos, desde a conversa de Domingos de Oliveira com um banqueiro em busca de patrocínio ao périplo de Carlos Diegues e Zelito Vianna pelas salas de cinema no primeiro dia de exibição de *A grande cidade* (1967), dirigido pelo primeiro, produzido pelo segundo; da reunião entre Leon Hirszman e Vinicius de Moraes para elaboração do roteiro de *Garota de Ipanema* às filmagens de *Terra em transe*

19. Cláudio Bojunga, Vamos rever agora cinco bons filmes. Em companhia do seu diretor". *Jornal da Tarde*, 22 nov. 1973.
20. A escolha de Joaquim Pedro para dirigir o filme talvez tenha se dado devido à boa repercussão do curta *Couro de gato* (1962) na Alemanha, onde foi premiado no Festival de Oberhausen.
21. Informações encontradas no *site* do Festival de Cinema de Torino (www.torinofilmfest.org), que em 1995 dedicou retrospectiva a Joaquim Pedro.

(Glauber Rocha, 1966) e *El justicero* (Nelson Pereira dos Santos, 1967); passando pelos ensaios de *Terra em transe*, a montagem de *A opinião pública* (Arnaldo Jabor, 1967) e a dublagem de *Todas as mulheres do mundo* (Domingos de Oliveira, 1967). Com a descontração que uma reportagem permite, há lugar também para momentos mais mundanos, como a concorrida pré-estréia de *A grande cidade* e a movimentação no bar da Líder, em Botafogo, tradicional ponto de encontro dos cinemanovistas.

Em entrevista da época sobre o filme, Joaquim Pedro valoriza a opção feita por aqueles que "tentam fazer um cinema independente de pré-condicionamentos industriais".[22] É interessante notar, entretanto, como a abordagem empreendida pelo documentário remete a uma estrutura industrial, com sua "linha de montagem" bem definida a percorrer as diversas fases da produção de um filme: ensaios, financiamento, criação do roteiro, filmagem, montagem, dublagem, exibição. Pode-se rejeitar as imposições da indústria, no que ela traz de domesticação e padronização, mas parece haver em contrapartida o desejo e a satisfação por colocar o Cinema Novo em pleno processo de produção contínua e simultânea, característica do esquema industrial bastante atraente para um bando de jovens dispostos a transformar o cinema em meio de sobrevivência artística e financeira.

O documentário de Joaquim Pedro também vai insistir em outro aspecto da indústria, o "star system". Só que em tempo de "política dos autores", o que mais brilha não é o *glamour* dos atores, mas o talento dos cineastas. O filme se desenvolve e é costurado através das experiências de Nelson Pereira, Hirszman, Diegues, Glauber, Domingos de Oliveira, Jabor. E quem inaugura esse desfile de experiências é o próprio Joaquim Pedro. Logo no início, o repórter alemão K. M. Eckstein, microfone em

---

22. Miriam Alencar, Joaquim Pedro mostra cinema brasileiro aos alemães, *Jornal do Brasil*, 3 set. 1967. As citações seguintes são desse artigo.

punho, caminha em direção a Joaquim Pedro, que aparece em plena atividade, operando uma câmera. Com a figura do cineasta em segundo plano, Eckstein explica que ele não será visto ao lado dos amigos e colegas do Cinema Novo porque ficou atrás da câmera. Num procedimento caro ao Cinema Verdade, o filme faz questão de registrar a presença do diretor (e justificar sua ausência nas imagens vistas em seguida), identificando qual a experiência que organiza todas as outras.

Ao falar sobre *Improvisiert und zielbewusst ou Cinema Novo* (cujo título em alemão significa "improvisação com objetivo determinado"), Joaquim Pedro assume o discurso do Cinema Direto, numa postura semelhante a dos realizadores americanos: "No filme *nada foi encenado*, tendo sido utilizada a técnica do Cinema Direto. Com equipamento leve e simplificado para melhor movimentação, foram registrados os acontecimentos expressivos sobre o fato, mostrando onde e como se realizavam, *sem qualquer direção*" [grifos meus].

O cineasta faz questão de contar da dificuldade encontrada pela equipe alemã em se adaptar "ao nosso modo de trabalhar", pois "tudo obrigava a deixar em segundo plano o controle técnico das condições de filmagem para se alcançar a *espontaneidade* exigida" [grifo meu]. Além disso, preocupa-se em justificar a ausência de entrevistas no filme – procedimento habitual nos documentários de Cinema Direto – alegando as "determinantes de seu consumo": a compreensão, por parte do público alemão, não deveria ser comprometida por problemas de idioma. E justifica também o uso da narração – com "informações apresentadas de forma concreta e dinâmica" –, embora reconheça que com isso tenha "limitado a apreciação crítica do movimento Cinema Novo".

As explicações do cineasta se direcionam para filiar *Improvisiert und zielbewusst* ao Cinema Direto. Não faltam referências à "espontaneidade" e à não-intervenção por parte do diretor, referências, inclusive, feitas dentro do próprio filme, quando a voz *over* garante que "este momento não foi encenado, tudo acontece espontaneamente", durante a seqüência da conversa entre Domingos de Oliveira e o banqueiro. Nas suas declarações, Joaquim Pedro ainda se encarrega, ele mesmo, de avaliar ganhos e perdas decorrentes da escolha de não fazer entrevistas e optar pelo texto lido pela voz *over*. Fica claro o diálogo que está em pauta, pois estão colocados alguns dos principais pontos defendidos pelos documentaristas americanos.

Um dos mais incisivos do grupo (cujo trabalho Joaquim Pedro pôde acompanhar de perto), Albert Maysles preferia até não usar a palavra "diretor": "não sinto que da maneira que filmo estou dirigindo alguma coisa".[23] Criticava nos documentários o uso excessivo de música e narração, que acabava por transformá-los em "conferências ilustradas", e complementava: "que tipo de realismo se pode alcançar num filme quando não se consegue nem escutar alguém falando?". As declarações de Joaquim Pedro ecoam essas e outras idéias, e até colocam justificativas para eventuais afastamentos, como para mostrar que enfim foi possível concretizar a proposta esboçada por *Garrincha*.

Depois de *Improvisiert und zielbewusst*, Joaquim Pedro realiza mais um documentário, com financiamento da Olivetti. *Brasília, contradições de uma cidade nova* (1967) – que acabou por não se adequar às estratégias da filial brasileira da empresa, sendo colocado de lado, sem chegar a percorrer os circuitos de exibição – expõe a beleza e as desigualdades da moderna capital do país.

Antes das filmagens, foram gravados (somente áudio) no Rio de Janeiro depoimentos de Oscar Niemeyer e Lúcio Costa,

23. Maxine Haleff, . The Maysles Brothers and 'direct cinema'. *Film Comment*, As citações seguintes são desse artigo.

que serviram de base para o roteiro,[24] escrito por Joaquim Pedro em colaboração com o arquiteto Luís Saia e com o crítico e historiador de cinema Jean-Claude Bernardet. Diretor do escritório paulista do Patrimônio Histórico e Artístico Nacional, Saia contava com ampla experiência de pesquisa arquitetônica, iniciada sob os auspícios modernistas de Mário de Andrade. E Bernardet, que também trabalhou como assistente de direção no filme, vinha de uma especial temporada na cidade. Ao lado de Paulo Emilio Salles Gomes, Lucila Ribeiro Bernardet e Nelson Pereira dos Santos, ele havia participado como professor do curso de cinema (o primeiro de nível universitário) da Universidade de Brasília, núcleo desarticulado com a crise que se instalou na UnB em 1965.

O documentário mostra Brasília como uma cidade dividida. O sonho de modernidade que impulsionou sua construção e o arrojamento artístico que forjou tanta beleza em meio ao descampado do cerrado não foram suficientes para reverter um quadro de forças muito mais potentes e enraizadas – as violentas forças de exploração econômica. O filme começa no plano piloto, segue para as cidades-satélites e depois retorna ao plano piloto. A voz *over* (de Ferreira Gullar) informa sobre a concepção arquitetônica e urbanística da cidade, sobre as oscilações no mercado de trabalho, sobre as condições das cidades-satélites. Não há pretensão de imparcialidade: a voz informa, mas também julga, avalia. É a "voz do saber", como definiu Jean-Claude Bernardet ao analisar *Viramundo* (Geraldo Sarno, 1965)[25].

Para marcar, no tratamento mesmo das imagens e do som, a divisão firmemente instalada na capital do país, Joaquim Pe-

24. Informação dada por Ana Maria Galano, que transcreveu as fitas na época.
25. Jean-Claude Bernardet, *Cineastas e imagens do povo: uma aventura documentária no Brasil, 1960-1980*, p. 13.

dro vai acionar procedimentos bem diferenciados. Aos planos das fachadas, interiores e imagens aéreas do plano piloto mais nobre, reserva movimentos de câmera (*travellings* e panorâmicas) estáveis, lineares, que traçam percursos muito elegantes e "apolíneos", no sentido que acompanham as linhas harmoniosas e equilibradas da arquitetura. Há um quê de solenidade e ao mesmo tempo de distanciamento, um olhar que passa, registra e aprecia, sem, no entanto, chegar a se integrar. A música que pontua essas imagens é erudita, e, além de combinar à perfeição com a beleza do que é mostrado, também não deixa de estabelecer comentário ao caráter elitista que marca o consumo tanto desse estilo musical quanto das regiões mais nobres e valorizadas da cidade.

Em alguns momentos, os belos *travellings* proporcionados pela fotografia de Affonso Beato lembram os característicos movimentos de câmera dos filmes de Alain Resnais. Percorrer lentamente os interiores do Palácio da Alvorada é como passear pela Biblioteca Nacional de Paris em *Toute la mémoire du monde* (1956) ou pelos corredores do hotel de *O ano passado em Marienbad* (*L'année dernière a Marienbad*, 1961). Assim como nesses e em outros filmes de Resnais a questão da memória se impõe, também os planos interiores do Alvorada introduzem um segmento dedicado a um breve retrospecto de todos os "habitantes" que passaram pelo Palácio.

Há uma montagem de fotos, com trinados de passarinho no áudio e acompanhamento de uma música que é erudita, mas com arranjo de órgão resvalando para o *kitsch*. Aparece Juscelino Kubitschek sozinho, depois ao lado de Jânio Quadros e João Goulart na posse do primeiro; página de revista com fotos de Jânio, em uma delas de mãos dadas com um militar; foto de Jango em meio à multidão e *zoom in* sobre seu rosto; Castello Branco cercado por militares, entre eles Costa e Silva; e outra página de revista com foto de Costa e Silva. A seqüência de fotografias e o tratamento dado a ela destoam do resto do filme, mas estabelece total sintonia com os procedimentos trabalhados em *Garrincha, alegria do povo*, seja na utilização de fotos (e intervenção nelas, com *zoom*) e até no som de passarinho, que lembra o mainá de estimação do jogador, seja na avaliação crítica que lança sobre os presidentes, equacionando em poucas fotos as mudanças – e as permanências – no jogo do poder.

À medida que o filme começa a se afastar das esferas mais privilegiadas da cidade, a câmera vai abandonando a estabilidade do tripé. É flagrante, por exemplo, a diferença no comportamento da câmera ao percorrer os apartamentos de um alto funcionário e de uma família de classe média baixa. No primeiro, ela avança, firme e lentamente, em *travelling* pela sala bem decorada, mas vazia. No outro apartamento, uma câmera na mão desloca-se instável e sinuosamente pelos cômodos até encontrar os moradores, que estão sendo entrevistados pelo ator Joel Barcelos (que trabalhou na produção do filme).

A presença humana é que parece desestabilizar a câmera. Mais precisamente, a presença dos excluídos. A contradição dos termos – excluídos e presentes – já expõe o incômodo. Eles não deveriam mais estar ali. Indispensáveis para a viabilização física do projeto, tornaram-se em seguida empecilhos para a concretização do ideal inicial de modernidade e democracia.

O documentário não deixará de dedicar uma seqüência ao ensino e, particularmente, à crise da UnB. Pelos corredores da universidade, a câmera avança em *travelling* na direção de um grupo de professores, que descreve em planos mais próximos, sempre em movimentos estáveis, seguros. Enquanto isso, na banda sonora, ouve-se fora de sincronia algumas frases ditas pelos professores: "Não é problema de saudosismo" (...) "a realidade é que acabou" (...) "ou se tradicionaliza essa escola" (...) "vão destruir isso tudo". Sobre o plano de um saguão vazio da universidade (que sai de um espaço luminoso para um canto mais escuro), entra a voz *over* informando que a UnB, projetada para ser a vanguarda do ensino superior no Brasil, "hoje é uma universidade como as outras". A universidade como espelho da cidade: criada para a diferença, acaba reproduzindo os mesmos esquemas que pretendia superar.

É em busca da semelhança mais explícita com o resto do país que a câmera parte nas seqüências seguintes. Deixando para trás a vanguarda e a elite (ou os projetos de), o filme vai se deslocando para fora do plano piloto, num itinerário que começa pela rodoviária, ponto de intersecção entre os dois eixos principais e também elo de conexão entre o dentro e o fora, entre o plano piloto e as cidades satélites. No plano inicial da rodoviária, câmera na mão desce pela escada rolante, realizando um *travelling* sobre o saguão abaixo. Nesse momento, a própria atuação da câmera conjuga os dois mundos, reforçando a idéia de intersecção de espaços, porque ao mesmo tempo em que se livra do tripé – como nas seqüências dos apartamentos populares – não deixa de realizar um movimento (o *travelling*) bastante freqüente nas imagens feitas da Brasília moderna dos monumentos e avenidas.

Ainda na escada rolante, entra a voz de Maria Bethânia cantando *Viramundo*, de Gilberto Gil e Capinam. Não é a mesma música cantada por Gil no documentário de Geraldo Sarno sobre imigrantes nordestinos em São Paulo, mas isso não impede que, através dela, seja reforçada a aproximação entre os dois filmes. A música cobre todos os planos da rodoviária e introduz as seqüências seguintes, dedicadas ao universo dos migrantes. A partir das imagens na rodoviária, mudam os "personagens", mudam os estilos musicais (sai de cena, por enquanto, a música erudita) e muda também o comportamento da câmera, que se aventura entre a pequena multidão à espera dos ônibus, chegando perto para captar expressões e traços de inequívoca pobreza. Bem diferente, por exemplo, dos planos dos professores na universidade, em que a câmera se movimenta sem qualquer nervosismo, mantendo a estabilidade de movimentos e uma distância regulamentar das pessoas filmadas.

Como contrapartida aos movimentos deslizantes por um plano piloto quase fantasma, em que se via tão pouca gente nas ruas, surgem nada menos que sete planos de uma feira livre, numa das cidades-satélites, com uma câmera na mão extremamente vivaz e curiosa, que vai se aproximando das pessoas, mostrando detalhes das mercadorias à venda. É um comércio nada sofisticado, com todo tipo de produto – o comércio possível e não idealizado, caótico e não planejado, semelhante a tantas feiras livres espalhadas pelo país. Na banda sonora, o barulho do ambiente se mistura ao forró da trilha. Tudo é estruturado de tal maneira a compor uma dinâmica "poluição" visual e sonora, em ostensivo contraponto à assepsia do plano piloto, tal como o filme dá a ver em sua primeira parte.

Nas cidades-satélites é bem maior o número de depoimentos para a câmera, com uma diferença fundamental em relação às entrevistas anteriores: pode-se ouvir as vozes claramente, sem que sejam truncadas ou encobertas pela voz *over*. Falam operários sobre a situação de trabalho e sobre sindicatos, fala uma dona de casa e um rapaz contando episódios envolvendo violência policial contra os migrantes. Também é composta por entrevistas a última seqüência ainda fora de Brasília, que se passa no interior de um ônibus cheio de migrantes (homens, mulheres e muitas crianças), com Joaquim Pedro fazendo perguntas a alguns passageiros: de onde vêm, o que procuram em Brasília.

Ao longo das seqüências nas cidades-satélites, quando *Brasília* aproxima-se das propostas do Cinema Direto e do Cinema Verdade, estreita-se também o vínculo do documentário de Joaquim Pedro com *Viramundo*, seja pelos procedimentos trabalhados (entrevistas em som direto; a presença ou a voz do entrevistador não é camuflada), seja pelo tema da migração, pelos rostos, pelos sotaques. Quase vinte anos depois, os episódios e as situações tratadas nessa parte ganharão desdobramentos no longa-metragem *Conterrâneos velhos de guerra* (1990), de Vladimir Carvalho, que tornará a se debruçar sobre as contradições de Brasília e sua história de pioneirismo, mas também de violência e massacres.

Depois da seqüência no ônibus, que encerra a parte dedicada às cidades-satélites, o filme volta ao plano piloto, chegando na cidade em um lento *travelling* que avança por uma avenida, com o Congresso Nacional ao fundo e novamente música erudita na trilha. A partir daí haverá mais oito planos até o final – todos eles com a câmera se deslocando em *travellings* por construções da cidade. À primeira vista, os planos podem se assemelhar àqueles da primeira parte, quando a câmera passeia pelas avenidas e por interiores luxuosos como os do palácio do Alvorada. Mas há em alguns dos planos finais uma qualidade diferente. É que a câmera passa a se integrar com as formas arquitetônicas que captura, deixa-se envolver por elas e vai procurando estabelecer um belo diálogo entre as duas expressões – cinema e arquitetura.

Disso resulta uma coreografia arrebatadora, que tem seu momento mais precioso no *travelling* lateral pelo Palácio do Planalto: a câmera aproxima-se de maneira a ir enquadrando em contra-*plongée* as colunas, que vão "se movendo" num balé de ângulos e curvas, que o deslocamento da câmera faz surgir. O mesmo movimento (*travelling*) que na primeira parte do filme servia para marcar certo distanciamento, agora permite descobrir e criar novas relações com o ambiente, relações de interação, de fruição, de encantamento.

À mudança na atuação da câmera corresponde uma outra, inesperada e perturbadora, introduzida pela voz *over*. No trecho final, é dito:

> Brasília foi a grande oportunidade que se abriu à arquitetura brasileira: uma cidade inteira a ser feita desde o começo, dentro de uma moderna técnica urbanística e com total liberdade imaginativa. Ao expelir de seu seio os homens humildes que a construíram e os que a ela ainda hoje acorrem, Brasília encarna o conflito básico da arte brasileira, fora do alcance da maioria do povo. O plano dos arquitetos propôs uma cidade justa, sem discriminações sociais. Mas, à medida que o plano se tornava realidade, os problemas cresciam para além das fronteiras urbanas em que se procurava contê-los. São problemas nacionais, de todas as cidades brasileiras, que nesta, generosamente concebida, se revelam com insuportável clareza. É preciso mudar essa realidade para que no rosto do povo se descubra quanto uma cidade pode ser bela.

As palavras do final não deixam de ser surpreendentes. Não tanto no que diz respeito à Brasília como inevitável espelho das outras cidades brasileiras, mas pelo fato de incorporar às contradições abordadas ao longo do filme o "conflito básico" da arte brasileira, o de estar "fora do alcance da maioria do povo". Com isso, quebra-se, como nos planos finais, o distanciamento que marcara o olhar sobre o plano piloto. A crítica revela-se de fato uma rigorosa autocrítica. Descobre-se que *Brasília, contradições de uma cidade nova* é também um filme sobre as contradições do Cinema Novo, impulsionado por um projeto – de cinema, de Brasil – moderno, mas que apesar de toda "liberdade imaginativa" esbarrava no desafio de alcançar "a maioria do povo".

Nesse sentido, o final de *Brasília, contradições de uma cidade nova* funciona como um prólogo para a ficção que Joaquim Pedro dirige em seguida. Uma das produções cinemanovistas de maior bilheteria, sem deixar de lado as propostas do movimento, *Macunaíma* (1969) pode ser encarado como uma bem-sucedida tentativa de superar o "conflito básico", como um momento privilegiado em que foi possível descobrir no rosto de um público mais amplo a beleza e a força de um novo cinema brasileiro.

O último plano do documentário pretende combinar espaços e linguagens. A câmera recua em *travelling* por um andar de prédio em obras, com vários operários trabalhando em volta. É difícil enxergar com exatidão o ambiente exterior, porque a luz está um pouco estourada. Mas dá para concluir que o prédio se situa no plano piloto, especialmente pelo tipo de construção (edifício alto, com mais de um andar e com arcos em redor, que compõem a fachada). O prédio, portanto, é nobre, mas pelo menos naquele momento é um espaço dominado por trabalhadores de baixa renda, vistos agora pelo filme não com a instabilidade da câmera na mão e sim com a sofisticação segura do *travelling*. E a música não é erudita nem popular tradicional, como o forró que toca na feira livre. É a MPB engajada de *Viramundo*, que o filme já havia codificado como a trilha sonora do território de transição entre os dois mundos (a rodoviária), e funciona como uma aposta na capacidade de virar o mundo em "festa, trabalho e pão".

Depois do sonho de Brasília, uma outra utopia. Mas tanto em um quanto em outra é a linguagem da elite que se impõe – estamos no plano piloto e os trabalhadores continuam sem ter voz; além disso, a música colocada como tradução de seus desejos é criação de outra classe que não a sua. Nesse último plano, fica marcada a semelhança entre o filme e o projeto de cidade ao qual dirigiu suas críticas. O abismo entre os territórios se mantém: de um lado os privilegiados e a cultura de elite; do outro, como um enigma, os excluídos e a cultura popular.

A encruzilhada da arte longe do povo é problematizada por *Brasília, contradições de uma cidade nova*, que mesmo desenvolvendo ferrenho comentário crítico sobre a questão não deixa de assumir, também, uma atitude de cumplicidade, já que nessa encruzilhada há lugar reservado para o cinema brasileiro. A crítica sem condescendência vai acontecer quando o cineasta se depara com a arte transformada em comércio, o povo transformado em público consumidor. É ao abordar a publicidade e a comunicação de massa no curta-metragem *Linguagem da persuasão* (1970) que Joaquim Pedro destila seu horror às estratégias de consumo fácil, imediato e vazio.

Financiado pelo Senac, esse deveria ser uma espécie de filme institucional para mostrar a importância e atualidade do curso de aperfeiçoamento de profissionais na área de comunicação visual, promovido pela instituição. Não é que estejam ausentes imagens dos alunos montando vitrines ou desenhando em sala de aula. Elas estão lá, juntamente com várias cenas de profissionais em atividade nos estúdios de televisão, em agência de publicidade, gravando *jingles* publicitários, fotografando produtos. O destaque maior, no entanto, como o título indica, recai sobre essa linguagem criada e aperfeiçoada para o consumo de massa, cujo caráter persuasivo tem, como objetivo supremo, vender. Tudo vira produto: das mercadorias nas prateleiras dos supermercados às emoções da telenovela.

O texto da narração (lido por Ferreira Gullar) nunca abandona o tom crítico, condenatório mesmo. A informação já vem carregada de reprovação:

> Comunicação em massa: uma linguagem que diz a todo instante o que você deve fazer de manhã ou de noite. Compre. Beba. Fume. Emagreça. Leia. Veja. Ande. Pare. A todo instante um cartaz ou uma vitrine pede que você olhe e obedeça. A televisão, o rádio, o cinema, o jornal, a moda – tudo foi transformado no veí-

> culo desta confortável dominação. [...] A necessidade artificial torna-se real. O supérfluo é essencial.

Além disso, há sempre o movimento de mostrar o ridículo de *jingles*, anúncios impressos, comerciais de televisão, novelas (curiosamente, o cinema, apesar de mencionado, fica fora do alcance dessa artilharia).

Essa atitude diante do tema contrasta com a utilização de músicas tropicalistas na trilha sonora (*Divino maravilhoso*, com Gal Costa, *Alegria, alegria*, com Caetano Veloso). A leitura que Joaquim Pedro faz da linguagem publicitária está longe de incorporar – e se entusiasmar com – seu lado *pop* e moderno que o olhar tropicalista tratou de explorar. No início, o filme até chega a flertar com a descontração do *pop*, como quando a câmera sai de um rapaz tomando sorvete até enquadrar ao lado uma imensa coluna em forma de sorvete de casquinha. Mas esse procedimento não será freqüente no filme, que prefere manter a distância, ressaltar o ridículo, dar primazia ao comentário reprovador.

Um dos poucos momentos em que o documentário "baixa a guarda" diante da linguagem da persuasão propriamente dita é durante o depoimento do desenhista industrial Aloísio Magalhães, que explica a identidade visual que criou para uma marca de lençóis. Aqui, a linguagem publicitária deixa de ser encarada apenas nos seus aspectos mais comerciais e redutores para ser valorizada no que tem de criação, de invenção. É quando entram em cena a inteligência e o talento que o filme passa a demonstrar algum respeito por uma engrenagem que, em geral, condena.

Nos documentários de Joaquim Pedro há com freqüência o embate entre o talento, a beleza da criação, e as forças de poder com as quais aquele que cria se vincula, se deixa enredar, se contrapõe. É um embate no qual o cineasta sempre se coloca, num movimento de auto-reflexão constante. Predomina a rigorosa e nada complacente avaliação crítica da cultura, do poder e da própria trajetória. Os pesos da balança entre talento e poder variam ao longo dos documentários, mas há um momento especial em que o cineasta se rende, irremediavelmente fascinado, ao talento. É quando realiza *O Aleijadinho* (1978), seu último documentário em película.[26]

Aqui, Joaquim Pedro dá vazão ao seu encantamento pelos prodígios de expressão artística criados por Antônio Francisco Lisboa. Deixa correr o fascínio e o arrebatamento com as formas, levando adiante e com muito maior intensidade e extensão o impulso que guiou o movimento da câmera pela fachada do Palácio do Planalto, no trecho final de *Brasília*. A certa altura de *O Aleijadinho*, a voz *over* (Ferreira Gullar, mais uma vez) assim se refere à Igreja de S. Francisco, em Ouro Preto: "obra sem paralelo, onde a energia, a força, a elegância e a finura se irmanam, conferindo à criação arquitetônica palpitação de coisa viva". Pois é exatamente "palpitação de coisa viva" que melhor define tanto alguns dos planos finais de *Brasília* como boa parte das imagens do filme sobre Aleijadinho.

Baseado em texto e roteiro de Lúcio Costa, o documentário conta a vida e mostra a obra de Aleijadinho. Joaquim Pedro imprime na película toda sua admiração pelo artista e todo seu conhecimento de uma obra que inclusive ajudou a recuperar, quando participou entre 1956 e 1957 da equipe de Edson Motta, responsável pela restauração dos Passos da Paixão, em Congonhas do Campo. Nessa época, Joaquim Pedro escreveu ao amigo Alexandre Eulálio: "Segunda-feira vamos começar a trabalhar nos Passos. Ali a coisa é emocionante. A pintura primitiva das figuras é delicadíssima, muito ao contrário da repintura que vamos eliminar. As figuras ganham enormemente em beleza. Estou em-

26. Na década de 1980, depois de concluir seu último longa de ficção, *O homem do pau-brasil*, faz em vídeo *O tempo e a Glória* (1981), um passeio com o escritor Pedro Nava pelo bairro carioca.

basbacado com o Aleijadinho e vou ter uma oportunidade única de contato com sua escultura mais apurada".[27]

Eduardo Escorel identifica no trabalho de restauração dos Passos a primeira *mise-en-scène* de que participou o futuro cineasta.[28] Essa experiência irá repercutir de maneira mais evidente no documentário realizado vinte anos depois. Em *O Aleijadinho*, Joaquim Pedro de fato traduz em refinada *mise-en-scène* a força expressiva das obras do artista. Iluminação elaborada e impecáveis movimentos de câmera (que combinam panorâmicas e *travellings*, além do movimento ótico da *zoom*) fazem com que as formas – e o filme junto com elas – adquiram "palpitação de coisa viva". Tomando emprestado outras palavras ditas pela voz *over*, diria que é o "expressionismo dramático" que conduz o trabalho da direção de fotografia, assinada por Pedro de Moraes (colaborador habitual de Joaquim Pedro desde *Linguagem da persuasão*). A iluminação é recortada, dramática – também ela barroca. Um único foco de luz é capaz de desencadear um verdadeiro balé de formas e expressões, como nos dois planos da imagem de Sant'Anna com Nossa Senhora nos braços: a câmera está fixa, o que gira é a imagem, que vai adquirindo diferentes contornos e dramaticidade graças ao foco de luz colocado à direita.

Em *O Aleijadinho*, salvo engano, não há câmera na mão. O que interessa não é a instabilidade do olhar, mas a firmeza, a segurança e a graciosidade nos passeios empreendidos pela câmera. Existe um prolongamento entre o trabalho de câmera em *Brasília* e em *O Aleijadinho*, um inegável parentesco a estabelecer uma linha de continuidade e aprofundamento de linguagem. No primeiro, os movimentos de câmera (exceto quando na mão) são

27. *Carta de Joaquim Pedro de Andrade a Alexandre Eulálio*. Congonhas do Campo, 8 dez. 1956. Arquivo Alexandre Eulálio, Unicamp.
28. Eduardo Escorel, Viva Joaquim, p. 9.

lineares e adotam durante boa parte do tempo um controlado distanciamento em relação ao que está sendo filmado. Em *O Aleijadinho,* é como se o trabalho de câmera desse continuidade aos planos finais de *Brasília,* estabelecendo um intenso diálogo com as obras, interagindo com elas para daí extrair tanto a beleza mais evidente quanto os segredos e sentidos que requisitam o olhar atento e apaixonado para virem à tona. São mais freqüentes, no documentário de 1978, os movimentos sinuosos, que rimam com as curvas e reentrâncias das esculturas, entalhes, desenhos, linhas arquitetônicas. Descartando o distanciamento, a câmera deixa-se enredar pelos objetos que registra.

Exemplo do perfeito entrosamento entre obra, luz e câmera é o plano em que a câmera sai de um anjo pendurado, vai descendo por um fundo escuro, chega até um apóstolo deitado, acompanha sua figura e a figura do próximo apóstolo também deitado, sobe até a figura de Cristo (ao lado de um outro apóstolo), que olha para cima, de onde vem um foco de luz. Esse plano e mais os três seguintes (planos fixos do anjo e de Cristo e uma panorâmica sobre outra imagem de Cristo, carregando a cruz) exibem a total maestria desse olhar sobre a criação de Aleijadinho. Através de iluminação e movimentos de câmera impecáveis, as expressões de rostos e corpos ganham ainda maior força. Tudo é exacerbação, sofrimento, paixão – sim, são planos de alguns dos passos da Paixão.

Como os documentários anteriores, *O Aleijadinho* é um ensaio dos mais inteligentes, que revela fino conhecimento do tema. Mas é também itinerário amoroso do cineasta por um objeto que tamanha admiração lhe desperta. Nesse sentido, o filme aproxima-se de *O poeta do castelo,* em que Joaquim Pedro não esconde o afeto pela personalidade do padrinho Manuel Bandeira e o encantamento por sua poesia. Enquanto o poeta transita entre o mundo real e o imaginário de Pasárgada, o artista mineiro também surge como elo entre dois mundos – o divino e o humano. Primeiro, há o espelhamento entre artista e obra: quando a voz *over* descreve a aparência que tomou Aleijadinho depois de acometido pela doença, o que se vê são detalhes de anjos corroídos, figuras deterioradas.

Tal associação evolui para a identificação entre Aleijadinho e Cristo, não só pelo sofrimento que se inscreve e se evidencia fisicamente como também pelo estatuto divino que carregam, junto com suas cruzes. No último plano do filme, a câmera aproxima-se em *zoom* do rosto de Cristo e começa a percorrer seu corpo – olhos fechados, braços para trás, pele coberta de sangue e feridas – desde a cabeça até os pés. Enquanto isso, a voz *over* narra a agonia de Aleijadinho: "Depois, com o corpo chagado, amargurado e só, jazeu durante quase dois anos num estrado de tábuas [...], onde pedia ao Senhor, na sua santa agonia, que sobre ele pousasse os seus divinos pés".

Em um momento anterior, o filme já havia construído a mesma relação, mostrando um Cristo crucificado, sem um dos braços, e na banda sonora a leitura de um comentário oficial da época: "Tanta preciosidade se acha depositada em corpo enfermo que precisa ser conduzido a qualquer parte e atarem-se-lhe os ferros para poder trabalhar". Vida e obra de Aleijadinho expõem o extremo contraste entre aparência física e estatura espiritual, entre as condições práticas amplamente desfavoráveis e, a despeito de tudo, a gloriosa criação que se afirma. Em *O Aleijadinho*, essas questões alcançam a fronteira da criação como coisa sagrada.

Em documentários anteriores de Joaquim Pedro, elas também estão presentes, mesmo se atuando em terrenos mais profanos como o futebol e o cinema. Em *O poeta do castelo*, a fragilidade de Manuel Bandeira e a simplicidade de seu cotidiano pouco se assemelham à riqueza e à força dos mundos criados pelo poeta. Contrariando a anatomia, Garrincha com suas pernas tortas é, como Aleijadinho, movido pelo talento, forjando arte ali onde ela parecia – fisicamente, objetivamente – impossível. Também o Cinema Novo vai procurar criar sua própria linguagem, expressar suas idéias, a despeito das estruturas menos alentadoras e mais viciadas que encontram pela frente. E Brasília, apesar de todas as contradições, transformou em realidade o projeto longamente acalentado de uma nova capital construída no meio do nada – formas modernas brotando em pleno descampado.

Entre o primeiro (*O mestre de Apipucos e o poeta do castelo*) e o último documentário para cinema de Joaquim Pedro (*O Aleijadinho*) há mudanças muito significativas no trabalho de câmera e na decupagem. O que se observa é o progressivo abandono de uma concepção mais vinculada à linguagem clássica, com seus *raccords* bem marcados, num cuidadoso trabalho para inserir o corte dentro de uma continuidade impecável – como acontece em *O mestre de Apipucos e o poeta do castelo*, mesmo que desde já não se trate de seguir esses procedimentos inadvertidamente, e sim de se valer deles para criar diferentes relações entre cada um dos "personagens" e o espaço em que circulam.

Garrincha vai lançar mão de um verdadeiro arsenal de estratégias, desde a câmera na mão ao trabalho de trucagem com fotografias, desde a inovadora concepção de filmagens de partidas de futebol aos reveladores primeiros planos, com teleobjetiva, da multidão no estádio. Como marca registrada do movimento (além da idéia na cabeça), a câmera na mão é que domina em *Improvisiert und zielbewusst ou Cinema Novo*. De maneira geral, *Brasília* vai propor uma clara distinção no trabalho de câmera, reservando a câmera na mão para as classes baixas e cidades-satélites e as panorâmicas e *travellings* (em carrinhos, trilhos, automóveis ou em planos aéreos) para as áreas mais privilegiadas do plano piloto. Em *Linguagem da persuasão*, é difícil avaliar os procedimentos de câmera, porque não só muitos planos procuram parodiar a linguagem publicitária como também há um embaralhamento entre as imagens realizadas para o filme e aquelas preexistentes que são nele reproduzidas.

O Aleijadinho vai orquestrar a síntese entre os dois procedimentos básicos utilizados em *Brasília*, combinando a elegância dos firmes movimentos de câmera à perspicaz sinuosidade da câmera na mão. A câmera envolve-se de tal maneira com o objeto que registra, e com tal conhecimento e paixão, que acaba por criar uma *mise-en-scène* singular, ali na intersecção entre olhar da câmera e as formas e sentidos da obra filmada (pintura, escultura, construção). Ao invés dos cortes marcados por *raccords* detalhadamente elaborados, como em *O mestre de Apipucos e o poeta do castelo*, *O Aleijadinho* investe na continuidade do movimento de câmera – e nesse sentido filia-se menos à cartilha do cinema clássico do que à linguagem do cinema moderno.

Curiosamente, o que se observa em relação à voz *over* nesse conjunto de documentários é uma trajetória inversa: ela tende a surgir de maneira cada vez mais tradicional. Em *O mestre de Apipucos e o poeta do castelo* e *Garrincha, alegria do povo* há constantes curtos-circuitos entre o texto lido e as imagens que se sucedem: a singularidade dos versos e a banalidade do cotidiano do poeta; o discurso vaidoso do sociólogo e as imagens que põem a nu tal vaidade; o diagnóstico do médico sobre o "defeito" nas pernas de Garrincha e os dribles surpreendentes do jogador; o som do mainá "dublando" vizinhos e políticos em pleno exercício de rapinagem em cima do prestígio de Garrincha. A partir daí, há uma crescente adesão entre a voz *over* e as imagens. Como nos documentários de molde mais tradicional, vigora sem maiores conflitos a voz do saber, que apresenta a informação já com a devida carga de avaliação e julgamento.

O tratamento dispensado à voz *over* pode ser visto dentro de uma perspectiva mais ampla, que explica inclusive o fato de Joaquim Pedro nunca ter realizado um filme inteiramente dentro das propostas de Cinema Direto e Cinema Verdade. Essa perspectiva diz respeito à grande ambição que move os documentários do cineasta. Mais do que aventuras de descoberta, guiadas pela improvisação, pelos acasos da filmagem, os documentários dirigidos por Joaquim Pedro são criteriosos ensaios, espaços privilegiados para o desenvolvimento de idéias e leituras sobre os temas em que se lançam. Não é tanto mostrar, mas analisar o que está sendo mostrado – e como. Por isso, quaisquer que sejam os temas abordados nesses filmes, há sempre o movimento reflexivo, que vai procurar dar conta ou pelo menos colocar em questão a atuação do artista/intelectual. Arma-se um intenso diálogo entre o movimento para o exterior (o país, a cultura) e para o interior (o próprio processo de criação) que expõe o quanto essas duas esferas se entrelaçam e interpenetram.

Os documentários de Joaquim Pedro são movidos por essa profunda inquietação do que é ser artista/intelectual no Brasil. Há o arrebatamento com toda a beleza criada (ou ainda por criar), mas há também, sempre alerta, a percepção dos compromissos que a criação engendra.

Agradecimentos: Glênio Nicola Póvoas, Hernani Heffner e Maria Rita Galvão.

Humberto Mauro e o documentário[1]

Sheila Schvarzman

Humberto Mauro não passou à história do cinema brasileiro como um documentarista, embora tenha feito centenas de filmes curtos. Na verdade, sua trajetória e o seu envolvimento paulatino com o gênero explicam a própria evolução e as tensões da aceitação do filme documental no Brasil desde meados dos anos 1920 e a opção oficial pelos filmes educativos nos anos 1930 até a plenitude do documentário a partir dos anos 1950.

Posado x natural

Na primeira fase de sua carreira, em Cataguases (MG), a partir de 1926, Mauro faz filmes "posados" e partilha com o grupo de Cinearte, a revista de cinema carioca dirigida por Adhemar Gonzaga, o repúdio ao filme "natural", tido então exclusivamente como "cavação", uma atividade que estaria nos antípodas do verdadeiro cinema – o ficcional, encenado com atores, sob condições técnicas seguras, seguindo um roteiro preestabelecido e sem os arranjos e falcatruas de cinegrafistas ambulantes que caracterizavam parte dos realizadores de naturais de então.

A "verdadeira arte" que Mauro e Gonzaga buscavam fazer se opunha ao trabalho daqueles que se detinham nas paisagens – da capital federal e do interior do país – em busca do inusitado, do selvagem, do inexplorado – índios, quedas d'água, animais fero-

1. Este texto foi realizado a partir da tese de doutoramento *Humberto Mauro e as imagens do Brasil*, Instituto de Filosofia e Ciências Humanas, Departamento de História, Unicamp, 2000.

zes ou cangaceiros – que aguçavam a curiosidade das platéias urbanas, apresentando imagens de um país distante da civilização e da modernidade que o posado buscava enfocar em seus enredos. Evidentemente, o julgamento parcial sobre esses trabalhos documentais variados encobriu a compreensão de obras significativas. Mas não era só a onipresença da paisagem, o "estribilho da nossa natureza", conforme a crítica de Mauro, que irritava os opositores do gênero, mas também a propaganda de políticos, que contribuía para desacreditar essa produção.

Mauro, entretanto, pôde experimentar como a cavação não funcionava apenas do lado dos cineastas. O diretor filmou a visita do governador Antônio Carlos a Cataguases em 1929[2] na expectativa de receber subvenções do Estado para o seu *Sangue mineiro* (1929), mas não recebeu um tostão sequer pelo trabalho e muito menos para o seu filme longo. Um ano antes já havia feito *Sinfonia de Cataguases* (1928) inspirado no filme de Walter Ruttman,[3] por encomenda do prefeito. Entretanto, inseguro com a opinião de Adhemar Gonzaga, justificava seu deslize como parte da estratégia da produtora Phebo para se fazer conhecida e conseguir dinheiro.[4]

Portanto, no início de sua carreira, o filme não-ficcional é um pecadilho que Mauro comete mais por necessidade do que por convicção. Mas não desgosta da experiência e chega a comentar com Gonzaga que essa atividade não seria de todo con-

2. Antônio Carlos, o governador de Minas Gerais, seria em 1930 o candidato natural à sucessão do paulista Washington Luís, e Mauro contava com a ajuda do provável presidente para obter um grande empréstimo com financiamento a juros baixos.
3. *Berlim, sinfonia de uma metrópole* (1927).
4. Não restam vestígios desses filmes. *Sinfonia de Cataguases* é um documentário sobre a cidade, e pela data, é anterior à *São Paulo, sinfonia de uma metrópole* (Adalberto Kemeny, 1929), também inspirado no filme de Ruttman.

denável, servindo para reunir com maior facilidade o dinheiro necessário para o filme de enredo. Ponderação que Gonzaga terá que aceitar poucos anos depois, a fim de manter seu estúdio – a Cinédia – em funcionamento.

Entretanto, se examinarmos a obra ficcional de Cataguases entre 1925 e 1929 e na Cinédia no Rio de Janeiro a partir de 1930, é nítido em Mauro um olhar documental que se detém deliberadamente na descrição das paisagens, das habitações, dos gestos humanos, do funcionamento de maquinários e formas de trabalho, tratamento muito claro em filmes como *Brasa dormida* (1928), *Sangue mineiro* (1929), *Lábios sem beijos* (1930) e *Ganga bruta* (1933). Em Mauro, desde os primeiros filmes, a câmera funciona como um instrumento de desvendamento do real. Como aponta Eric Rohmer, cineasta e discípulo do crítico André Bazin: "Tenho a sensação que é muito difícil apresentar a realidade tal qual é, e que a realidade tal como é, é sempre e será mais bonita que no meu filme. Ao mesmo tempo, somente o cinema pode dar a visão dessa realidade tal como é: o olho não consegue".[5]

Na ficção de Mauro, o documentarista já se manifestava. E aqui vale lembrar também do filme carnavalesco *Voz do carnaval* (1933), rodado nas ruas do Rio de Janeiro e criticado por seu extremo realismo, conforme se pode ver por telegrama recebido por Roquette-Pinto, então responsável pela censura: " Embora convencidos não caber vossência responsabilidade filme Cinédia haver escapado censura protestamos contra cenas passadas tela Odeon mostrando gentis senhoritas vestidas maillot atitude constrangedora como também campanha derrotista contra Lloyd Brasileiro e aspectos foliões dormindo pela avenida como estives-

5. Eric Rohmer, *Ensaio sobre a noção de profundidade na música: Mozart em Beethoven*, p. 55.

sem embriagados causando tudo isso péssimo efeito espírito estrangeiros nos visitam – assinado Joaquim Rodrigues".[6]

Além disso, a necessidade de sobrevivência dos incipientes estúdios, como a Cinédia, faz que a antiga rejeição ao filme não-ficcional seja deixada de lado. Os incentivos à exibição de filmes curtos de caráter educativo, previstos pelo decreto 21.240 de 1932, tornam essa produção atraente e de exibição certa. O filme natural deve passar então pelo verniz educativo.

Em 1932, Mauro vai realizar na Cinédia *Como se faz um jornal moderno*, o primeiro filme curto sonoro realizado no Brasil,[7] e *A ameba*,[8] filme científico para o Museu Nacional.

Enquadrando o filme natural: a censura e o cinema educativo

A edição do decreto 21.240, em 1932, marca uma inflexão na atividade cinematográfica brasileira e do cinema documental em especial: incentiva-se a exibição de filmes educativos, a censura, antes local e policial, é unificada e são criados mecanismos de incentivo à produção cinematográfica com a redução das taxas alfandegárias sobre o filme virgem.

Desde o seu surgimento no Brasil, o cinema chamou a atenção de intelectuais, políticos, religiosos, militares, médicos e educadores. Podemos arrolar um sem-número de opiniões cuja tônica é, por um lado, o fascínio absoluto por este instrumento moderno, capaz de ver e aproximar o desconhecido, en-

6. Telegrama de 7 de março de 1933. Arquivo Roquette-Pinto, ABL, s/i.
7. Segundo Hernani Heffner, Maiores e Melhores.
8. Quando o filme é referido em *Cinearte*, aparece como "produção da Cinédia" sem especificar o seu diretor. Ver n. 361 e 362. Em Hernani Heffner, Notas sobre o descobrimento do Brasil, p.18. O autor, que é pesquisador da Cinédia, afirma que Roquette ficara impressionado com "*Ameba*, dirigido por Mauro para a Cinédia em 1932".

sinando qualquer coisa sem que se perceba, para o bem ou para o mal e, por outro lado, justamente por essa possibilidade desavisada, mostrando o que não se espera que mostre, gerando daí temores profundos de ordem moral, sobretudo em relação às crianças.

Na realidade, durante todo este período, até 1932, quando se institui uma censura nacional, muitas das opiniões externadas sobre o cinema passam pelo viés da moral. O cinema é apreendido como um instrumento de muitas possibilidades, mas que é preciso dominar corretamente, sabiamente. Para tanto, impõe-se, por um lado, a existência de algum tipo de controle que impeça a divulgação indiscriminada de mensagens, sejam elas perniciosas às crianças ou à imagem do país, e, por outro lado, medidas que incentivem a produção e exibição de um "bom" cinema nacional, como pleiteavam, por exemplo, Adhemar Gonzaga ou intelectuais e educadores como Roquette-Pinto e Jonathas Serrano, favoráveis à produção nacional de filmes educativos como parte de uma estratégia de transformação cultural e modernização de forma massiva que atingisse eficazmente os iletrados. Nessa mesma linha, em 1935 Getúlio Vargas dirá que o cinema é "o livro das imagens luminosas".[9]

Essas duas posturas: a preocupação com a qualidade e o teor dos filmes dados a ver ao público – sobretudo crianças – e a necessidade de produzir obras adequadas, que aproveitassem o "bom" potencial do cinema, como insiste Canuto Mendes de Almeida,[10] em que estivessem refletidos de maneira honesta,

9. Getúlio Vargas, O cinema nacional como elemento de aproximação dos habitantes do país. Discurso pronunciado na manifestação promovida pelos cinematografistas, em 25 de junho de 1934.
10. Joaquim Canuto Mendes de Almeida, *Cinema contra cinema: bases gerais para um esboço de organização do cinema educativo no Brasil.*

moral e cívica a realidade nacional, explicam o movimento de reivindicações que une educadores e médicos legistas a produtores de cinema nacional, estrangeiro e representantes do Ministério da Educação e Saúde.

A preocupação com estas posturas já aparecia na publicação mais antiga que localizamos sobre cinema educativo no Brasil, o livro *Cinema escolar*, de Venerando da Graça, inspetor escolar do Distrito Federal, de 1916. O autor é um entusiasta fervoroso do cinema como veículo de aprendizagem. Apreensivo, porém, com o que era oferecido ao público, parte para a produção de "4 fitas pedagógicas" filmadas com os próprios alunos, em que transmite emoções "puras e sãs". Iniciativas semelhantes à de Venerando da Graça, que entende o cinema educativo como um cinema feito na escola, para a escola e sobre a escola, parecem ter se repetido também em São Paulo a partir de 1931.[11]

Portanto, pelas incipientes ações de produção de filmes educativos que vão se realizando – com Venerando da Graça ou no Departamento de Instrução de São Paulo, em 1931 – percebemos que o viés da censura reclamado por educadores e intelectuais está associado à criação do que virá a ser o cinema educativo nacional. Poderíamos dizer que de início surge quase como uma indústria de substituição: à falta de um determinado produto, cabe fabricá-lo segundo as especificações dos interessados.

Além disso, nesse mesmo decreto que nacionaliza a censura, o governo provisório vai também "dar favores aos importadores e aos produtores de filmes brasileiros".[12] O que explica essa conjunção de interesses?

---

11. Maria Antonieta Antonacci, (coord.). Trabalho, cultura, educação: escola nova e cinema educativo nos anos 1920-1930. *Revista Projeto História*, n. 10, dez. 1993.
12. E. Roquette-Pinto, O cinema e o governo, *op. cit.*, p. 1.

Desde o final dos anos de 1920 os produtores cinematográficos brasileiros vinham tentando não só conseguir o reconhecimento de sua atividade perante o público e o Estado, mas sobretudo definir como seria o cinema nacional a que aspiravam. Ao lado disso, conviviam mal com a ininterrupta e lucrativa atividade dos documentários, ditos de cavação. Produtores como Adhemar Gonzaga acreditavam que muitos desses filmes que mostravam índios ou o interior primitivo "denegriam" a verdadeira imagem do Brasil, que seria moderna, desenvolvida e urbana.

Adhemar Gonzaga estava no centro de um grupo de diretores que, de pontos diferentes do país, vinham realizando um incipiente, mas bem aceito, cinema regional, e buscavam reconhecimento de sua atividade – sobretudo, o espaço de exibição nos cinemas, controlado inteiramente pela produção e influência das companhias estrangeiras, já nessa época em sua maioria americanas. Assim, discutia-se a natureza da própria indústria cinematográfica brasileira a surgir: se deveria se dedicar aos filmes naturais, feitos em sua maioria pelos cavadores, ou aos posados, filmes de enredo, realizados pelo segundo grupo. Participantes ativos dessa discussão, educadores e intelectuais querem aproveitar o cinema como instrumento de modernização, controlando as mensagens veiculadas e, na falta delas, produzindo aquilo que entendiam, deveria ser visto.

Interessava aos produtores criar mecanismos que incentivassem a exibição de filmes e facilidades de produção, como o barateamento do custo do filme virgem, sobre o qual incidiam pesadas taxas de importação. Em compensação, como se viam também como verdadeiros representantes da nacionalidade – porque entre os cavadores havia muitos imigrantes – interessava a estes o depuramento do bom cinema nacional, eliminando as cavações.

É, portanto, pelo viés da classificação da qualidade e dos propósitos sinceramente nacionais que deveriam pautar as produções brasileiras que se pode entender a junção de demandas de incentivo de produtores com a demanda de censura. E é aí que tem o seu papel a censura cultural. Ela é que vai dar a chancela de exibição a qualquer filme, e sobretudo aos curtas-metragens nacionais, que serão produzidos para exibição obrigatória em todo o território nacional. É aí que encontra o seu papel como censor o antropólogo Edgard Roquette-Pinto (futuro diretor do Instituto Nacional de Cinema Educativo), na medida em que nesse papel, acredita ele, e acreditam os educadores, se poderia participar de forma mais ativa da seleção do que era apresentado aos brasileiros, influindo pelo mecanismo o mais moderno em sua formação e regeneração. O "saneamento" da nação justificava que interviessem.

O incentivo à produção e exibição obrigatória de filmes curtos ficava vinculado ao seu caráter educativo, cuja atribuição dependia da avaliação da Comissão de Censura:"Serão considerados educativos, a juízo da Comissão, não só filmes que tenham por objetivo intencional divulgar conhecimentos científicos, como aqueles cujo entrecho musical ou figurado se desenvolver em torno de motivos artísticos tendentes a revelar ao público os grandes aspectos da natureza ou da cultura".[13]

Por estes mecanismos postos em ação pelo decreto 21.240, pode-se perceber o desejo deliberado de controlar e ordenar a produção fílmica nacional, ao mesmo tempo em que são oferecidos incentivos à produção em geral. Entretanto, o mesmo decreto, ao baixar o custo da importação dos filmes, beneficiou a importação de filmes estrangeiros, tornando a realização dos naturais a única saída plausível para os produtores brasileiros.

Mauro, nesse momento fora da Cinédia devido ao fracasso de *Ganga bruta* (1931-1932), passa a trabalhar com Carmen Santos na Brasil Vita Filmes. É lá que vai realizar *Favela dos meus*

---

13. Decreto n. 21.240 de 4 de abril de 1932. *Revista Nacional de Educação*, ano I, n. 1, out. de 1932, p. 12.

amores (1935) e quatro filmes curtos educativos: *As sete maravilhas do Rio de Janeiro, Inauguração da VII Feira Internacional de Amostras da Cidade do Rio de Janeiro e General Osório*, em 1934, e *Pedro II*, em 1935. Com o fracasso de *Cidade mulher,*[14] de 1936, outro longa-metragem, o diretor está desempregado. Vai encontrar novo trabalho no Instituto Nacional de Cinema Educativo (Ince), órgão criado pelo Ministério de Educação e Saúde em março de 1936.

O cinema educativo

Apesar do incentivo à produção privada de filmes educativos através do decreto 21.240 de 1932, em 1936 o Estado passa a produzir diretamente os filmes que julga necessários para suas platéias: transferia a si a atividade desordenada dos cavadores, mesmo que o trabalho desses persistisse. Quando chama a si essa atividade, o novo Estado que se solidificava desde 1930 reconhece as virtualidades e a necessidade de utilizar e controlar o cinema como veículo de massa, de propaganda e educação.

Constitui-se assim, ainda que de forma precária, um estúdio de filmagem, revelação, montagem e sonorização de filmes. O Ministério da Educação e Saúde se utiliza desse potencial: são registradas as atividades do Ministério na saúde pública, em encontros e demonstrações cívicas, ou na comemoração das efemérides nacionais, embora a produção do Ince se distancie bastante da propaganda pura e simples, como é nítido nos filmes do Departamento de Imprensa e Propaganda (DIP).

Como já dissemos, na constituição da carreira de Mauro como documentarista, vemos se desenvolver as transformações do cinema não-ficcional brasileiro durante esse período. E se isso vale

14. Todos esses filmes da produtora de Carmen Santos foram perdidos num incêndio.

de forma exemplar para a carreira de Mauro, muitos outros diretores e técnicos que procuraram persistir no cinema, mesmo aqueles oriundos da cavação, serão empregados nesse momento por organismos estatais que produziam filmes, como o DIP ou o Serviço de Documentação do Ministério da Agricultura.[15]

Desta forma, se Mauro começa sua carreira negando o valor do cinema documental, como era feito nos anos 1920, em meados da década de 1930, com as dificuldades das produções ficcionais, adere ao projeto educativo sob controle do Estado. Caberá a ele, e a Roquette-Pinto, transformar em cinema aspirações e utopias salvacionistas que buscavam modelar um povo tido como informe.

A partir de então, a carreira de Mauro no cinema educativo vai se consolidar – ainda que, quando possível, procure realizar filmes longos: em 1937 filma *O descobrimento do Brasil* para o Instituto do Cacau da Bahia (com a colaboração do Ince), em 1940, *Argila*, e, em 1952, *Canto da saudade*, em que o ideário, a estrutura e os técnicos do Ince são fundamentais para a sua realização. Portanto, a carreira de Mauro torna-se indissociável de sua atividade como documentarista.

Natureza do cinema educativo e suas transformações

O surgimento do cinema educativo no Brasil, como vimos, vem da necessidade de tentar controlar as imagens que se produziam sobre o país e sua realidade, instrumentalizando essas imagens para as mudanças sociais, econômicas e sociais que viriam, dirigidas por aqueles que detinham o poder e o saber, e definiriam a sua direção. Esse não é um processo inédito no cinema, e está inscrito em suas potencialidades, seja no filme de

15. A este respeito ver Jurandyr Noronha, *No tempo da manivela*.

enredo, seja na feitura consciente de filmes educativos ou de propaganda. Isso já é visível nos filmes soviéticos dos anos de 1920, e nos anos de 1930, com o fim do liberalismo em grande parte dos países ocidentais, o formato se consolida na Itália e na Alemanha, e também em países como o Brasil.

Entretanto, nos países europeus, com a iminência da guerra, o cinema educativo foi sendo absorvido pela propaganda, seja pelo acirramento do nacionalismo contido nos filmes, em que o conteúdo pedagógico confundia-se com a doutrinação ideológica, seja pela absorção pura e simples pelos aparelhos de propaganda, como aconteceu com o Instituto Luce italiano, eliminando-se a preocupação educativa.

No Brasil, se houve essa tensão muito clara, nos momentos em que Lourival Fontes tentou encampar o Ince ao DIP (entre 1939 e 1942), a encampação não chegou a se consolidar: o papel da educação, vista pelo regime como "matéria de salvação nacional", aliada às desconfianças de Vargas em relação às pretensões centralizadoras de Lourival Fontes, permitiram resguardar a autonomia do Ince. Além disso, Roquette-Pinto procurou demarcar nos filmes as temáticas educativas (ênfase nos filmes científicos ou técnicos) e a distância da propaganda aberta do regime. No entanto, parte desse distanciamento deve ser tributado a Mauro pelas características da encenação, em que muitas vezes a ideologia pôde ser subvertida pela imagem.

Os filmes de Humberto Mauro no Ince

Mauro realizou 357 filmes no Ince entre 1936 e 1964.[16] Desse material, pode-se notar com clareza dois momentos distintos.

16. Carlos Roberto de Souza, *Catálogo de filmes produzidos pelo Ince*, p. V. Aí foram reunidos dados de diferentes catálogos e o livro de tombo de filmes do Ince.

Um primeiro período, que vai de 1936 até 1947, e que coincide basicamente com o Estado Novo e a influência de Roquette-Pinto na definição das temáticas e na importância que se atribuía à educação aliada ao cinema. Graças a essa crença e à influência do diretor junto ao regime, são realizados 239 filmes.

Um segundo período, que vai de 1947, momento da aposentadoria de Roquette-Pinto, até 1964, ano do último filme de Mauro no Ince, quando as premissas que davam vida ao projeto do cinema educativo vão se esgarçando e o diretor pôde exercer seu trabalho com maior autonomia. A perda paulatina do lugar antes ocupado pela instituição é visível pela diminuição no número de filmes – são apenas 118 – e a mudança de ênfase nas temáticas. Além disso, o caráter pedagógico vai sendo definitivamente substituído pela preocupação documental.

O primeiro Ince – 1936-1947

No período de Roquette-Pinto, quando são realizados 239 filmes, os assuntos de caráter científico predominam sobre os demais. A "Divulgação técnica e científica" (quarenta filmes), a "Pesquisa científica nacional" (32 filmes), ou filmes de caráter "Preventivo-sanitário" (23 filmes) totalizam 95 filmes. A ciência permeia ainda temas como "Riquezas naturais do Brasil" (15 filmes), em que a *Vitória Régia*, o *João de Barro*, ou *Peixes do Rio de Janeiro* são descritos e exaltados em sua configuração morfológica única. A recorrência desses temas demonstra o empenho com a atualização e modernização técnica e científica, tanto no nível básico quanto acadêmico, procurando ressaltar a contribuição e as descobertas dos cientistas brasileiros, as soluções técnicas engenhosas ou a excepcionalidade de espécies da flora ou fauna – demonstrações da natureza variada e pródiga que conforma o território nacional.

Mas, se a natureza é pródiga, os homens de quem se fala são invariavelmente "Vultos" (12 filmes): os *Bandeirantes, Os inconfidentes, Barão do Rio Branco,* escritores, músicos, ou pensadores como Machado de Assis, Carlos Gomes e Euclides da Cunha. Heróis cultos, invariavelmente, dados como responsáveis pela grandeza espiritual ou territorial do país.

"Cultura Popular e Folclore", tomados sob um viés erudito, também se convertem em filmes (11). Um bom exemplo é *Ponteio* (1941), no qual se mostra a apreensão erudita de temas musicais populares do Nordeste pelo maestro Heckel Tavares. A encenação de Mauro não poderia ser mais eloqüente: o maestro aparece fumando cachimbo, trajando botas e bombacha, a observar com atenção um violeiro com seu chinelo e seu chapéu de couro. Em seguida, Tavares transforma os sons da viola numa pauta e aparece agora vestido de fraque, regendo a orquestra, tendo como fundo monumental o órgão do palco da Escola Nacional de Música. A cultura popular de "raiz" se legitima pela apreensão erudita. O pitoresco e o regional saem do foco local e ganham, na tradução erudita, os foros de representação nacional.

A partir de 1945, Mauro começa a filmar as *Brasilianas,* com músicas do cancioneiro popular recolhidas por Villa-Lobos, mas aí a aproximação é de outra natureza. De *Ganga bruta* (1931-1932) a *Alberto Nepomuceno* (1950), feito apenas com imagens de nuvens e a música do compositor, até *Velha a fiar* (1964), ritmo, paisagem natural e sons são elementos indissociáveis da fatura maureana.

Se outros assuntos como a "Educação Física" (oito filmes) também mobilizaram as câmeras do Ince em sua primeira fase, foi grande o número de filmes "Oficiais" (23) sobre eventos cívicos e políticos, realizados em sua maioria entre 1936 e 1940, e interrompidos por determinação do Departamento de Imprensa e Propaganda de Lourival Fontes.

Os filmes são pensados para o aprendizado, mas não como extensão estruturada de um programa que as escolas cumpriam ou como material didático e pedagógico, e sim para uma audiência maior, que variava de filme a filme, já que o Instituto procurava suprir desde carências básicas de estudantes e analfabetos adultos até a documentação da pesquisa de ponta. Não raro eram realizados filmes "populares", numa primeira versão em 16 mm para escolas, mas destinados também "aos centros operários, agremiações esportivas e sociedades culturais",[17] posteriormente copiados em 35 mm para exibição nos cinemas, como complemento nacional: *Dia da pátria, Lição de taxidermia, Vacina contra raiva, O Despertar da redentora, Céu do Brasil, Os inconfidentes, Bandeirantes*; ou os filmes propriamente educativos: *Laboratório de física, Músculos superficiais do corpo humano, Balanças, Alavancas, Morfogênse das bactérias, Museu Imperial de Petrópolis, O Papel, Visitando São Paulo, Coreografia brasileira,* entre outros. Não se pode dizer, portanto, que seu caráter seja estritamente educativo.

Vamos analisar a seguir alguns filmes exemplares das temáticas mais significativas, observando nelas a forma de encenação de Mauro, e suas preocupações recorrentes.

Filmes oficiais

Dia da pátria mostra o desfile de 7 de setembro de 1936, na praça Paris, com a presença do presidente da República e autoridades. O desfile foi filmado em panorâmicas e planos gerais, com a câmera parada na lateral, mostrando a passagem da tropa de soldados, da cavalaria, e os populares que assistem. É um registro genérico do evento, sem uma idéia preconcebida de encenação, como se o objeto filmado – a parada militar – se esgotasse nas imagens reproduzidas conforme aconteciam.

17. Arquivo Gustavo Capanema, GCg 35.00.00/2, doc. 683/2, de 22 de novembro de 1938.

A filmagem feita com uma só câmera restringe o registro de diferentes ângulos – o público e o palanque, o público e o desfile – que poderiam ser, depois, montados de mais de um ponto de vista, criando sentidos novos que o artifício cinematográfico faculta a todo realizador. O ponto de vista da câmera é o de um espectador postado na calçada: ela registra, mas não constrói o acontecimento, recusando o contracampo. O presidente da República é uma figura distante, vista no palanque oficial com seu fraque e cartola, em meio a outras autoridades. A imagem não mostra adesão do público. A câmera e o público são espectadores. A câmera, seguramente, um espectador indiferente.

Esses registros estão muito distantes de seu exemplo oposto mais extremo, os trabalhos de Leni Riefenstahl, como *Triunfo da vontade*, de 1935, em que a concepção cinematográfica do próprio acontecimento era parte de sua organização, e o lugar das câmeras rigorosamente previsto e pensado em conjunção com os movimentos realizados por aqueles que desfilavam. O grande encontro do Partido Nazista que Riefenstahl documenta em *Triunfo da vontade* era já pensado como filme. Nada disso pode ser identificado nesses filmes que nos restaram do Ince.

O patriotismo e a identificação entre a nação e o presidente, que deveria vir dessas grandes comemorações, não mobilizam Humberto Mauro, nem sugerem uma forma particular de encenação, como se pode ver nos filmes do DIP, cujas cenas de abertura fundiam o mapa ou a bandeira nacional com a imagem de Getúlio Vargas.

Nesse sentido, podemos contrapor *Céu do Brasil*, de 1936, filme de "ciências naturais" que, ao contrário de *Dia da pátria*, é muito mais vincado pela noção de pátria. Ao mostrar a posição das estrelas no céu, se fala do lugar do Brasil no universo, mas também de um símbolo nacional inscrito na bandeira, cuja imagem, acompanhada do Hino à Bandeira, encerra um filme cujo tema central é a astronomia.

Manifestações desse tipo são recorrentes em muitos outros filmes, mas certamente estava ausente deste que era, por definição, o seu lugar. Podemos tributar isso, em parte, à falta de equipamentos, ou à pressão do acontecimento que inibiria o apuro na elaboração formal,[18] mas é claro pelas imagens de que dispomos que Mauro não está nas paradas como um ideólogo. A pátria estava em outro lugar.

Sem as reportagens oficiais, a produção se restringe às outras temáticas, cuja estruturação obedecia quase sempre à mesma continuidade: os filmes têm um começo, um meio e um fim – nessa ordem. A introdução, o desenvolvimento e a conclusão são pontuados invariavelmente por músicas diferentes, em geral clássicas, que marcam cada etapa como, na música, os movimentos. Os filmes se iniciam com uma narração didática de cunho histórico, ilustrada com imagens de mapas, gravuras, fotos alusivas aos temas e bustos, monumentos ou túmulos dos personagens em pauta: inventores ou benfeitores que introduziram aquilo de que se fala. A locução é feita muitas vezes por Roquette-Pinto, num tom claro, mas técnico. A imagem ilustra o texto. O desenvolvimento do tema fica a cargo de Mauro. Na conclusão de muitos dos filmes a música e a narração enunciam esperanças de aprendizado e mudanças, com o qual vêm rimar, muitas vezes, imagens de bandeiras, nuvens radiosas, crianças que sorriem. Mesmo num filme técnico, como *O telégrafo*, aproveita-se a oportunidade para enfatizar mensagens patrióticas. Esse documentário termina com uma imagem do aparelho em primeiríssimo plano, de onde surgem uma a uma as letras que vão compondo a mensagem: "O BRASIL ESPERA QUE CADA UM CUMPRA O SEU DEVER!".

---

18. Segundo José de Almeida Mauro, filho e fotógrafo de Mauro a partir de 1942, o diretor não gostava de reportagens, em que era pressionado pelos acontecimentos. Conforme depoimento oral.

Do ponto de vista da encenação, todos os filmes, todos, enfocam prioritariamente o assunto em apreço, sem que a presença do técnico ou do professor se faça notar. O máximo que se vê são mãos, braços, ou o corpo da pessoa que conduz a demonstração, nunca o seu rosto.

O sujeito dos filmes é a *Alavanca,* a *Balança,* o sapo e seus músculos, que adquirem vida própria, autônoma em *Músculos superficiais do homem*; mesmo se os filmes contam a história da descoberta, mostram o desenho ou a foto do seu inventor. Aqui não há interesse no gesto de quem faz o experimento ou a demonstração, mas o aporte científico ou tecnológico em si. Se isso, por um lado reitera a intervenção do artifício cinematográfico, por outro, provoca o efeito contrário. Tudo emana da imagem, como se a filmagem e seus responsáveis não existissem. O mundo da ciência se naturaliza uma vez mais por esse efeito de transparência criado pela câmera.

Esse procedimento faz que os acontecimentos de natureza física, química, elétrica, biológica apareçam dentro de sua própria autonomia, como se a filmagem e os artifícios da própria ciência e os artifícios cinematográficos, usados para colocar as ações em relevo, desaparecessem e se manifestassem naturalmente, como efetivamente ocorrem. A ciência é ali apenas uma manifestação da natureza emanando de si mesma. Nesses cenários, enfocados desta forma por Mauro, as coisas adquirem naturalidade. Como em muitas das paisagens onde o homem não aparece, ou aparece – como um pequeno elemento a mais – o universo científico vai se mostrando: reações elétricas, espasmos musculares, alavancas que se movem, peixes que soltam descargas elétricas, tudo se faz visível.

Mas o artifício técnico que torna visível o não-visível desaparece, se apaga. Ele existe durante a filmagem, para que a natureza, em suas manifestações várias, possa finalmente surgir com a mesma naturalidade de uma queda de água. No que é essencial, Mauro acredita efetivamente que o cinema dá conta do objeto que representa: é um clássico.

A natureza portentosa

É a ciência que confere valor à natureza nos filmes do Ince. O foco está voltado para seus aspectos utilitários, esclarecedores e de qualidades excepcionais. Conhecida e submetida pelo homem. Elemento de decifração e caução desse patrimônio.

Vitória régia, de 1937, que exalta as características do organismo da planta "mais bem armada da flora latino-americana", é um bom exemplo desse procedimento. O filme traça o seu histórico científico: a descoberta por Humboldt, passando por Goethe e sua teoria da reprodução floral que a fisiologia da planta, segundo o filme, confirma. Imagens em primeiro plano de sua estrutura e do funcionamento de tanques de hortos botânicos, que simulam as condições ambientais do hábitat original da planta, mostram que o filme não busca apenas exaltar sua beleza ou seu tamanho extraordinário como patrimônio da terra americana, mas sobretudo o interesse científico que já despertara fora do Brasil. Contemplada a descrição botânica e o reconhecimento da riqueza do patrimônio nacional, o filme dedica-se à visão estética da flor de beleza e perfume extraordinários.

Para colocar esse aspecto em relevo, Mauro aciona as técnicas de cinema científico de Jean Painlevé, que consistem basicamente no registro minucioso e decomposto de movimentos, sejam eles extremamente rápidos e imperceptíveis, como o estilhaçar de um vidro, ou longos como o desabrochar de uma flor.

Pode-se perceber, nas técnicas desenvolvidas pelo francês Painlevé, uma ligação direta com as pesquisas desenvolvidas por Jules Marey, no final do século XIX. A decomposição do movimento buscada pelo fisiologista num processo seqüencial de fotos, que não chega e não quer chegar ao cinema[19] (mas que é fundamental para seus inventores), é claramente retomada nos processos utilizados por Painlevé, que em seus filmes, a exemplo das experiências do fisiologista do século XIX, decompõe pela tomada das imagens em câmera lenta, filmando em velocidade maior, o que permite documentar detalhadamente movimentos cuja rapidez o olho humano não pode captar, ou, ao contrário, reúne pela impressão lenta, aliada à montagem acelerada, processos muito demorados e da mesma forma dificilmente visíveis. O resultado, nesse caso, é que pelo mecanismo cinematográfico cria-se a impressão virtual do desabrochar da flor.

O filme se encerra com "a eclosão da flor". Portanto, a exaltação da beleza da mais significativa flor nacional – "glória das florestas do Brasil" – é indissociável das técnicas cinematográficas que o Ince manejava e colocava à disposição dos cientistas.

Mauro vai se utilizar dessas técnicas não só no cinema científico, mas também em suas paisagens, em que o registro dos movimentos da natureza – das nuvens, do vento sobre a vegetação – ganham em duração e intensidade, criando o efeito de beleza particular que seus filmes dessas temáticas contêm. Ou seja, o Mauro lírico e rural de *Azulão*, de 1948, deve muito ao Mauro que filma a ciência.

Lagoa Santa, de 1940, é dedicado ao naturalista dinamarquês Peter Lund, que em meados do século passado liderou a exploração de oitocentas cavernas calcárias em Minas Gerais. Na Lapa do Sumidouro descobriu o crânio do Homem da Lagoa Santa, considerado então o mais antigo ancestral do homem americano.

Há inúmeros registros e tons dentro do filme, que se abre com a canção popular preferida de Lund, "um sábio romântico".

---

19. Suzana Dobal, Etienne-Jules Marey, ou de como a pulsação do corpo e o vôo de um pássaro abriram caminho para a invenção do cinema.

Ao ilustrar a música com aspectos das regiões percorridas por Lund, Mauro produziu sua primeira *Brasiliana*[20] *avant la lettre*: árvores, rochas, um lago com a paisagem refletida, mulheres lavando roupa e meninos pescando, o casario, a igreja, animais pastando, um carro de bois. O tom das imagens é plácido, acompanhando a toada da canção. A biografia de Lund, na locução de Roquette-Pinto, interrompe a observação meditativa da paisagem. O retrato tirado de livro e imagens do monumento funerário compõem o personagem histórico.

A seguir, a câmera se detém em panorâmicas e planos gerais sobre exteriores de várias cavernas, até penetrar no seu interior. A imagem composta por Mauro é sintomática: vista de dentro para fora, a abertura da caverna tem uma semelhança que nada leva a supor ocasional com o órgão sexual feminino. Na caverna, em meio ao magma fecundo, estão as estalactites e estalagmites. As imagens escultóricas sombreadas, que fazem pensar na imagem arquetípica ameaçadora de uma vagina dentada, conduzem o espectador a uma viagem no tempo e no espaço: na imaginação das origens. As sombras vão sendo iluminadas por pequenos fachos de luz, cujo progressivo aparecimento é cadenciado pela música de Prokofieff e fogos de artifício levados por vários figurantes. A cena torna-se cada vez mais luminosa e movimentada, até se encerrar subitamente, após o clímax marcado pela música.

Nesses poucos minutos, Mauro impõe ao filme um andamento e idéias que parecem pertencer exclusivamente a ele, já que retira o filme do seu registro especificamente educativo e/ou informativo. A idéia que as imagens acrescentam ao pensamento de Roquette-Pinto é a de uma cópula entre claro e escuro, luz e sombra. Desde o início de sua carreira, Mauro trabalhava o ero-

---

20. Pequenos filmes sobre canções populares brasileiras recolhidas por Villa-Lobos e Mário de Andrade, realizadas a partir de 1945 com Casinha Pequenina.

tismo, que aqui acopla à idéia de criação do universo. O homem da Lagoa Santa, o primeiro homem, já não é apenas um fóssil, mas matéria viva, irrupção, nascimento da própria natureza e do próprio homem, ou antes, surgimento do homem a partir de um encontro entre luz e treva.

Dessa alegoria extremamente inventiva – e especificamente cinematográfica –, que arrebata do interior da terra o momento primeiro, a partir de um artifício de iluminação da caverna, passamos à imagem do crânio do homem da Lagoa Santa e fósseis em primeiríssimo plano, para que Roquette-Pinto explique suas características. A fachada e a sala do Museu Nacional dedicada ao paleontólogo encerram o filme. Lá estão devidamente depositados e monumentalizados os sinais da origem. Poucas imagens sintetizam tão bem os registros e imaginários diversos de Mauro e Roquette-Pinto como as alternâncias de tom, de tratamento e de preocupações que se observam nesse filme.

As imagens interditadas ou proibidas

Se o céu, a planta e o fóssil são alegorias da nação e são enfocados em primeiro plano, há, contudo, domínios em que a imagem estava interditada: as doenças e sua prevenção, outra das preocupações do Ince e do próprio Ministério da Educação e Saúde. O controle sobre o corpo era fundamental. Era necessário fortalecê-lo, livrá-lo de endemias causadas pela própria natureza, como a febre amarela, ou controlar doenças milenares, como a lepra, que faziam da saúde pública nacional um problema concreto e premente. Nestes filmes o caráter eugênico associado aos controles de saúde pública e mental, que preocupavam Roquette-Pinto e o próprio Estado, são particularmente enfocados, e ao mesmo tempo omitidos, como se na objetiva estivessem controlados. Aqui se inverte o enfoque particularizado nos elementos excepcionais da natureza. Como num binóculo invertido, desta feita a objetiva se distancia da visão do objeto, mesmo quando parece fazer todos os esforços para mostrá-lo.

Febre amarela – preparação da vacina pela Fundação Rockefeller (1938) focaliza um laboratório; enquanto o locutor fala da febre amarela não como uma doença – não saberemos como se manifesta, os cuidados necessários –, veremos os mosquitos responsáveis pelo mal devidamente classificados, engaiolados e tomados a tal proximidade que o balançar de suas asas e patas acaba compondo um balé visual. Essa imagem conduz a outras do mesmo tipo em que se vê a manipulação microscópica do ovo dos insetos, tomados de tal forma, e com tal simetria, que o resultado na imagem é novamente surpreendente. O inseto causador da febre amarela dissolveu-se em pura forma.

Aqui, Mauro dá mostras de se encantar com esse universo onde vê formas e contornos que só a lente da câmera revela. Nessa filmagem, o diretor usou a microcinematografia de Jean Painlevé, filmando com lentes especiais e sobretudo aumentando a velocidade usual de impressão do filme, o que lhe permite captar movimentos de que a percepção ocular normal não é capaz. Dessa forma, os movimentos imperceptíveis dos insetos adquirem visibilidade inusual, que lhes confere beleza inusitada. Esse envolvimento acentuado com as imagens do processo de fabricação da vacina supera a preocupação com o que se está combatendo. A doença desaparece, e a vacina passa a contê-la não mais de forma negativa, pois a prevenção aspira a concretude incômoda da doença, convertendo-a em possibilidade de domínio sobre o mal.

Combate à lepra no Brasil penetra no interior dos hospitais, mas, como no filme anterior, a doença continua invisível. O filme, que mostra a ação do Serviço de Combate à Lepra do Ministério da Educação e Saúde em vários pontos do país, historia a doença desde seu aparecimento no país, no século XVII. Isso, entretanto, não dá à moléstia maior visibilidade. O foco são os edifícios do leprosário, os profissionais e os equipamentos. Uma única vez se vê um doente sendo examinado, mesmo assim, de forma rápida e sutil.

Os doentes não têm rosto ou identidade. O que interessa focalizar é o gesto e o olhar do especialista, já que o filme não ensina ao espectador como ele mesmo poderia identificar os sinais da enfermidade. A ausência de qualquer indicação normativa deixa claro que a reportagem é uma demonstração do cuidado do governo em relação aos necessitados, de quem se ocupava com todos os recursos disponíveis.

Nesse filme a preocupação com a saúde pública e mental, isolando do corpo social os doentes, é singular: o filme explica que pela Constituição brasileira os leprosos podiam se casar, e com isso constituir prole. O resultado dessa prole era responsabilidade do Estado: se a criança fosse saudável era devidamente separada dos pais e levada para asilos que dela se ocupavam. Irmãs de caridade velam por pavilhões onde os bebês são devidamente preservados da herança negativa portada por seus pais. O Estado garantia o fortalecimento da raça: ocupava-se do bebê até a sua maioridade, quando, depois de aprender algum ofício, podia deixar as instituições.

Mostra-se ao público o que o governo faz por seus desvalidos. Não se ensina a cada cidadão, ou melhor, a cada espectador, como se prevenir ou como reconhecer-se doente. Enumeram-se os serviços de acordo com o grau da necessidade, o número de pessoas atendidas. O leigo é tomado por incapaz de identificar a doença.

O resultado final desse tratamento é uma imagem limpa, asséptica, redobrada pelo branco constante dos ambientes e das roupas dos profissionais, o que acaba produzindo também uma idéia de distância. Distância do filme em relação ao que retrata, distância do espectador em relação à doença. Ela está em outro lugar, e há quem se ocupe dela.[21]

É evidente, entretanto, que há uma preocupação e um respeito em não tomar as pessoas de perto, mostrando deformidades. Mas essa ausência da dor dá ao filme uma irrealidade reconfortante. A imagem mente, mas é reveladora dos mitos que essa assepsia fotográfica encobre: a separação nítida e asseguradora entre o mundo dos sãos e dos enfermos, o que só revela o estigma da doença, o paternalismo do Estado, e sobretudo a descrença na capacidade do espectador de contribuir para seu o combate.

Essa postura, que não reconhece no público um interlocutor capaz de agir e pensar, parece indicar a descrença total na sua capacidade de apreensão, algo contraditório com as posturas de um cinema que se quer educativo. Ao contrário disso, o filme é intransitivo: a ação e o cuidado são prerrogativas de esclarecidos a quem os necessitados devem apelar. O único sujeito do filme é o especialista respaldado pelo Estado provedor e onisciente, que domina a incerteza e se ocupa inclusive das novas gerações, que a irresponsabilidade dos doentes tenderia a perpetuar.

Como se pode ver, nesse país excepcional, o povo não existe. A imagem se detém apenas em especialistas e sábios. A natureza e a ciência se impõem sobre um corpo social sem representação. Quanto à história, existe como berço de heróis que dão consistência à nação. É apenas de heróis mortos que os filmes tratam.

Os heróis da nação

O despertar da redentora (1942), dedicado à Princesa Isabel, consagra a visão caritativa sobre a escravidão, comum no pe-

21. José Inácio Melo Souza tem observações bastante semelhantes sobre os filmes de saúde pública realizados pelo DIP. Ver *Ação e imaginário de uma ditadura: controle, coerção e propaganda política nos meios de comunicação durante* o *Estado Novo*, p. 421-422.

ríodo, agregando à redenção um despertar. Maria Eugênia Celso, a autora do conto em que se baseia essa narrativa, institui a origem para a ação que se configura em 1888: a Abolição é o cumprimento de um pacto entre Isabel e Deus ocorrido em 1862 – quando a princesa tinha 16 anos – destinado a pôr fim àquela "coisa horrorosa" que era a escravidão. Como Jesus e Moisés, ela é escolhida pela providência.

Isabel e a irmã Leopodina vão ao bosque fazer um passeio. Lá observam a natureza: Isabel mostra para a irmã a reação de uma planta carnívora que se fecha ao toque de um graveto. Em seu passeio, as princesas não se detêm na beleza das flores, como seria natural em moças. Isabel é caracterizada como uma observadora atenta da natureza e suas características excepcionais, com as quais se maravilha. Em meio a essa expedição, surge a cativa perdida, e Isabel se enternece com sua triste história, contada por meio de inserções em que vemos a sua fuga e a mãe sendo vendida e separada da filha, história cantada por uma canção de Heckel Tavares em tom lacrimoso, que exila os negros à condição de piedade, exaltando o seu sofrimento, como se esse fosse resultado não de um sistema social implantado e vigente por séculos, mas uma maldade com "aquela pobre gente" a quem somos tão devedores.

Isabel espanta-se com o relato da fome e dos castigos, como se na redoma em que vivesse a escravidão não existisse. Mas eis que surge o feitor e a senhora que reclamam à moça desconhecida a devolução de sua propriedade. São interrompidos pela ama de Isabel que, arrogante, avisa que aquela era a filha de sua alteza imperial. Isabel intercede em favor da menina, quer levá-la ao pai. Diante da recusa da proprietária, a ama lembra-lhe que D. Pedro II é a "justiça personificada" e pagará à senhora a indenização devida.

Diante da cena tocante que presenciara, Isabel, rodeada pelas árvores altas que formam em torno dela algo que se aparenta a um verdadeiro templo natural, dirige o seu olhar para o alto, e pede a Deus que lhe dê o poder de fazer algo por "aquela gente". Na cena seguinte, a mão de uma mulher assina a Lei Áurea, e do seu texto saem imagens dos negros arrancando seus grilhões, troncos e correntes. Os escravos estavam, enfim, livres daqueles horríveis sofrimentos que seres malvados como os feitores lhes impunham.

É com essa fábula providencial que o Ince explica o fim da escravidão e o novo estatuto dos negros. A escravidão é a ausência de liberdade, os castigos, filhos separados de seus pais, mas não existe a exploração do trabalho. A escravidão é sobretudo uma maldade, maldade que a jovem princesa parecia desconhecer, mas que jura corrigir.

Diante da predestinação de Isabel, todos os embates da escravidão e da abolição se dissolvem. A encenação do filme, que trabalha todo o tempo sobre as linhas verticais das árvores, com inúmeras *plongées* e contra-*plongées*, cria a imagem de elevação espiritual que contamina e desperta Isabel, da qual o contato com a natureza é parte fundamental. É ali que se manifestam os sinais da transcendência, a elevação divina, a anunciação. No filme, a abolição é um fenômeno restrito à consciência moral, e não da ordem de um processo histórico, por isso mesmo o gesto redentor redime todas as culpas. Ali, a libertação dos escravos é uma tarefa individual, inspirada por Deus, da qual os próprios negros estão ausentes como agentes.

O despertar subverte e harmoniza os conflitos da abolição. O Império é uma instância acima do bem e do mal, da mesma forma que a escravidão é uma injustiça, e não um sistema que permeia e organiza a sociedade brasileira por séculos. Da mesma forma, o seu fim se efetivará pelas mesmas circunstâncias mágicas. É necessário observar que nesse filme não há uma introdução histórica, como na grande maioria deles. A parte não ficcional ficou apenas por conta da caracterização da vida no palácio, como se a abolição da escravatura fosse um assunto do âmbito exclusivo da princesa. Na verdade, aqui a fabulação substitui a história, aos fatos da abolição superpõe-se uma ficção.

Nesse filme Mauro deixa clara a sua ligação panteísta com a natureza, lugar e fruto da manifestação divina. No mesmo ano, e usando o mesmo recurso, Mauro filma a Invocação dos Aimorés, d'*O Guarani*, em *Carlos Gomes*, em que, de novo, usa a verticalidade das árvores no cenário natural para criar a idéia de elevação que a grande cerimônia indígena do conflito entre os Aimorés, Peri acorrentado e a suplicante Ceci sugerem. Uma ária de ópera filmada no meio da floresta da Tijuca, feita basicamente da sabedoria da encenação, que coaduna admiravelmente o ritmo e o fraseado da música com o enquadramento das imagens ordenadas pelas linhas verticais das árvores e do corpo dos cantores, que formam massas de forma, luz e movimento e linhas horizontais que se contrapõem, demarcando os conflitos.

Os dez primeiros anos de atividades do Ince foram dedicados a construir a imagem de um país portentoso, dotado de uma natureza pródiga, uma ciência capaz de decifrá-la contendo e reparando as dificuldades, e grandes homens aptos a conduzir a nação ao grande destino inscrito nas promessas da natureza. Forjou-se na tela um país excepcional.

Nessas descrições de alguns filmes exemplares por suas temáticas e pela realização de Mauro, procuramos mostrar como, imerso num ideário determinado sobre o qual não tinha grande influência, o diretor muitas vezes reforça o sentido original – como em *Despertar da redentora* – enquanto em outros leva o filme para direções inusitadas – como no caso da *Fabricação da vacina contra a febre amarela* – em que a doença dissolve-se em pura forma. Em contrapartida, o cuidado excessivo em velar da objetiva aquilo que era vedado ao espectador, acaba criando um documento asséptico justamente sobre *O combate à lepra*. O país excepcional dos projetos de Roquette-Pinto, Gustavo Capanema e Getúlio Vargas ganha concretude nas lentes de Humberto Mauro, mesmo se muitas vezes o sentido original foi subvertido. A utopia salvacionista se ancora no cinema, se realiza no cinema. No cinema educativo realizado no Brasil a partir dos anos de 1930, os filmes constróem o visível para determinar o real.

O segundo Ince – 1947-1964

Com o fim do Estado Novo e a saída de Roquette-Pinto, o Ince, tal como fora concebido, torna-se um anacronismo. A ruptura não é imediata nem completa, mas desde o princípio é claro pelos filmes que as antigas aspirações não faziam mais sentido. A utopia transformadora que se assentava sobre o cinema e a educação desaparece. No pós-guerra, o enfoque econômico toma o lugar estratégico da educação, e o desenvolvimento, a forma de conceber a construção nacional. Assim, não há mais um projeto político de utilização oficial do cinema.

A antiga ambição transformadora cede lugar a um outro ideário, que nem sequer existe plasmado como tal. Ele vai se fazendo filme a filme, movido até mesmo por circunstâncias externas, como a encomenda da Série Educação Rural, a série sobre as cidades históricas mineiras, feita por solicitação do Iphan (Instituto do Patrimônio Histórico e Artístico Nacional) entre 1957 e 1959, que junto com as *Brasilianas* – que reúnem, além das canções, filmes sobre o *Carro de bois* e *Engenhos e usinas* – compõe, como designa a "brasiliana", uma coleção de conhecimentos sobre o Brasil, mas um Brasil visto por Humberto Mauro: em essência, um Brasil rural, melodioso e de feições mineiras.

O reencantamento do mundo: o som e as imagens

A música e o mundo rural constituem o fulcro central da produção maureana depois da atividade em conjunto com Roquette-Pinto. São várias obras ao longo de mais de vinte anos, mas em todas elas – *Brasilianas, Educação rural* ou filmes sobre a indústria artesanal mineira – é como se Mauro fizesse um único filme, trabalhando aqui e ali variações de um mesmo tema. As primeiras *Brasilianas*, ou *Alberto Nepomuceno* (1950), são "croquis" de *O canto da saudade*, da mesma forma que nesse filme despontam aspectos que serão decompostos com mais vagar em obras posteriores, como *Manhã na roça – carro de bois* (1956).

Não podemos deixar de ver nas suas *Brasilianas* traços de um romantismo profundo, visível na escolha de temas (o passado e o amor que se foram, a felicidade da infância) e imagens associadas sempre à paisagem rural bucólica (pássaros, flores, montanhas, animais pastando, cachoeiras, árvores frondosas), e no enquadramento da natureza em fusão completa com o homem (Mauro é muito econômico em primeiros planos: homens, animais e paisagem têm o mesmo valor, e o plano geral é predominante).

Mesmo em filmes sobre a arqueologia dos processos de trabalho, como *Carro de bois* ou *Engenhos e usinas*, ambos de 1955, é visível a sua aspiração de reencontro não apenas com o lugar de origem ou a natureza, mas com todo o cosmos. A harmonia plena que esses filmes inventam aponta para o único valor que lhe interessa nesse momento: a permanência.

Os filmes, com seus sons e ritmos, constituem um inventário para a eternidade; trazem como aspiração a possibilidade de reter o tempo nas imagens, de num mesmo movimento reproduzir o passado, produzir o presente e projetar o futuro, pois constituem simultaneamente memória e utopia.

As *Brasilianas*

As duas primeiras *Brasilianas*, *Casinha pequenina e chuá chuá* (1945) e *Azulão* e *Pinhal* (1948), são músicas que falam de amor e de um tempo perdido. Os versos e os sons conduzem a imagem. A principal função da câmera é ilustrar uma simbolização prévia, que é dada pelos versos. Imagens encantadas, de um tempo que vive na memória daquele que, junto com a canção, lembra.

Em *Azulão*, de Jaime Ovalle com versos de Manuel Bandeira, três minutos falam da saudade de um amor desfeito. Não há um tempo preciso. Só a beleza de um espaço acolhedor que envolve o homem no interior de sua casa, de onde solta o passarinho que vai em busca do tempo e do amor que passaram. A câmera está plantada na imensidão, como se junto com o azulão partisse em busca "da ingrata", do passado, como a tentar recompor o momento que se foi. *Azulão* é, por excelência, o filme que marca e contorna a passagem do tempo e as diferenças entre o vivido (as mudanças) e a memória (perene, atemporal).

Engenhos e usinas (1955) compara duas formas consagradas de produção agrícola, inserindo a natureza no processo produtivo. Entretanto, desde o primeiro plano, quando o diretor senta-se sobre as raízes de uma frondosa árvore e observa a paisagem de costas para a câmera, sabemos que o tempo que conta é o da memória, em que "só o nome dos engenhos fazia sonhar",[22] quando o correr do tempo era marcado pelo andamento da produção agrícola, pelo carro de bois, pelo ritmo da roda d'água. Uma vida que não era regrada pelo relógio, como nos lembra

22. "Dos engenhos de minha terra/ Só os nomes fazem sonhar:/ Esperança!/ Estrela d'Alva!/ Flor do Bosque!/ Bom-Mirar!". Ascenço Ferreira, (1895-1927). "Cana caiana". In: GONÇALVES, Magaly Trindade (org.). *Antologia de antologias – 101 poetas brasileiros "revisitados"*. São Paulo, Musa, 1995, p. 463.

Walter Benjamin. Mas, com a usina, a máquina chegou, e com ela a rigidez sincopada da música das engrenagens e do vapor. O caminhão substitui o carro de bois, e o homem desaparece. O engenho torna-se ruína, marca renitente de um tempo acabado que levou a poesia. Mas, no filme, ao final, é a poesia que prevalece. Depois da melancolia das ruínas, o som de *Engenho Novo* toma conta da imagem, que mostra a roda d'água, sobrevivente ainda útil e bela em muitos lugares do Brasil. A memória reafirma-se sobre o esquecimento. O encantamento do mundo se sobrepõe à concretude avassaladora da história.

Entretanto, não há como não ver em *Engenhos e usinas* uma "nostálgica resignação".[23] Diante da evidência da mudança, a memória reencantada busca os antigos valores, procurando tornar a sobrevivência no presente menos árida. A memória renova o sentido da história.

Todos esses filmes apontam para a volta de um tempo perdido, como se a infância ou a natureza fossem realmente dóceis, desprovidas de conflitos e dores. Além disso, o território da felicidade é figurado unicamente no campo, como se na cidade o homem tivesse se partido, perdido o contato com a sua essência. O Brasil essencial é figurado no campo, na terra, lugar das origens. Deixou de ser extraordinário. Mauro registra um país ordinário.

Essa representação faz pensar em Max Weber quando observa que "no real moderno algo precioso se perdeu. [...] A alma fica longe do lar". Cabe, portanto, à imaginação, reaproximá-los.[24] É pela resistência da memória que o passado não se torna esquecimento, mas âncora, como pleitea Mauro, que seus registros fílmicos procuram promover o "reencantamento do mundo".

---

23. Jean-Claude Bernardet, *Brasil em tempo de cinema*, p. 90.
24. Conforme as observações de Michel Löwy, e Robert Sayre, *Romantismo e política*, p. 22.

Certamente existe nessa fase mais do que um desejo de retorno. Há um impulso de fusão cósmica cujos traços já se podiam sentir nas imagens de *O despertar da redentora* e *Carlos Gomes – O Guarani* (1942). Não se trata mais da ordem hierárquica do positivismo. Trata-se da superação imaginária das diferenças em nome de uma concórdia inscrita na existência.

Num país que começava a mostrar no cinema o banditismo e a marginalidade – ainda que juntando temáticas como o cangaço e a aventura, no *nordestern*, conforme Salviano Cavalcanti de Paiva,[25] ou as dificuldades de sobrevivência nas cidades, como em *Rio 40 graus* (1954), de Nelson Pereira dos Santos –, as elaborações de Mauro apontam em sentido contrário, como se, pela afirmação dos valores perenes figurados na natureza e na música, o Brasil pudesse encontrar ainda alguma de suas muitas promessas.

A Educação Rural

Entre 1954 e 1959, o Instituto realizou nove filmes para a Campanha de Educação Rural, promovida pelo Ministério de Educação e Cultura. Embora conste nos créditos o nome de Chicralla Haidar como consultor, na realidade os filmes foram encomendados e realizados com a assistência técnica e, provavelmente, a cooperação econômica do "governo norte-americano através do United States Agency for International Development, em virtude do Ponto 4 do programa dessa agência – que versava sobre o 'trabalho de assistência do governo dos Estados Unidos aos países em desenvolvimento'",[26] que se instala no Brasil em 1942. Conforme Gerson Moura, esse programa visava estreitar os laços de colaboração com os países da América do Sul, por

25. Conforme Jean-Claude Bernardet, Trajetória do cinema brasileiro, p. 41.
26. Carlos Roberto de Souza, *op. cit.*, p. V.

conta da adesão ao bloco aliado. Esse programa teve penetração em muitas áreas, mas nos anos de 1950 sua atuação, segundo Moura, se retraíra para as áreas de educação e higiene, sobretudo na área rural.[27]

Segundo o testemunho de Zequinha Mauro, os americanos queriam ensinar os brasileiros a modernizar sua agricultura e aumentar a produtividade na lavoura, mas os filmes de que dispunham não se prestavam à realidade brasileira. Ao final, as soluções apresentadas (como o transporte de água em canos de bambu, solução local) e as formas de abordagem foram da lavra do próprio pai (Humberto Mauro).[28]

O que interessa reter desses filmes é o enfoque do próprio trabalho no campo: a abordagem é suave, o ensinamento não supõe o fosso entre "o homem que sabe" e o ignorante que deve aprender, característico do Ince no período de Roquette. Mauro fala para um interlocutor capacitado a entendê-lo. Nas sugestões apresentadas, não se introduz nenhuma máquina moderna, nenhum material desconhecido ou alheio ao próprio meio.

Fossa sanitária (1954) explica por que a prática tradicional da construção de privadas sobre cursos d'água contamina as águas de uso comum. Um menino descalço e com a calça amarrada com uma cordinha entra na pequena casa montada sobre um rio, onde alguns patos passeiam placidamente e lavadeiras lavam a sua roupa. A imagem sugere a contaminação da água, o que poderá transmitir doenças. Por isso se faz necessário ferver a água usada para consumo. Mostram-se depois as várias etapas da construção de uma fossa e, ao final, o mesmo menino, agora devidamente calçado, sai da nova "privada higiênica" e afivela

27. Gerson Moura, *Tio Sam chega ao Brasil.*
28. É evidente que as questões todas que a produção desses filmes suscita não se esgota, em absoluto, com essas informações, cujo aprofundamento escapa ao escopo deste trabalho.

ostensivamente um cinto de couro. São notações que configuram na imagem verdadeiras mudanças de atitude.

Ao melhorar o campo através de recursos próprios, Mauro nos fala de sua idéia do espaço agrário como o mundo da comunidade, das ligações pessoais, do trato paciente e observador em relação à natureza, de onde emanam os recursos. Há uma autonomia dessa vida em relação à sociedade que se constrói nos grandes centros urbanos, com indivíduos atomizados, cujas ligações pessoais a vida urbana rompeu.

A vida do campo não significa, portanto, atraso, mas afirmação de uma cultura própria, ancestral, e ao mesmo tempo ainda palpável. Soluções que criam trabalho e fixam o homem à terra, como mostra *Fabricação da rapadura*, de 1958. Enquanto o país figurava o seu arranque industrial, Mauro, que fazia no mesmo momento filmes sobre Volta Redonda e a produção de aço, mostra como atividade possível a fabricação e comercialização da rapadura, "muito apreciada pelas populações brasileiras".

Há ainda outro aspecto essencial nessa caracterização, que sugere não apenas resgate ou reminiscência, como nas *Brasilianas*, mas efetivamente uma utopia. Num período de populismo intenso, em que à direita e à esquerda se falava em nome do povo, algo muito claro no cinema que passa a ser feito nesse período,[29] Mauro fala com seu interlocutor sem qualquer mediação. Não é em nome do Estado, e nem de um Estado subsumido em alguma autoridade, ou de um saber científico, como no período anterior. O filme entende um interlocutor capaz de compreendê-lo. Não se indica ao lavrador que procure um posto de assistência, um produto químico ou um folheto. Não há um sábio, um líder, um mestre, e do outro lado, um ignorante. Há

29. Conforme as análises de Jean-Claude Bernardet, *Brasil em tempo de cinema*.

uma comunidade que conhece o seu ofício, mas pode aprimorá-lo. As tensões com a modernização se dissolvem. Há mudanças que os homens são capazes de acompanhar e que, na aparência, não se opõem, nem excluem o que já era conhecido e plenamente dominado. A tradição assimila e integra proveitosamente o que lhe convém do progresso. Em 1955, o tema é o carro de bois como aliado persistente, e não o trator que desalojava trabalhadores.

Com *A velha a fiar*, de 1964, Mauro encerra a sua produção no Ince. O filme é o fecho de um período, na temática onipresente do campo, mas é também uma enorme reflexão sobre o próprio cinema e sua matéria, a montagem. Finda a abertura musical, surge a velha no estúdio (funcionário e amigo de Mauro no Ince) diante de sua roca, e os vários elementos da canção vão sendo como que desfiados. Mauro se serve da estrutura repetitiva da música e do aumento consecutivo do ritmo para pontuar as imagens e cortes, saindo da representação realista para o jogo puro de figuras estáticas. A mosca, a aranha, o gato, o rato, o cachorro, o pau, o boi, o fogo, o homem, a água aparecem consecutivamente na natureza, e como imagens fixas, elementos de pura montagem. Como se, ao final de sua obra, abrisse aos espectadores o próprio jogo do seu instrumento.

Filmar é juntar impressões, momentos efêmeros, imagens consagradas que a montagem permite que se tornem cinema. Isso não era novidade em sua obra, mas aqui expõe o fazer e desfazer do cinema que repercute na canção e no seu tema – o ciclo vital: a velha tece os meandros da vida até a morte. Não se trata apenas de compor a realidade, aspirá-la. Ao contrário, a imagem é decomposta, esquadrinhada. Desfia-se como na roca da velha, pela evidência da montagem. Não há mais a transparência. A natureza plácida que o "primeiro movimento" do filme mostrara dissolve-se na medida em que é explicitada pela decupagem.

Com isso, *A velha a fiar* é, a um só tempo, reflexão sobre a vida que passa, o envelhecimento do próprio diretor e uma revelação dos seus instrumentos. A sua suposta ingenuidade dissolve-se na reflexão sobre seu ofício e sua matéria.

Fora do Instituto, em 1972, Mauro faz seu último *Carro de bois*, no qual retoma o tema filmado em 1955. Desta feita, a descrição de um objeto que parecia eterno e indispensável, espécie de tradução da resistência, docilidade e força do homem brasileiro, se desfaz. Mauro se detém mostrando como o carro, tomado por uma "doença de desencanto", morre, e suas partes ficam espalhadas pela fazenda. Marcas renitentes a evocar sem cessar um tempo que passou e resiste na ruína imperecível. Imagem do próprio cineasta que persiste e documenta o fim do seu ciclo de trabalho, passando a ser reconhecido como um dos totens principais da nova geração de realizadores e críticos brasileiros que surgira a partir dos anos de 1950. Deixava com eles sua herança: a preocupação em filmar o Brasil sem modelos preestabelecidos, fazendo da câmera o único e verdadeiro instrumento. Ainda que entre Mauro e Glauber Rocha existam dois Brasis irreconciliáveis, ambos postulavam como princípio fazer do cinema objeto de conhecimento, mudança e permanência.

O documentário segundo Cavalcanti

Claudio M. Valentinetti

Quando Alberto Cavalcanti, em 1934, muda-se para a Inglaterra, ele o faz essencialmente por dois motivos: por um lado, para encerrar a experiência comercial com a Paramount francesa – que lhe havia dado fama e dinheiro, mas já não lhe oferece nenhum estímulo –; por outro, para aprender, estudar e, sobretudo, experimentar novos caminhos cinematográficos. Para ele é um pouco como voltar aos primeiros amores, depois de tanta ficção, em todos os níveis: a sua segunda experiência de direção de fato, precedida da montagem de *Viagem ao Congo* (1925) de Marc Allégret, havia sido mesmo um documentário – aquele *Rien que les heures* (1926) – que, com imagens e ruídos da vida quotidiana parisiense, antecipara as mais conhecidas – sabe-se lá por quê[1] – experiências de Dziga Vertov e Walter Ruttmann.

---

1. Elizabeth Sussex, Cavalcanti in England, *Sight and Sound* 44, Londres, outono 1975 (o estudo é publicado também no livro da mesma autora *The rise and fall of british documentary*, e reproduzido em Lorenzo Pellizzari, e Claudio M. Valentinetti, (orgs.), *Alberto Cavalcanti*. p. 317-336), define *Rien que les heures* como "uma curiosa mistura de imagens feitas na Paris que os turistas não vão ver. Um vago fio condutor se desenha de acordo com os planos recorrentes de um manco miserável que se arrasta lentamente ao longo das aléias e dos caminhos afastados, mas essas imagens surgem sem o mínimo comentário. São bizarras, deslocadas, cômicas até, especialmente quando acompanhadas de alegres canções parisienses que o próprio Cavalcanti escolheu quando de uma recente projeção no National Film Theatre. É talvez porque os planos, na sua triste desesperança, provocam quase o riso, que ficam tão fortemente fixados na memória. Censurou-se Cavalcanti por ter mostrado nesse fil-

"Cav" – como passarão a chamá-lo os ingleses, histórica e linguisticamente favoráveis à síntese, sempre que objeto e sujeito não pertençam ao Reino Unido – conhece bem o cinema, de resto. Nele entrara por uma porta, por assim dizer, lateral, aquela do cenógrafo, pouco a pouco, recordando no método também aquele positivismo exasperado que o pai buscava inculcar-lhe nos anos da adolescência. Durante seu aprendizado da sétima arte, "cresce" e acompanha nomes não anônimos – como Louis Delluc, Marcel L'Herbier e outros companheiros de estrada da chamada Primeira Vanguarda Francesa. Passa com extrema desenvoltura de um gênero a outro, da ficção ao documentário e vice-versa, e de uma especialidade a outra: da cenografia à assistência de direção, da direção à montagem, e ligando o próprio nome a filmes como *Le train sans yeux* (1926), *En rade* (1927) etc.

O advento do cinema sonoro desmonta (ou talvez monte surrealisticamente) todo aquele frágil castelo do cinema, que, ainda não assestado, é objeto de profunda revolução: o som. E mais: som, ou palavra? Obviamente não há resposta, até porque tudo depende daquilo que um certo autor (sim, parece que "la politique des auteurs" teria nascido muito tempo antes da Nouvelle Vague) atribua àquelas duas categorias. No caso de Cavalcanti, por exemplo, a palavra conta muito pouco: para ele, tudo depende do som sincronizado e complementar à imagem, quer dizer, da utilização dos sons naturais como matéria prima. "Cavalcanti acredita no sonoro e tem idéias sobre a questão", como escreveu Lorenzo Pellizzari:

---

me uma certa falta de calor e de sensibilidade em geral. Creio que não se compreendeu exatamente que sua visão é mais surrealista do que realista, e que como conseqüência tem a virtude de escapar da sentimentalidade. Dito isto, será preciso esperar oito anos antes que o documentário inglês ouse produzir um documentário social comparável a esse, mostrando as condições sociais durante a Depressão".

> Assim como, lembra Francesco Savio, ele elaborou a teoria segundo a qual, depois da primeira fase do *som sincronizado*, era preciso passar à do *som complementar* à imagem. Mais do que assincronismo, cujo manifesto Cavalcanti conhecia bem, sem, no entanto, concordar completamente com as propostas, tratava-se de pegar sons naturais como matéria-prima, de separá-los em elementos possíveis de serem remontados e orquestrados livremente, a fim de *estilizar a atmosfera*. Como a palavra, reduzida ao mínimo, deveria estender-se ao som e a imagem se encontrava reforçada por esse acompanhamento acústico, é fácil compreender que esse campo de aplicação se adaptava mais ao documentário do que à ficção [...].[2]

E um pouco mais adiante: "A seus olhos, o cinema sonoro não consiste somente em diálogos que, mais do que tudo, não deixam o menor espaço à música na fita sonora; o cinema é uma forma de expressão muito mais complexa".[3]

Para estudar e aplicar isso tudo, Cavalcanti vai, ou melhor, volta – pois tinha deixado Liverpool para acompanhar as filhas do cônsul brasileiro nos estudos franceses e para aceitar, com esse estratagema, a oferta de colaboração de Marcel L'Herbier – à Inglaterra, onde, desta vez, o esperam um contato e um contrato com a maior personalidade do cinema documentário daquele país: John Grierson.

Personalidade muito forte, pessoa extraordinária nas suas manifestações – em sentido positivo e negativo –, moralista e alcoólatra, dominado pelo engajamento mais total e absoluto ao ponto de chegar a ser chato com seus colaboradores, mas, ao mesmo tempo, dono de uma inteligência prática e fascinante, Grierson é um empregado de luxo do Estado britânico, para o qual realiza a tarefa de revelar ao "homem da rua" o "senso demo-

2. Lorenzo Pellizzari, e Cláudio M. Valentinetti, *op. cit.*, p. 27.
3. *Ibidem*, p. 28.

crático" daquele Estado. Já há algum tempo dirigia a unidade cinematográfica do Empire Marketing Board, onde conseguiu reunir um grupo formidável de colaboradores (Rotha, Watt, Wright, Elton, Anstey e o mítico Robert Flaherty), aos quais se acrescentam, logo depois da dissolução do "Empire" e da passagem da "escola" de Grierson às ordens do General Post Office (GPO), novos elementos como McLaren, Jennings, Len Lye e o mesmo Cavalcanti.

Aqui é preciso abrir parênteses para ressaltar o quanto Grierson sempre soube aproveitar "mestres" como Flaherty, antes, e Cavalcanti, depois, mesmo quando as personalidades individuais tivessem pouco ou nada em comum entre elas – como é, de resto, o caso de Cavalcanti, que jamais se deu bem com o despótico autor de *Drifters*. Mas, como já dissemos, eram outras as "molas" que empurravam o brasileiro a essa experiência que o marcaria, mais para o bem que para o mal, por toda a sua vida. A esse respeito, recorda Elizabeth Sussex:

> Grierson gostou. "Meus rapazes não têm idéia do que é o som", diz, convidando-o a divertir-se por um tempo no estúdio recentemente adquirido pela equipe em Blackheath. Em compensação, os rapazes de Grierson sabiam quem era Cavalcanti. Era um dos nomes que haviam impressionado quando das sessões da Film Society. Grierson era sortudo ou, para ser mais exato, ele sabia como explorar sua sorte. Primeiramente Flaherty, e agora Cavalcanti. Considerações à parte, a escola do documentário inglês, que estava só no seu início, pôde crescer graças à sua habilidade de atrair pessoas de renome internacional, como então os dois cineastas.[4]

Voltemos, pois, a 1934, ano de *Pett and Pott*, estréia inglesa e primeira e extraordinária medalha na lapela de "Cav", que,

4. Elizabeth Sussex, *op. cit.*

como um bruxo, consegue transformar meia hora sobre vantagens de possuir um telefone em casa em uma pequena-grande *gag* cômico-social de ritmo e de senso de humor exemplares (ainda que o diretor, igual a qualquer outro *bigger than life*, como ele próprio sempre reconhecia-se, sem falsas modéstias, tenha definido o curta como "uma simples lição sobre o som", referindo-se, sobretudo, à parte acústica prévia à filmagem). Diz Lorenzo Pellizzari sobre o filme:

> O pretexto do curta-metragem [...] é o de demonstrar a utilidade do telefone [...], mas a intenção didática desaparece na medida em que o quadro cresce com a comparação de duas forças de vida social. De um lado, os bravos cidadãos, os Pett, organizados, limpos, prolíficos e, além disso, possuidores de telefone. Do outro, os maus cidadãos, os Pott, desorganizados, um pouco sujos (têm até mesmo um gato), estéreis (mas têm uma empregada, ainda por cima infiel), a quem a ausência de telefone causa constantes mal-entendidos e discussões inúteis. Acentuando as personalidades, levando ao extremo as situações e pintando o todo com tintas fortes, mas divertidas, Cavalcanti consegue ridicularizar o maniqueísmo inicial, mostrar-nos igualmente odiosas ou igualmente simpáticas as duas famílias, e zombar das autoridades (os policiais, o juiz, o pastor). Essa comédia rica de tiradas e achados visuais (a tela, muitas vezes dividida em duas, mostra simultaneamente o Bem e o Mal: a repetição de certas imagens torna-se figura expressiva e figura retórica), não está longe de um Bertolt Brecht nem de uma certa anarquia. Parece que até mesmo Buñuel gostou desse filme.[5]

Sucessivamente, e em virtude da intercambiabilidade dos papéis, um dos pressupostos experimentais e habituais do GPO, Cavalcanti – depois de ter assinado a direção de *New rates* – produz algumas obras interessantes, como *S.O.S. radio service*,

5. Lorenzo Pellizzari e Cláudio M. Valentinetti (orgs.), *op. cit.*, p. 30-31.

versão muda do mais conhecido *North sea*, de quatro anos depois, e *Calendar of the year*, de Evelyn Spice, todos em 1934; *Book bargain*, de Norman McLaren, *Big money*, de Pat Jackson, *BBC: the voice of Britain*, de Stuart Legg, de 1935; no ano seguinte, *Rainbow dance*, de Len Lye, e *Roadways*, de Ralph Elton. Ao mesmo tempo, começa a delinear-se a vida futura de "Cav", aquela de supervisor e estudioso do som, além, naturalmente, daquela de diretor. Como testemunham *The song of Ceylon* (1934), de Basil Wright, e, principalmente, *Night mail* (*1936*), de Harry Watt e Basil Wright, o curta-metragem fundamental e provavelmente o mais completo de toda a experiência do GPO. A propósito desse filme, diz-se que:

> [é a] fusão perfeita entre a exaltação admiradora do trabalho do homem e o hino à eficácia do governo-patrão (as duas forças, unidas como no final de *Metropolis*, garantem a escolha correta do correio entre Londres e Glasgow no decorrer de um só percurso ferroviário noturno), o perfil da Inglaterra industrial e rural que se conseguiu descrever ao mesmo tempo, a emoção que tem o espectador, o de ontem e o de hoje, para uma aventura que pertence a um só tempo ao cotidiano e ao milagre, ou melhor, que toma o milagre cotidiano, não seriam nada sem a fusão dos ritmos das imagens e do desenvolvimento musical e sonoro, sem a perfeita correspondência que realizou nosso Cavalcanti, mesmo que a obra seja, com muita evidência, coletiva.[6]

Um ano antes, Cavalcanti "inventara", com doze minutos de material de arquivo e valendo-se da contribuição de um poeta como W. H. Auden e de um músico de exceção como Benjamin Britten, *Coalface*, no qual maestria e ironia – como quase sempre em seus filmes não polêmicos – vão lado a lado: "A leitura é pelo menos tripla", ressalta sempre Pellizzari.

---

6. *Ibidem*, p. 32.

> *Coalface* pode representar um manual do audiovisual, pode ser considerado um filme abstrato (ou, para empregar uma terminologia mais atrativa, uma expressão de arte concreta), ele pode enfim ter – de acordo com o ponto de vista – um caráter curiosamente ambíguo de participação social: de um lado, o retrato triunfalista da potência industrial britânica; de outro, as miseráveis condições de trabalho nas trevas da mina... Mas a marcha subterrânea dos mineiros, com sua sombra alongada que se projeta sobre as paredes da galeria, e o coro surdo e escondido que o acompanha, só podem evocar, num espectador moderno malicioso, a lembrança da canção dos sete anões da Branca de Neve (não se pode descartar que Disney tenha encontrado inspiração aqui), o que desdramatiza toda a situação.[7]

Todavia, 1936 representa, para Cavalcanti, um ano de virada. Não tanto porque, no ano seguinte, Grierson, com quem continua a desentender-se – ou, mais francamente, a quem começa a odiar[8] – deixará tudo para emigrar para o Canadá e recomeçar do zero (ainda que isso, obviamente, ajude "Cav"), mas no sentido de alargar internacionalmente o próprio raio de ação, seja realizando outras obras, seja participando em diversos encontros, conferências e debates, nos quais tem oportunidade de conhecer pessoas interessantes e aprofundar seus interesses específicos. Mas sigamos em ordem: no primeiro caso, o GPO firma um acordo de co-produção com a Pro-Telephon, o seu homólogo suíço (daí nascerão, em apenas dois anos, curtas-metragens que constituem hinos de louvor à paz e à coexistência entre os povos, em homenagem à Suíça, país neutro por excelência segundo uma personalíssima interpretação do espírito da Liga das Nações, como *Line to*

7. *Ibidem*, p. 31.
8. Para as relativas e recíprocas diatribes e polêmicas, remeto ao ensaio citado de Elizabeth Sussex.

Tcherva Hut, Who writes to Switzerland?, Message from Geneva, Four barriers e *We live in two worlds,* no qual o roteiro e a narrativa são de J. B. Priestley e a música é de Maurice Jaubert). No segundo caso, residindo Cavalcanti em Genebra, resulta-lhe mais confortável deslocar-se e participar em iniciativas bastante vizinhas, como por exemplo o Congresso Internacional de Música em Florença, coordenado pelo Acadêmico da Itália (fascista) Ugo Ojetti, e em Cremona, onde nosso diretor é convidado por outro alto dignatário fascista local, Roberto Farinacci. Ali tem a oportunidade de conhecer um músico extraordinário como Darius Milhaud e alguns intelectuais dissidentes italianos (entre os quais Sandro de Feo, Francesco Pasinetti e Giacomo Debenedetti).

Antes de deixar aquele ulterior período suíço da vida de "Cav" – que ali vivera e estudara nos anos da juventude, antes de ir para a França –, é útil recordar como, entre 1938 e 1942, em Lausanne, realizou seu primeiro filme em cores, *Alice in Switzerland*, misto de documentário turístico e ficção, digno de ser recordado, mais do que tudo, por essa curiosidade (de outro tipo bem diferente eram os estudos sobre as cores que "Cav" levava avante com seu pupilo Len Lye, extraordinário antecipador do mesmo Norman McLaren que Grierson chamará mais tarde para o Canadá, e que erroneamente passou à história como o primeiro a pintar as cores diretamente sobre a película).

Quando volta à Inglaterra, no fim de 1937, tem a agradável surpresa de encontrar o terreno livre de Grierson – que, como já se disse, fora para o Canadá – e de achar-se nomeado chefe de produção do GPO, devendo reportar-se apenas a J. B. Holmes (porque "Cav" recusou-se sempre a tomar a nacionalidade inglesa, *conditio sine qua non* para dirigir um ente público local), que, porém, não lhe criará qualquer problema. Se, por um lado, é uma promoção "em campo" (com o implícito reconhecimento daqueles méritos aos quais tanto se aferrava Cavalcanti), por outro, a quantidade de trabalho, principalmente de coordenação, que deve desenvolver, o mantém afastado da direção. O que não o impede, entretanto, de abrir espaço a McLaren, de "desmamar" um poderoso talento como Humphrey Jennings (que assim permanecerá, tendo sido atingido já ao nascer da guerra, tal como o músico Jaubert), de continuar os estudos sobre a cor com Lye, de fazer alguma incursão no cinema de animação, por intermédio de Lotte Reiniger. Os títulos desse período, sem fama ou louvor, mas sempre honestos e fiéis ao espírito original do GPO, são, apenas para elencar: *The savings of Bill Blewitt*, de Harry Watt, 1937, *Mony a pickle*, de Norman McLaren e Richard Massingham, *N. or N.W.*, de Len Lye, *Happy in the morning*, de Pat Jackson, *Forty million people*, de John Monck, *Men in danger*, de Pat Jackson, *The city*, de Ralph Elton, *Love on the Wing*, de McLaren, todos datados de 1938, além do magnífico (e já citado) *North sea*, de Harry Watt. Aos quais seguem-se, no ano seguinte, *Men of the Alps*, última aventura propagandística associada com o governo suíço, o retorno à direção "inglesa", com *Midsummer day's work*, três direções assinadas por Jennings (*Speaking from America*, *Spare time*, *Spring offensive)*, duas – "animadas" – de Lotte Reiniger (*The tocher* e *The H.P.O.)* e uma – que hoje se poderia definir desenvoltamente como "técnica mista", por mesclar tomadas reais com animações de objetos – de Brian Pickersgill, *Oh whiskers!*, em que o argumento é facilmente imaginável...

Depois... depois é a guerra, a Segunda Guerra Mundial – que revira o mundo, tudo e todos: qualquer coisa, a esse ponto, deve obviamente tornar-se um instrumento de propaganda. E assim é. Até o GPO deve adaptar-se à realidade, e – enquanto toda a Inglaterra espera, mesmo se ainda não o sabe, mas limita-se a intuí-lo, o assobio assassino das V1 e V2 de Werner von

Braun ("pai" do desembarque humano sobre a Lua e quiçá de quantas outras coisas que jamais nos foram reveladas e que um dia descobriremos, talvez com horror) – conflui na Crown Film Unit. Estamos em 1940, e a guerra – escoltada pelo *Blietzkrieg* hitleriano e pela agressão japonesa a Pearl Harbor – recrudesce e parece destinada a uma rápida solução, que, de resto como se sabe, assim não será. Eis aí, então, filmes como *Squadron 992*, de Harry Watt, e *The first days*, de Humphrey Jennings, quase uma profecia (confirmada, efetivamente) da morte do próprio diretor. Inevitável, pois, para "Cav", que já se defronta com vários problemas devido, sobretudo, a uma guerra que não sente como sua, brasileiro no passaporte, mas internacional em todos os sentidos, aceitar a oferta de *sir* Michael Bacon, que, se por um lado, lhe "oferece" continuar com os inevitáveis, obrigatórios documentários de propaganda, por outro e reabre-lhe a perspectiva daquele cinema de ficção que há algum tempo havia abandonado, mas jamais esquecido, onde, por mais de uma vez, havia demonstrado ser capaz de "virar-se" bastante bem... Dito e feito: "Cav" não é um homem delicado nestas coisas (ou talvez o seja demasiado, a ponto de tornar-se inoportuno por excesso de delicadeza ou de escrúpulos). Estão aí, assim, algumas produções do nosso amigo, como *Men of the lightships*, de David McDonald, e *Kitten on the quay*, de Robert St. John Cooper (1940), que, embora honestas, percebem-se inevitavelmente como mera rotina, não interessante ou extraordinária. Assim como, *mutatis mutandis*, *Merchant Seamen*, de J. B. Holmes, *The young veteran*, *Mastery of the sea*, *Guests of honour*, de 1941. Um pouco diferente do padrão geral é *Trois chants pour la France*, produzido pelo Quartier Géneral de Charles de Gaulle em Londres, centrado em três cantos, exatamente, que fazem vibrar os franceses e seu forte sentido de pátria (*Paris, La Marseillaise* e *Le chant des Partisans*) e que, acendendo a chama emocional da Resistência e dos Maquis, contribuem a preparar a inversão de tendências da guerra hitleriana já vencida, do ponto de vista da propaganda; assim como *Greek Testament*, de Charles Hasse (ambos os filmes são de 1942). Ou como *Water-tight*, dirigido pelo próprio Cavalcanti e *Find fix and strike*, de Compton Bennett, de 1943.

Voltando atrás um pouco no tempo, eis, entretanto, duas obras-primas hoje indiscutíveis, mas muito discutidas na época, sobre as quais convém deter-se: *Film and reality* – uma "*summa*" escolhida, montada e concluída em tempo de guerra por Cavalcanti, para explicar sua própria idéia de cinema – e *Yellow Caesar*, uma jóia de ironia e de montagem cinematográfica que deveria ter feito refletir a tempo os detratores de Cavalcanti e tantas outras pessoas. No primeiro filme, uma tentativa muito ousada para aqueles tempos: demonstrar que a contribuição do cinema ao conhecimento da realidade não passa apenas pelo documentário, mas também pelo cinema narrativo, como ele mesmo reafirmará em seu livro fundamental, *Filme e realidade* (1951 e 1976),[9] que resume suas idéias sobre o cinema.[10] No segundo,

9. Edição Artenova/Embrafilme, Rio de Janeiro.
10. Não faltam críticas, sobretudo da parte italiana. Cito três, a título exemplificativo, extraídas da página 34 da obra citada de Pellizzari e Valentinetti. A primeira, de 1951, de Glauco Viazzi, ressalta como "Cavalcanti não diferencia a escola do realismo socialista da do realismo crítico, nem a do naturalismo e do verismo. Ele não distingue a falsificação deliberada da realidade e além disso esquece que o mágico e o feérico são muitas vezes um veículo natural do realismo"; na segunda e na terceira, de 1950, Fernaldo di Giammatteo insiste com as recriminações ("Depois dessa profissão de fé no documentário vinda de um dos documentaristas mais célebres, é estranho ver que Cavalcanti passou a servir a Ealing Studios, onde dirigiu filmes que têm muito pouca relação com a realidade, do modo como ele havia compreendido antes") e acusa Cavalcanti também de esteticismo ("Grierson provavelmente tinha razão quando definia Cavalcanti como um 'esteta', mais amante da bela forma que da substância

> baseando-se no material de repertório "trucado", altamente manipulado e livremente montado, [Cavalcanti] faz um retrato ao mesmo tempo trágico e cômico de Mussolini, o *Yellow Caesar* do título, e da ditadura fascista. O material e o resultado, como as intenções, são "realistas", mas a operação é "fantástica", à semelhança do *Grande ditador* de Chaplin, que data da mesma época. Além dos efeitos de montagem que modificam o signo e o sentido do material, a música representa um papel importante no efeito final, tratando de uma *aria of desperate operatic tenor* ou de uma *cheap waltz*. "Todo o filme", escreverá Jay Leida, "mostra como um trabalho urgente pode ser feito esplendidamente: *Yellow Caesar* é uma montagem profética".[11]

No resto da biografia de Cavalcanti, o documentário não desaparecerá nunca, voltando a estar presente entre tanta ficção, aqui e ali, seja em nível de produção, seja de realização e/ou projeto. Penso, essencialmente, em *Painel* (1950-1951) e *Santuário* (1951),[12] de Lima Barreto, e em *Volta Redonda* (1952), de John

---

humana e social de suas obras. Os documentaristas devem desconfiar, como de seus maiores inimigos, dos 'estetas' como Cavalcanti – e como Flaherty, acrescentou. Eles podem estimá-los e admirá-los, podem também aprender seus segredos da técnica e do movimento cinematográfico, mas nunca deverão segui-los"). A nossa opinião, assim como aparece no nosso livro, é obviamente contrária, principalmente quando relacionada aos dias atuais, quando as ideologias e os ideologismos não existem mais; para nós, "Cav tinha razão: são o efeito e a emoção, veiculados indiferentemente pela gravação ou reconstituição, o documento ou a invenção, o natural ou a simulação, que conferem um valor de realidade e que nos mantêm em relação com ela (o espírito crítico pode e deve intervir num segundo tempo)".

11. Lorenzo Pellizzari, e Cláudio M. Valentinetti, *op. cit.*, p. 34-35.
12. "[...] *Painel* tinha sido um sucesso e o Sr. Lima Barreto iniciou imediatamente a filmagem de um novo documentário sobre os *Profetas* do Aleijadinho em Congonhas, que se intitulou *Santuário*": desse jeito Cavalcanti "fuzila" Lima Barreto e o ambiente todo da Vera Cruz – não os dois documentários em si – em uma declaração que o diretor deu (p. 103) para

Waterhouse, por ele produzidos durante a infeliz experiência na Vera Cruz; penso no igualmente infeliz episódio de *Die Windrose*, do qual veio praticamente marginalizado, e a *Ainsi parlait Theodor Herzl*, de 1966-1967, um média-metragem realizado em três versões (israelense, inglesa e francesa). Mas penso, também e sobretudo – não esquecendo os projetos jamais realizados dos quais ele mesmo falou-me durante o Festival de Brasília de 1977 (um documentário sobre o Brasil e outro, "mais fácil e importante", sobre o papel do açúcar na economia mundial) –, em *Um homem e o cinema*,[13] a grande e importante antologia

---

Maria Rita Galvão, autora do interessante *Burguesia e Cinema: o caso Vera Cruz*.

13. Cavalcanti, em Claudio M. Valentinetti, (org.), *Um canto, um judeu e algumas cartas*, p. 11-12, assim apresenta – em uma das cartas deixadas por Cosme Alves Netto – seu *Um homem e o cinema*: "'Minha concepção para o filme', escreve Cav depois de recordar que o projeto daquela 'summa' de suas obras nascera em conversa com André Malraux, quando esse ainda era ministro da Cultura francês, e encalhara após dificuldades surgidas entre o próprio Malraux e a Cinemathèque Française, 'se baseava na idéia que já tinha utilizado no filme de montagem/ensaio, que havia realizado entre 1939 e 1942, para o British Film Institute, *Film and reality*, que usava uma divisão em capítulos por assunto. Em *Film and reality* usei dezenas de filmes de autorias diversas em que tinha alguma participação ou não com o intuito de ilustrar minha idéia sobre a forma do cinema abordar a realidade através de sua história até então. Em *Um homem e o cinema* minha idéia diferiu um pouco da intenção do filme referido. Procurei formar uma antologia dos filmes diretamente ligados a mim em algum processo de feitura, como diretor, ou produtor, ou montador, ou cenógrafo etc. A intenção era não reunir numa ordem cronológica, mas sim por necessidade de agrupamento por assunto através de uma mecânica narrativa própria ao filme. O filme se construiu, então, em capítulos: Cenografia, Depoimentos, Cenas de amor, Assassinato, Pesquisa em drama, Pesquisa em ritmo, O absurdo da guerra e assim por diante como poderão ver em seguida. À medida que o filme', continua Cavalcanti, em elenco que resume a história do cinema mundial, 'crescia em mim uma certeza de que deveria se tornar uma homenagem como

produzida pela Embrafilme sobre a sua obra, que ele diverte-se a montar tematicamente e não cronologicamente, quase como se quisesse repetir, ainda uma vez – assim como P. M. Bardi explicou a Assis Chateaubriand, no momento de dar seu nome ao seu museu, que bastava simplesmente a palavra Arte, e que a Arte, quando tal, não é antiga nem moderna – que o Cinema, quando é Cinema, é Cinema. Que duas categorias abstratas como ficção e documentário são duas categorias abstratas e nada mais.

Post scriptum: Considero útil assinalar algumas considerações de Cavalcanti sobre o cinema, presentes em Lorenzo Pellizzari e Cláudio M. Valentinetti[14], a que remeto o leitor. Essa pequena

---

nunca havia prestado antes, a todos aqueles que haviam ajudado a construir minha obra de uma forma ou de outra. De Benjamin Britten (falecido recentemente, durante a realização de *Um homem e o cinema*) a Darius Milhaud, passando por Lord Berners e Maurice Jaubert entre tantos músicos (Hans Eisler entre eles) que me compuseram maravilhosas partituras, sem esquecer do nosso Guerra Peixe. De Catherine Hessling a *sir* Michael Redgrave passando por centenas de esplêndidos atores que comigo estiveram todo este tempo. De Jimmy Rogers a Gianni di Venanzo passando por Cyrill Arapof e Edgar Brasil que fotografaram meus filmes. De Erik Aaes a Michael Relph, meus cenógrafos. Especialmente devo homenagear Mick Balcon (*sir* Michael Balcon), meu mais querido produtor. Não deveria esquecer também meus companheiros dos primeiros tempos Louis Delluc, Marcel L'Herbier ou mesmo, apesar de nossas diferenças, John Grierson que abriu as portas para a minha contribuição ao cinema inglês. E, naturalmente, todos os jovens ingleses que começaram a rodar seus primeiros *rushes* comigo, Harry Watt, Len Lye, Humphrey Jennings, Pat Jackson, do tempo da unidade de filmes do General Post Office ou Charles Frend, Basil Dearden, dos tempos dos Ealing Studios ou todos aqueles que trouxe comigo para a Vera Cruz, em São Paulo. Não posso esquecer meus amigos e colaboradores Graham Greene, Jorge Amado, Joris Ivens, J. B. Priestley. E também os diversos outros como John Waterhouse, Adalberto Vieira, Sid Cole, e tantos outros. A todos eles *Um homem e o cinema* é dedicado além daqueles que, por falta de espaço, não podemos relacionar".

14. Lorenzo Pellizzari, e Cláudio M. Valentinetti, (orgs.), *op. cit.*

"antologia" – necessariamente redutiva como todas as antologias – compreende *Inglaterra/Maturidade*, capítulo extraído de *Uma vida*, a biografia de "Cav" escrita por Hermilo Borba Filho (pp. 137-141), à qual seguem-se extratos de uma conversa entre Cooke e "Cav" sobre o "som" no cinema (pp. 187-190) e sobre a música no cinema (pp. 191-195). O exemplo de *March of time* (pp. 198-199) sucessivamente introduz o conceito de "não-sincrônico". As obras-primas documentárias (pp. 204-205), segundo Cavalcanti, nos levam ao discurso sobre o valor do filme (páginas 210-211), ao significado verdadeiro da propaganda (p. 242) e à verdadeira essência do GPO (p. 257).

Luiz Thomaz Reis: etnografias fílmicas estratégicas

Fernando de Tacca

Introdução

Pretendo apresentar um painel da produção cinematográfica da chamada Comissão Rondon e analisá-la dentro de um recorte da construção de uma imagem "oficial" do índio brasileiro como estratégia de ocupação do Oeste e das fronteiras nacionais. Para compreender a produção fílmica de Luiz Thomaz Reis é necessário mergulhar na relação que se estabelece no tempo entre ele e Rondon.

Cândido Mariano da Silva Rondon, recém saído da academia militar como oficial-engenheiro, participou como ajudante do major Gomes Carneiro nas primeiras comissões de linhas telegráficas formadas a partir de 1889. A partir de 1891, com a ausência do major Gomes Carneiro, o então jovem capitão assumiu a chefia da Comissão Construtora de Linhas Telegráphicas do Araguaia e também a da Comissão Construtora de Linhas Telegráphicas no Estado de Mato-Grosso (de Cuiabá a Corumbá, prolongando-se até as fronteiras de Paraguai e Bolívia, 1900-1906). Estamos considerando em nossa análise a participação de Rondon e de Reis nas várias comissões telegráficas, no processo de formação, implantação e ação do Serviço de Proteção ao Índio (SPI) e, por último, na Inspetoria de Fronteiras. Outra grande empreitada de Rondon foi na chefia da Comissão de Linhas Telegráphicas Estratégicas de Matto-Grosso ao Amazonas, encerrada em 1916, a qual colocou-o frente a frente dentro do sertão com vários grupos indígenas de pouco contato com a "civilização", levando-o a criar o SPI, em 1910. Chamado inicialmente de Serviço de Proteção ao Índio e Localização do Trabalhador Nacional, esse orgão governamental esteve ligado ao Ministério da Agricultura e já trazia a idéia de integração das populações indígenas ao processo produtivo nacional. Influenciado fortemente pelo positivismo, Rondon deu uma característica humanística ao SPI.

O espírito científico das grandes expedições do século passado e do início deste influenciaram Rondon a levar junto botânicos, zoólogos e outros cientistas para fazerem levantamentos da fauna e da flora. O levantamento topográfico e geográfico foi feito pelo próprio Rondon e seus ajudantes, e ele também realizou levantamentos etnográficos da cultura material de alguns grupos indígenas e medições antropométricas dessas populações. Todos esses trabalhos foram publicados com o título de *Publicações da Comissão Rondon*, em pequenos e grandes volumes, no total de cem publicações. As diversas comissões chefiadas por ele ficaram conhecidas mais tarde simplesmente como Comissão Rondon, e sua atuação na Inspetoria de Fronteiras está inserida nesse contexto na nossa análise. O mito rondoniano foi sacramentado por uma ampla produção biográfica.[1]

Em 1912, Rondon cria a Secção de Cinematographia e Photographia sob a responsabilidade do então tenente Luiz Thomaz Reis. O major Thomaz Reis, como ficou conhecido mais tarde, viaja para a Europa para comprar equipamentos e começa seus primeiros registros em 1914. Reis será o principal fotográfo e cineasta da Comissão Rondon. Antes de 1912, Rondon contratou os serviços de uma casa comercial do Rio de Janeiro, negócio

1. Esther de Viveiros, no livro *Rondon conta sua vida*, utiliza diários, relatórios e textos do próprio Rondon para escrever uma autobiografia, caracterizada como uma "hagiografia positivista" por Antonio Carlos de Souza Lima, que apresenta, em anexo no artigo, " O santo soldado", uma ampla bibliografia biográfica sobre Rondon, e também sua trajetória familiar e profissional.

que não deu certo pelas distâncias percorridas e também pela falta de experiências dos fotógrafos no trabalho de campo. Reis não será o único fotógrafo das diversas expedições; podemos citar pelo menos alguns como José Loro, dr. Benjamin Rondon e cel. Joaquim Rondon, Charlotte Rosenbaum e exp. Carlos Lako. A criação de uma seção especializada em documentação em material fotossensível foi uma ação inovadora para os padrões da época, necessitando altos investimentos e apropriação de uma tecnologia especializada inexistente no país, principalmente se levarmos em conta que o uso desse material se daria em péssimas condições ambientais, no sentido das dificuldades de transporte e também da alta umidade. A documentação imagética foi considerada como outras atuações científicas da Comissão, apresentando relatórios e publicações como a *Expedição ao Rio Ronuro*, publicação de nº 90, relatada pelo capitão Vicente de Paulo Teixeira da Fonseca Vasconcelos, em 1945. Esse relatório cita as duas câmeras de cinema pertencentes à Comissão e operadas por ele: uma Williamson de trinta metros e uma Debrie Studio de 120 metros, que segundo ele utilizava para os "estudos mais importantes". Reis demonstra conhecimentos técnicos avançados de cinema; entretanto, não freqüentava círculos no próprio meio cinematográfico, pois não foram encontrados dados demonstrativos desta inserção.

O investimento em cinema por parte da Comissão dotou-a de modernos procedimentos para a época. Amílcar A. Botelho de Magalhães, chefe do escritório central da Comissão, assim se refere à Seção:

> Todos os processos mais modernos da cinematographia eram alli applicados, e a Comissão Rondon dispunha então de todas as machinas necessárias para a organização completa dos seus filmes, inclusive a impressão dos positivos e dos letreiros, a secagem artificial, o enrolamento mecanico das bobinas etc., tudo movido a

> electricidade. O próprio Capitão Reis dirigiu toda a installação, com a mais notavel proficiencia, e tudo funccionava as mil maravilhas até eu deixar o Escriptorio Central, em maio de 1922.[2]

A importância que Rondon atribuía aos registros imagéticos como forma de convencimento pode ser avaliada pelo relatório que a Comissão encaminhou ao presidente da República Artur Bernardes, em 1922. São dois volumes contendo mais de quatrocentas fotografias da construção das linhas telegráficas, aspectos de vários povos indígenas e tomadas de cenas do sertão. Depois de vários insucessos utilizando os serviços de um importante estabelecimento comercial de fotografia do Rio de Janeiro, a Casa Muso, Rondon aceitou a proposta de um jovem oficial (também engenheiro) que o acompanhava, então tenente Luiz Thomaz Reis, para formar o Serviço Fotográfico e Cinematográfico da Comissão Rondon, em 1912. Nesses relatórios, Rondon enfatizava os trabalhos das linhas telegráficas, mas não deixava de mencionar os contatos com os grupos indígenas. Se a persuasão atingia as autoridades através das fotografias, as apresentações dos filmes e os artigos publicados nos principais jornais do país visavam principalmente outro grupo formador de opinião, a elite urbana sedenta de imagens e informações sobre o sertão brasileiro, e Rondon alimentava o espírito nacionalista construindo etnografias de um ponto de vista estratégico.

O material fotográfico e séries de seqüências de fotogramas cinematográficos foram publicados em três volumes nos anos de 1946 e 1953, com o título de *Índios do Brasil*, assinado pelo próprio Rondon.[3] Grande parte da documentação fotográfica dos grupos indígenas da Amazônia foi feita quando Rondon estava

2. Amílcar Botelho de Magalhães, *Pelos sertões do Brasil*.
3. Cândido Mariano da Silva Rondon, *Índios do Brasil do Centro ao Noroeste e Sul de Mato-Grosso. Índios do Brasil: cabeceiras do Xingu/Rio Araguaia e Oiapoque. Índios do Brasil: norte do rio Amazonas*.

na chefia da Inspetoria de Fronteiras, entre 1934 e 1938. Rondon também fazia como estratégia de *marketing* vários álbuns fotográficos e os enviava na forma de relatórios aos seus superiores. Rondon tinha um forte apoio dos órgãos de imprensa, nos quais sempre publicou artigos sobres seus trabalhos; completando seu *marketing* exibia os filmes feitos pelo major Thomaz Reis em apresentações públicas, seguidas de conferências. Os filmes e as fotografias da Comissão formavam o imaginário das populações das cidades sobre o sertão e sobre os povos indígenas. O primeiro volume da publicação *Índios do Brasil* contém fotografias dos índios do Mato Grosso; o segundo volume abrange os rios Araguaia e Oiapoque e as cabeceiras do rio Xingu com seus vales, inclusive seu formador, o rio Ronuro; e o terceiro volume abrange o Vale do rio Trombetas, e também Jari, Negro e Branco, na Amazônia. As expedições dentro da selva abrindo picadas e fazendo levantamentos geográficos foram penosas e muitas imagens fotográficas e cinematográficas foram perdidas em travessias de rios perigosos ou mesmo na revelação dos negativos, quando os insetos devoravam a película, principalmente de cinema, como diz Thomaz Reis:

> Depois de seis meses de serviço, sob minha observação pessoal, pois que era a primeira vez que fazia isso no sertão, tendo por felicidade estudado a "emulsão" e o tempo de sua efficiência em zonas quentes e humidas, o que me levou a preparar apparelhos de madeira especiaes para revelar os films no local, foi então obtido com vantagem o film conhecido por *Sertões do Mato-grosso*, exhibido em 1915 no Rio de Janeiro e depois, em todo o Brasil.[4]

Este filme infelizmente não foi encontrado inteiro, sendo somente recuperado alguns de seus fragmentos. A documentação

4. Amílcar Botelho de Magalhães, *op. cit.*, p. 328.

fotográfica da Comissão Rondon sobre os povos indígenas apresenta dois momentos contraditórios. Apesar de procurar registrar etnograficamente os costumes e a cultura material, as seqüências fotográficas e cinematográficas procuram também mostrar um índio genérico, permissível ao contato com os brancos.

Dos filmes de Reis, cinco, dos quais temos conhecimento pelas anotações de campo e cruzamento de outras informações da filmografia da Comissão Rondon, não foram encontrados até hoje: *Expedição Roosevelt ao Mato-Grosso* (1915), *De Santa Cruz* (1917) *Indústria da borracha em Minas Gerais e no Amazonas* (1917), *Inspecção no Nordeste* (1922) *e Operações de guerra* (1926). Filme não citado que existe cópia na Cinemateca Brasileira: *Inspecção de fronteiras – Mato Grosso e Paraná* (1931). Os filmes de Reis analisados que encontram-se preservados na Cinemateca Brasileira: *Rituaes e festas Bororo* (1917, 20 minutos), *Ronuro, selvas do Xingu*, (1924, 15 minutos), *Viagem ao Roraimã* (1927, 10 minutos), *Parimã, fronteiras do Brasil* (1927, 24 minutos) e *Inspectorias de Fronteiras* (1938, 80 minutos).

A busca de um mito de origem: o índio indicial

Realizado pela Comissão Rondon, em 1917, o filme *Rituaes e festas Bororo* foi filmado e montado pelo major Thomaz Reis. Nossa análise parte inicialmente da decupagem detalhada das seqüências cinematográficas e das tomadas que engendram a montagem do filme. A metodologia de aproximação com o produto fílmico que nos propomos fazer aprofunda o detalhamento crítico e a compreensão da construção de sentido na captação das imagens em campo e as suas relações com a montagem.[5] O filme

5. A decupagem não é apresentada aqui, mas pode ser encontrada na minha tese de doutorado: Fernando de Tacca. *O feitiço abstrato: do etnográfico ao estratégico. A imagética da Comissão Rondon.*

pode ser dividido em duas partes distintas. Apesar de não explicitar desde o início, a primeira parte do filme, que trata de alguns aspectos da vida cotidiana e da cultura material, como a pesca, a cerâmica, a tecelagem, está diretamente implicada na segunda parte do filme, o ritual funerário propriamente dito.[6]

Antes de aprofundarmos a análise do filme é importante esclarecer que os índios Bororo já mantinham uma relação intensa com missionários Salesianos. Eles chegaram ao Brasil em 1883, abrindo suas missões em Mato Grosso no ano seguinte. Sylvia Caiubi Novaes[7] tece uma profunda análise da construção da identidade Bororo, propiciada pelo "jogo de espelhos" como metáfora especular da construção de uma auto-imagem a partir do outro. Novaes vai construindo uma complexa teia de auto-imagens existentes como um "caleidoscópio", a partir dos vários agentes que entram em contato com os Bororo, inclusive seus vizinhos índios xavantes e o SPI.

Para aqueles que vêem o filme de Reis pela primeira vez, a impressão de que aqueles indígenas estão isolados completamente e com quase nenhum contato com os brancos pode ficar marcada pela ênfase somente nos processos ritualísticos e nas práticas culturais como o artesanato e a pesca. Reis não explicita em nenhuma passagem visual, tampouco pelas cartelas e nos textos publicados pela Comissão Rondon, a presença dos missionários.

---

6. Não pretendo fazer uma comparação ou uma análise das diferentes documentações sobre o funeral Bororo, mas acredito que minha análise possa contribuir com o pesquisador que porventura vier a estudar a farta documentação fotográfica e cinematográfica existente sobre o assunto. Existem dois filmes feitos respectivamente por Haenz Foerthman (1956) e Dina Lévi-Strauss (1934), e a excelente documentação fotográfica feita por Foerthman no início da década de 1940 em médio formato, e nas documentações recentes, entre elas as documentações fotográficas de Kim-Ir-Sen e de Sylvia Caiuby Novaes.
7. Sylvia Caiuby Novaes, *Jogo de espelhos*. Um estudo da formação de identidades entre os índios brasileiros e especificamente entre os Bororo.

Rondon, já em 1890, jovem tenente quando era ainda ajudante do então major Gomes Carneiro, relata os contatos difíceis que se estabeleceram com os Bororo quando abriam picadas na selva e eram hostilizados pelos índios: "Naquela época os Bororo eram amontados, isto é, completamente selvagens e, portanto, inimigos dos civilizados, aos quais hostilizavam, em represália às perseguições que lhes eram feitas por estes, desde a época da descoberta do continente".[8]

Posteriormente, os contatos na selva e a aproximação com os serviços da Comissão levariam Rondon a usar dos préstimos dos índios, levando-os a trabalhar nos serviços mais difíceis, com eles fazendo "substituições" devido ao fato da Comissão contar com poucos recursos e falta de pessoal.[9] Assim, podemos verificar que, antes mesmo do estabelecimento das missões salesianas entre os Bororo, a própria Comissão havia feito contato amistoso com os mesmos, mas, tanto no livro *Indios do Brasil* quanto no filme *Rituaes e festas Bororo*, não é citada a presença missionária, apesar de aparecerem imagens de uma usina de cana-de-açúcar.[10] Novaes, em trecho de seu livro, cita fonte original que comprova que a presença missionária na área era atuante em 1906, quando índios Bororo do rio São Lourenço entraram em contato com os missionários; em trecho anterior, lembra que são os missionários que introduzem o trabalho agrícola e, entre outras culturas, a cana-de-açúcar.[11] Assim, as cenas do trabalho na usina de cana-de-açúcar que aparecem no livro como fotogramas faziam inicialmente parte do material bruto do filme.

Será que interessava mostrar um índio sendo aculturado e estando dependente de religiosos em um programa fílmico apre-

8. Cândido Mariano da Silva Rondon, *Índios do Brasil do centro ao noroeste e sul de Mato-Grosso*, p. 223.
9. Amílcar Botelho de Magalhães, *Impressões da Comissão Rondon*. p. 324.
10. Cândido Mariano da Silva Rondon, *op. cit.*, p. 244-247.
11. Sylvia Caiuby Novaes, *op. cit.*, p. 145, 155.

sentado em Nova York em 1918? O então jovem capitão e cineasta Luiz Thomaz Reis viajou para os Estados Unidos em 1918, patrocinado pela National Geographic Society, exibindo no Carneggie Hall de Nova York a película *Wilderness* (chamada no Brasil de *De Santa Cruz*) por ocasião de uma palestra proferida por Theodore Roosevelt. *Rituaes e festas Bororo* fazia parte do programa *Wilderness*, juntamente com cenas do Pantanal com caçadas de onças e os "Saltos Iguassu". Rondon guiou Roosevelt em uma expedição científica pelas selvas do Mato Grosso entre 11 de dezembro de 1913 a 7 de maio de 1914. A expedição foi acompanhada por Reis, que em 1914 dirige o filme *Expedição Roosevelt a Mato Grosso*. Segundo o próprio cineasta, esse filme ficou incompleto, mas foi exibido com o título *Expedição Roosevelt*, em 1915, durante conferências de Rondon no Teatro Phenix, no Rio de Janeiro. A viagem foi nomeada pelo governo brasileiro de "Expedição Científica Roosevelt – Rondon".

O relato de viagem publicado por T. Roosevelt traz passagens que demonstram essa procura pelo exótico e pelo inexplorado. O título da edição em inglês já demonstra isso: *Through the Brazilian wilderness*; o título em português segue a mesma lógica: *Nas selvas do Brasil*. É comum em seus relatos ele afirmar que estava "caçando" por interesse científico;[12] de fato, junto à expedição havia o trabalho de empalhadores para os espécimes que lhe interessava mais para as coleções dos museus norte-americanos: "Quando parti dos Estados Unidos, tencionava fazer inicialmente uma expedição dedicada ao estudo de mamíferos e aves para o Museu Americano de História Natural, de Nova York" [prefá-

12. Nas atribuições que o próprio Roosevelt descreve como atividades dos participantes da expedição como zoologia, geografia, geologia, astronomia, comunicação, transporte e serviços médicos, resta-lhe somente o "trabalho" de coleta de espécimes através da caça que ele mesmo se incumbia de fazê-lo. Theodore Roosevelt, *Nas selvas do Brasil*, p. 172.

cio]. Assim, o índio que aparece nesse roteiro da expedição científica é uma mera conseqüência de exploração de um mundo desconhecido e exótico no qual até mesmo a referência a uma origem cristã é citada: "Adão e Eva".[13]

O excêntrico ritual funerário perderia seu impacto "selvagem" e sua originalidade se mostrasse a outra face dos bororos em processo de aculturação; o componente inóspito da viagem do ex-presidente norte-americano ficaria desinteressante, já que até mesmo exploraram um novo rio que acabou sendo batizado com seu nome (antigo rio da Dúvida). A omissão aos salesianos na edição do filme toma um rumo muito interessante, quando constata-se que é exatamente o ritual funerário um dos pontos de maior assombro dos mesmos com as práticas culturais desse povo e um de seus focos de concentração da ação missionária, chegando até mesmo a produzir interferências na dimensão temporal quando propõem um tempo maior entre processos de culto ao morto, desenterrando e descarnando o cadáver para ornamentá-lo, e fazem essa interferência com justificativas assépticas.

O que leva o mesmo governo a patrocinar a viagem de Reis para os Estados Unidos da América, dez anos depois, levando uma outra imagem do bororo, uma imagem "selvagem" e "primitiva"? Sem dúvida, diferentes projetos ideológicos e claramente uma manipulação em via dupla da imagem do índio para justificar atos, fatos, valores morais e também angariar recursos, públicos e privados. As fotos apresentadas por Novaes e encontradas nos arquivos da Inspetoria Salesiana de São Paulo, datadas desta época (começo do século), reforçam uma tentativa de mostrar somente um lado da relação, e essa parcialidade seria para afastar a idéia de que os bororos ainda viviam uma "vida nômade e selvagem".[14] Para quem essas imagens estavam sendo produ-

---

13. *Ibidem*, p. 211.
14. Sylvia Caiuby Novaes, *op. cit.*, p. 189.

zidas? Certamente não eram para os próprios bororos daquela época, mas para olhares distantes comprobatórios que se deixavam seduzir pela idéia da catequização e da conversão aos valores cristãos e, portanto, rebatidos como os valores de uma sociedade civilizada.

No filme, toda a captação das imagens transcorreu durante um ritual funerário Bororo, que é marcado por momentos de danças, cantos e uma profunda interação entre todos os indivíduos. A idéia de ser Bororo, de encontro com uma identidade cultural, é integralizada no processo de um ritual funerário. O filme condensa esta prática de uma forma simplista, reduzindo sua dimensão temporal. Se um ritual funerário pode durar meses, o filme não nos permite nem mesmo perceber uma passagem diária. Tudo parece acontecer de uma forma linear, constante e, até mesmo, em um só dia. Em nenhum momento do filme a dimensão temporal do ritual é dada a perceber ao espectador. Só no começo é dito em uma cartela que a pesca dura alguns dias. A pesca, entretanto, já faz parte da preparação do ritual, que fica claro quando o filme, através de uma cartela e de uma seqüência, mostra-nos a fartura de alimentos, principalmente peixes, no meio de uma série de danças. Se podemos, metodologicamente, dividir o filme em dois momentos, a preparação do ritual e o ritual propriamente dito, também percebemos diferenças na relação da câmera com a ação desenvolvida à sua frente. No primeiro instante, a câmera dirige, em parte, a ação dos indivíduos e escolhe-se o lugar para filmar a ação e o sujeito a ser filmado. A presença da câmera é muitas vezes anunciada pela inquietação dos sujeitos filmados, que constantemente repetem olhares para o extra-quadro antes de olhar diretamente para a câmera, estabelecendo uma pro-filmia. Ou mesmo, como no caso da pesca, a ação de morder a cabeça do peixe é feita para a câmera. Em contrapartida, durante as danças do ritual, a posição e o ângulo de tomada da câmera são pensados em termos de uma "neutralidade" ou "imparcialidade" na medida que procura não "interferir" nas ações. Em todos os movimentos de dança e ações do ritual, a câmera se coloca de maneira não agressiva, mantendo uma certa distância dos acontecimentos. Os próprios participantes do ritual aparentemente não se sentem importunados sendo filmados, até ignoram a presença da câmera passando por várias vezes entre ela e a ação filmada. Lembramos que os Bororo ainda se mantinham com amplas atividades produtivas e culturais de suas origens étnicas e ainda com pouco contato com a "civilização". Assim, a presença de um grande número de estrangeiros, portando equipamentos diferentes dos que eles conheciam, poderia criar um clima de inquietação e de curiosidade, o que não acontece.

A diferença de postura da câmera, nos dois momentos do filme, mostra uma preocupação claramente conceitual na metodologia de trabalho de campo com o registro cinematográfico de manifestações culturais. Se no primeiro instante a câmera dirige a cena, no segundo instante, é dirigida pela ação, ou seja, ela busca a gestualidade da dança onde ela acontece, seja na área central da aldeia, seja fora da aldeia. A dimensão antropológica do tempo, dentro do processo ritualístico, é marca caracterizada signicamente e presença de transitoriedade das etapas que evoluem para a liberação da alma do morto. Entretanto, o registro temporal se dá dentro da narrativa fílmica como recurso de uma lógica de montagem. Nesse sentido, Reis tenta superar as limitações do filme documentário não sonoro, anunciando visualmente, ao final de algumas seqüências e antes de anunciar nas cartelas, o assunto a ser tratado na seqüência seguinte. Por meio deste recurso de montagem, o filme ganha uma agilidade não explorada nos filmes documentários da época. Assim, a dimensão do tempo ganha sentido na narrativa fílmica e não na importância antropológica do evento.

O término do filme no sepultamento primário, sem indicação etnográfica, sugere-nos o fim do funeral, o que não corresponde ao tempo do processo ritual, já que após haverá uma continuação com novos ritos e um sepultamento definitivo. Entretanto, se Reis não indica no filme que o funeral continua com desdobramentos temporais, nem ao menos em cartelas, pois sabemos das dificuldades de filmar um ritual apresentando essa dimensão, ele mostra conhecimento dos processos rituais que observou, pois afirma nas legendas publicadas o fato das últimas cenas do filme serem de um sepultamento temporário e também de desenterrarem todos os dias o morto e molhá-lo para acelerar a decomposição dos tecidos,[15] reafirmando suas observações em outro texto em que coloca as limitações de seu equipamento:

> Assim o facto que apreciei de um cadaver de mulher, que, enterrada perto do Bahyto, era desenterrrada todas as manhãs para ser molhada, e no oitavo dia levada para uma lagôa distante, onde a desencarnavam quatro índios, até que os ossos, depois de lavados, ficassem bem brancos, era um quadro de arrepiar os cabellos; não tomei por muitas razões e a mais forte é que elles fazem tudo isto antes da luz do dia, conforme a vontade de Boppe (divindade). Só talvez o Coronel Rondon poderia transferir a hora dessa cerimonia: nós nada obtivemos.[16]

Essa passagem reafirma a liderança que Rondon incorporava em seus comandados, pois lhe é atribuída uma força que até mesmo extrapola sua equipe e lhe atribui poderes que podem mudar etapas do processo do ritual funerário; em outra passagem, vemos que Reis ainda tentou fazer mudanças que possibili-

---

15. Cândido Mariano da Silva Rondon, *Indios do Brasil do centro ao noroeste e sul de Mato-Grosso*, p. 278.
16. Amílcar Botelho de Magalhães, *Impressões da Comissão Rondon*, p. 325.

tassem a filmagem. Diz ele se referindo ao momento intenso das escarificações:

> Como quadro de sensação este seria primoroso; lamentavelmente, sendo tudo isso praticado dentro de uma choupana, muito escura, e o film necessitando para a sua bôa impressão de uma certa velocidade instantanea (ao menos de 1/30 de segundo), era absolutamente impossivel poder obtê-lo naquellas condições, a menos que se devesse descobrir o alojamento; contra isso se oppoz o chefe Manetore, que era o dono da cerimonia, por pertencer a moça defunta à divisão differente da sua, conforme a lei borôro; elle dizia que isto desagradaria à familia da morta e elle, sendo encarregado dos funerais, não queria motivos de censura.[17]

Reis reafirma suas limitações na realização do filme, diante das etapas do processo ritualístico, acrescentando novamente a crença de uma interferência de Rondon que possibilitasse realizar as cenas com pouca luz, em outras condições favoráveis que tornariam muito mais completo o filme, tendo consciência da importância de seu superior em obter tais condições:

> Assim pude somente tomar os quadros ao ar livre, mas não se diga que a vista destes nos fará conhecer a vida e costumes dos índios "Coroados", porque muito mais interessantes e bonitos são os quadros do interior de suas casas. Quando se puder completar este film com os assumptos que faltam, então elle sobrepujará outro qualquer, e para isto dependerá somente dos bons officios do Chefe da Commissão, unico talvez que poderá obter delles todas as facilidades.[18]

O major Thomaz Reis também desenvolveu um sistema artesanal de revelação de filmes em plena selva. Sua destreza opera-

17. *Ibidem*, p. 326.
18. *Ibidem*.

cional é igualmente notável na captação das imagens em campo. Durante a decupagem pudemos observar que o encadeamento das seqüências, em alguns momentos, pressupunha uma cognição do produto final. Em várias passagens, a montagem aparece quase como uma edição de gatilho, tal a velocidade de mudança de ângulo da câmera em seu próprio eixo, ou seja, no tripé, para dar continuidade ao registro dos movimentos das danças sem uma "perda" de continuidade. Pudemos notar ainda que a montagem deve ter utilizado grande parte das filmagens de campo, ou seja, aparentemente o material é quase bruto, reforçando desse modo o fotógrafo Thomaz Reis. Assim, o fato de todas as tomadas terem sido feitas ao ar livre, com luz natural, e excluídas as importantes cenas que ocorrem dentro das casas, foi uma frustração para Reis, que fez um impressionante relato de suas dificuldades, no qual mostra sensibilidade etnográfica e plena consciência das limitações de seu filme.[19]

O ponto mais intrigante da relação fílmica com a publicação do livro *Índios do Brasil* é verificarmos uma seqüência inicial não aproveitada no filme e que consta no livro como fotogramas cinematográficos de Reis. Essa parte inicial mostra um grupo de índios Bororo vestidos – na verdade fardados – com roupas doadas pelos militares. A pergunta é: por que Reis não optou em usar essas imagens mostrando um índio "vestido" e "pacificado"? Ao escolher a temática "rituais e festas", ele naturalmente omitiu essa presença de elementos aculturados entre os Bororo, ou seja, a intencionalidade de mostrar um "bom selvagem" fica caracterizada nessa omissão cinematográfica e explícita na publicação, 36 anos depois, quando ele já tinha inclusive falecido. Outra diferença acontece na ordem de apresentação dos fotogramas já na parte final do livro: enquanto no filme as últimas cenas são do

19. Cândido Mariano da Silva Rondon, *Índios do Brasil: cabeceiras do Xingu/rio Araguaia e Oiapoque*, p. 224.

sepultamento primário, no livro os últimos fotogramas publicados remetem para a continuação do ritual.[20]

A narrativa publicada no livro termina bruscamente, diferentemente da "finalização" cinematográfica. Reis inverte a ordem cronológica das tomadas na edição do filme para criar um encerramento com alguma dramaticidade, mesmo que essa inversão descaracterize a ordem temporal e "linear" do ritual, pois as cenas de preparação para o desencarnamento do morto acontecem antes do sepultamento primário no filme. Não há aqui uma crítica a essa inversão como estratégia de edição, mas somente a constatação de que Reis omite esse dado etnográfico que ele conhecia muito bem, mostrando também que ele conhecia narrativa cinematográfica, ou seja, ele não faz a edição ingenuamente.

A construção de uma imagem do índio como um "selvagem", dentro da imagética rondoniana, é afirmada na relação de indicialidade, com tal qualidade sígnica de existência por contigüidade física impressa na última cartela do filme que diz: "Tínhamos ali a sensação dos remotos tempos do Descobrimento". O que fica claro, nessa aproximação dos filmes do major Thomaz Reis, é a presença de elementos que nos permitem apontar para uma metodologia de captação das imagens em campo e uma proposta de montagem cinematográfica. O filme *Rituaes e festas Bororo* é considerado um dos primeiros filmes etnográficos do mundo,[21] e mais do que simples pioneirismo na produção de filmes sobre povos "exóticos", ele contém características de metodologias de campo desenvolvidas posteriormente pela antropologia.

20. Cândido Mariano da Silva Rondon, *Índios do Brasil do centro ao noroeste e sul de Mato-Grosso*, p. 287.

21. O filme foi apresentado na mostra Premier Contact, Premier Regard, organizada por Pierre Jordan, em 1992, na cidade de Marseilha, e a foto da capa do catálogo é um fotograma do filme de Reis.

Em *Rituaes e festas Bororo* Reis procura um mito de origem ou um brasileiro original fora do esquema colonialista, um referente indicial dos tempos do descobrimento, como ele mesmo afirma na cartela final do filme. A imagem construída nesse filme é a de um índio *selvagem*, ainda não aculturado. A narrativa desse filme tem como objeto o próprio índio e, assim, a dimensão do etnográfico,[22] retomada nas seqüências finais de seu último filme em 1938.

A aventura fílmica: o índio como imagem-conceito de semelhança

A natureza do filme *Ronuro, selvas do Xingu* (1924) distingue-se completamente do primeiro filme analisado, *Rituaes e festas Bororo* (1917). Se no primeiro o sujeito é o próprio índio enquanto entidade ainda remanescente dos "tempos do descobrimento", retratando um cotidiano rico etnograficamente, *Ronuro, selvas do Xingu* é um filme sobre a própria expedição e o índio fílmico será somente conseqüência da aventura. O índio do primeiro filme é um índio tribal e o espaço fílmico é seu ambiente tradicional de festas e rituais. O índio do segundo filme é produto da ação da expedição, que vai ao seu encontro de passagem, ou da própria afirmação da expedição. No primeiro caso, o índio existe em si mesmo, no segundo caso, existe e se transforma assumindo uma nova existência visual em função da expedição. *Ronuro, selvas do Xingu, faz parte do programa cinematrográfico Ao redor do Brasil* (1932).

O sentido de aventura do filme é colocado desde o início, quando anuncia que a exploração do rio Ronuro mostra um pedaço não conhecido do Brasil. Para aumentar o impacto da idéia de aventura, serão feitas referências constantes e já desde o início, a

22. Fernando de Tacca, O pioneirismo de Thomaz Reis.

partir da quarta cartela (na verdade, a primeira com legenda), da tentativa de exploração dessa área pelo coronel inglês Fawcett, que se perdeu no Xingu. A decupagem detalhada do filme, fotograma a fotograma, seqüência a seqüência, que não é apresentada aqui por questão de espaço e também por ser um pouco enfadonha para o leitor, entretanto, não é uma simples descrição do filme, mas deve ser entendida como uma metodologia de aproximação molecular com a narrativa fílmica e com os fotogramas, resultando em uma intimidade sem a qual não haveria essa análise.

As primeiras cenas do filme mostram a parte terrestre da expedição em que animais de cargas e homens penetram no sertão em busca do desconhecido, que se apresenta como um horizonte distante para o qual caminham em sua direção. A expedição era formada pelo capitão Vicente de Paulo Teixeira Vasconcellos, pelo cientista suíço dr. Phil. H. Hintermann e, segundo Reis, mais "três compatriotas seus [...] anexados à nossa expedição por ordem da Chefia da Comissão". Reis tinha um auxiliar no serviço fotográfico e no cinematográfico, Miguel Mendes e capitão Vasconcellos, e um auxiliar de topógrafo, Santiago Sobrinho. No total, eram onze pessoas, contando o cozinheiro e quatro trabalhadores contratados em Cuiabá. Juntaram-se depois à expedição nove índios Bakairi. A tropa de animais de carga e montaria era relativamente grande: quatorze animais de carga, onze de sela e mais nove bois que foram com a carga pesada dois dias antes. As primeiras dificuldades são anunciadas quando dois homens se posicionam frente à câmera em meio ao mato que se torna alto; deixa-se as cenas de cerrado e anuncia-se o fim da facilidade na caminhada. O primeiro acampamento é mostrado dentro da mata alta e, em seguida, após o trabalho de abrir picadas nessa mata, inicia-se a fase de construção das canoas de casca de jatobá que farão para descer o rio. A seqüência da construção das canoas é mostrada sem uma referência inicial de quem as está construindo. Somente depois das primeiras imagens da casca sendo preparada e queimada, fazendo a moldagem da canoa, anuncia-se em cartela a presença dos índios Bakairi que acompanham a expedição. São esses índios que fazem as canoas, mas não percebemos sua presença no início do filme, já que estão todos vestidos uniformemente, com o padrão das roupas dos trabalhadores da Comissão Rondon. São construídas cinco canoas, dado somente presente no relatório de viagem.

Reis mostra aqui uma estratégia de montagem já usada no filme *Rituaes e festas Bororo*, que consiste em anunciar nas cartelas algo que já se anunciou visualmente no próprio filme, criando uma complementaridade na informação. Novas cenas da produção da canoa mostram etapas do processo, preparando a seqüência seguinte à descida do rio. Inicia-se a descida do rio, desde o início mostrando as dificuldades agora bem maiores que na viagem terrestre. A canoa passa por baixo de imensos troncos tombados no rio e desaparece na curva, na qual nossa visão (na verdade, o ângulo de visão da câmera) é bloqueada pelos próprios troncos e pela mata. Essas imagens reforçam a idéia da expedição seguindo seu caminho pelo desconhecido.

Reis parece montar seu roteiro de edição nas tomadas de cena, desta forma, preparando o produto final. O roteiro vai se construindo na medida do andamento dos fatos e as cenas mantêm vínculos que permitem muitas vezes a articulação de planos linearmente. Essas ligações entre as cenas permite-nos indicar que Reis já utilizava os princípios do que veio a ser chamado de edição de gatilho. Em grande parte das cenas a câmera se posiciona como um olhar participante da expedição, dentro da canoa em movimento. As cenas das dificuldades reaparecem na transposição de trechos de água rasa na qual as canoas são carregadas e também nos troncos que são rompidos a machado para a passagem das canoas. Reis enfatiza essa ação na sétima seqüência, usando um recurso de montagem para dar a impressão de uma segunda câmera. Planos próximos associados a planos mais abertos, presença humana no extra-quadro ou apenas indicada pelo machado em primeiro plano, idéia de uma segunda câmera na montagem, tudo isso acontecendo em uma seqüência de apenas sete cenas mostra a habilidade de Reis na captação das imagens e depois na edição das mesmas.

A mata, as dificuldades de transpor obstáculos naturais, cachoeiras imensas, cenas de insetos e animais da selva e a necessidade de conseguir alimentação do próprio meio (ovos de tracajá e a caça que comem) ajudam a construir a idéia de coragem de penetrar no mundo desconhecido e na inóspita natureza. Até esse momento e um pouco mais além, em que todas essas dificuldades demonstram estar a expedição frente a uma aventura (a hipótese de encontrar o rio Coluene), não se anuncia a possibilidade de encontro com os grupos indígenas do Xingu, somente a natureza é agressivamente presente. A ausência de referências ao índio xinguano nessa primeira parte do filme, que naturalmente será encontrado pelo caminho da expedição, considera-o uma parte integrante e conseqüência dessa natureza impenetrável e exuberante. Da chegada ao Alto Ronuro, após a cachoeira, até a confluência do Ronuro com o Coluene, passa-se um mês e dez dias. Entretanto, nada é mostrado deste trecho. O relatório de Reis descreve perdas de material cinematográfico logo após a Cachoeira das Antas, onde depois de revelar à noite 120 metros de película notou que havia insetos estragando o serviço de revelação: "Outro inconveniente, que já notara no nosso primeiro acampamento, antes de descermos o rio, era a quantidade de insetos de pequeno talhe, como mosquitos, que atacavam a película e se grudavam à gelatina, inutilizando o trabalho".[23]

23. Luiz Thomaz Reis, 1. Serviços Fotográficos e Cinematográficos e 2. Serviço Antropométrico, p. 102.

Assim, da cachoeira e do Alto Ronuro passa-se ao Coluene num grande salto linear. A primeira cena de beleza plástica das canoas rasgando o rio Coluene já mostra que a expedição inicia uma nova fase: duas canoas cruzam a frente da câmera em um rio largo e volumoso. Acabam aqui as dificuldades de transposição do Ronuro e anuncia-se em cartela o encontro com índios da região, inicialmente de uma forma genérica. O índio existe no filme em relação à ação da expedição. A natureza do produto fílmico é a própria expedição, assim, a primeira cena da introdução dos índios na narrativa fílmica mostra uma câmera tímida enfocando algumas pessoas conversando a uma distância relativamente grande. Reis está dentro d'água, provavelmente dentro da canoa, e na segunda cena com um leve movimento para a direita, surgem duas outras canoas com índios que descem para conversar. Essas duas cenas, iniciais de contato demonstram a consciência de Reis ao usar o equipamento cinematográfico, colocando-se bem distante do primeiro contato. Na cena que se segue, a câmera já está perto e enfocando o capitão Vasconcellos dentro das canoas dos índios, partindo em seguida.

Já em terra, dando um salto na narrativa, Vasconcellos aparece em meio a vários índios e somente agora é anunciado por cartela o nome do grupo: Kamaiurá. Até esse momento não sabíamos qual era o grupo que estavam contatando. A omissão da identidade étnica nas primeiras cenas, a câmera colocada à distância, o capitão Vasconcellos partindo sozinho com os índios, cria uma sensação de tensão na relação com os índios, mostradas no relatório.[24] As cenas a seguir são de vários índios Kamaiurá que voltam com o capitão Vasconcellos são e salvo. A chegada de Vasconcellos não é mostrada, mas, após a sua saída de canoa, ele aparece no meio de vários índios. Aqui transcorreu um tempo

24. *Ibidem*, p. 105.

não perceptível na narrativa fílmica e somente inteligível na leitura do relatório: Vasconcellos já de volta com um grupo de índios Kamaiurá. Uma cartela anuncia "uma visita ao porto dos Camaiurá", mas não é mostrada nenhuma cena da aldeia. Em uma seqüência mostrando características desses índios, aparece um com botoque labial e corte de cabelo diferente dos demais. Vasconcellos dirige os índios para a câmera, virando-os para mostrá-los de perfil e de costas. O índio é um personagem manipulado imageticamente e fará parte da exploração do rio Ronuro e da entrada no Xingu como sujeito da ação expedicionária. No relatório, Reis nos diz que o índio com botoque labial foi cativo dos Suiá e tinha sido retomado pela sua tribo ou fugido dos Suiá, mas continuava usando o botoque labial e cabelo comprido, características dos que o aprisionaram *por vaidade*.[25] Essa passagem não fica esclarecida no filme, o que confunde o espectador leigo e mesmo o especialista que fica sem saber a razão de tal aparição.

Reis também acrescenta no relatório que tentou fazer levantamentos antropométricos dos Kamaiurá, mas foi recusado pelos mesmos que, segundo ele, estavam desconfiados dos aparelhos. Reis ainda acrescenta um dado interessante sobre o serviço de revelação dos filmes nesse momento da expedição:

> Até aqui estávamos a 2 de setembro – não me fora possível encontrar local e oportunidade para revelar os filmes que foram tomados em viagem. A temperatura era normal à noite, com ligeira tendência para o calor, mas os terrenos que marginavam o rio, nas sua parte baixa, eram revestidos de areias ou de depósitos das enxurradas, nas partes alagadas, oferecendo inconvenientes a tal trabalho. Ainda mais, tínhamos de estacionar quatro dias para êste serviço.[26]

25. *Ibidem*, p. 106.
26. *Ibidem*.

A palavra "pacificados" aparece em uma cartela dizendo para o espectador que ali vivem vários grupos indígenas, mas "ainda não de todo pacificados". A missão da expedição, além da exploração geográfica, é também uma missão pacificadora no contato com as várias etnias indígenas do Xingu.

O fantasma de Fawcett continua presente, agora dizendo que outro inglês (cte. Dyott) esteve junto aos Kamaiurá procurando por ele. A primeira cena de uma aldeia aparece em uma visita aos índios Aweti e novamente a referência a Fawcett. Entretanto, o ano de 1925, apresentado em uma cartela como data de passagem de Fawcett e seu conseqüente desaparecimento, cria uma confusão já que o filme foi rodado em 1924 e finalizado em 1925, conforme relatório de viagem do próprio Reis. A expedição saiu de Cuiabá no dia 16 de setembro e deixou o Posto Simão Lopes no dia 12 de julho rumo ao rio Ronuro. A expedição retornou ao posto Simão Lopes no dia 27 de setembro de 1924. O relatório de viagem foi datado de 15 de fevereiro de 1925, em que Reis já anuncia que o filme estava pronto.[27]

A seqüência desse encontro com os Aweti é a documentação mais extensa de um grupo contatado e da sua aldeia. Uma panorâmica longa mostra as casas e a engraçada cena de índios perseguindo o movimento da câmera e se posicionando frente a mesma. No começo da tomada, Reis tenta fugir da presença dos mesmos no enquadramento, mas finalmente se rende à ação dos índios, voltando um pouco a câmera no sentido contrário para enquadrá-los. Essa é a única passagem do filme em que a ação dos índios dirige a tomada de cena, ao contrário da segunda parte do filme *Rituaes e festas Bororo*, no qual a câmera é comandada pela gestualidade, pela dança e pela dinâmica do ritual funerário.

---

27. *Ibidem*, p. 116.

A cordialidade demonstrada nas imagens no contato com os Aweti, quando aparecem sendo oferecidos beiju e algo para beber trazidos pelas mulheres, é também relatada nos escritos de Reis. Depois de andar sete quilômetros, chegaram a aldeia Aweti e Reis faz um relato de admiração ao exotismo indígena, permitindo-se a vôos poéticos e, após incorporá-los na humanidade, chegando até mesmo a comparar o desconhecimento da cultura ocidental pelos índios ao nosso desconhecimento de vida extra-terrestre.[28]

O fantasma de Fawcett aparece sempre indicando desta vez uma possível estadia dele entre os Aweti, mostrando uma maloca e dizendo que ele se hospedou ali. A cena de uma porta de entrada tenta induzir o espectador para essa afirmação. A reiteração de Fawcett empobrece o filme e o olhar distraído ao desenvolvimento da narrativa fílmica pode ficar em dúvida sobre as intencionalidades de Reis, podendo supor que o filme é sobre Fawcett e seu destino. E o que mais importuna nessa fixação pela figura do inglês é que em nenhum momento aparece algo concreto relativo ao mesmo, somente os comentários de passagem das legendas. Parece que Reis quer dizer o tempo todo: "por aqui passou Fawcett; aqui ficou Fawcett; aqui desapareceu Fawcett; nós fomos onde Fawcett foi e onde ele desapareceu". A idéia de mistério permeia essa reiteração, talvez por Reis querer dar mais dramaticidade à própria narrativa. Vemos o filme e perguntamos: afinal quem foi Fawcett? Que importância tem para esses povos do Xingu ou para a própria narrativa fílmica? Como já disse, talvez somente uma tentativa de criação de clima cinematográfico para mostrar um enigma: o desaparecimento do explorador inglês.

A seqüência de subida do rio Curisevo, "[...] por onde desceu o coronel Fawcett em canôas 'Ianahuquá'[...]", é de uma beleza plástica emocionante, com a visão das canoas cruzando em

28. *Ibidem*, p. 107.

frente à câmera ou a cena em que todas as canoas, da expedição e dos índios que a acompanham, passam frente à objetiva seguindo o curso do rio. A câmera fixa é um recurso de linguagem muitas vezes utilizado por Reis, com o movimento acontecendo na ação dos objetos e pessoas do quadro. A maior parte das tomadas, ou até mesmo sua totalidade, não são cenas fortuitas de um cineasta amador, mas pensadas e montadas por uma pessoa cognescente dos limites de seu equipamento e de suas potencialidades. É claro que nessa situação, e se propondo a documentar a expedição, muitas vezes os acontecimentos do quadro não são controlados por Reis, mas o enquadramento, a luz, o movimento de câmera são atos conscientes e, portanto, carregados de significação. E a viagem continua com a câmera passeando pelo rio e pelas matas que o circundam.

Em um determinado momento de descanso há uma mudança do eixo da câmera, que cria movimento da direita para a esquerda, inicialmente, e depois da esquerda para a direita – na passagem das canoas frente à objetiva. Além de não repetir a monotonia de termos dois planos com mesmo sentido e enquadramento, que torna esse tipo de documentação desinteressante, Reis demonstra mais uma vez seus profundos conhecimentos de cinema.

A chamada Comissão Rondon e tudo que implica ao falarmos nesse nome, ocupação do oeste, extensão e integração das comunicações com o sertão via telégrafo, as produções científicas, as cartas geográficas, a cinematografia e a fotografia, os relatórios detalhados de viagens, as publicações periódicas nos jornais de época, a criação do Serviço de Proteção aos Índios, enfim, todas essas realizações só puderam concretizar-se por estar Rondon rodeado de companheiros engenheiros militares. Somente imaginemos se a expansão do telégrafo e a ocupação do oeste fossem feitas pelas outras armas do exército, como a cavalaria e a infantaria: certamente teríamos atitudes agressivas e de enfrentamento com grupos indígenas mais agressivos e resistentes.

As seqüências finais do filme são sínteses do relacionamento da Comissão Rondon com os índios. Principalmente as cenas finais propriamente ditas. Mas antes dessas, são realizadas as mais bonitas tomadas dos índios do filme. Acampados junto à expedição que está encerrando seus trabalhos, estão preguiçosamente em suas redes na sombra da mata alta. Reis aproveita esse momento e realiza uma seqüência esteticamente bela e um produto para a história cinematográfica dos índios brasileiros. A postura da expedição é de grande interação e não de exclusão com os índios, acampando muito próximo dos mesmos, não havendo uma separação espacial entre eles. Entretanto, essas cenas de beleza plástica e de interesse etnográfico são intercaladas com uma outra seqüência, o trabalho de levantamento de dados antropométricos. A plasticidade cinematográfica é interrompida pela postura e pela necessidade de também demonstrarem que estavam fazendo "ciência". O índio torna-se sujeito da ação da expedição e não um sujeito pleno em suas relações com a natureza. A natureza fílmica não é como no filme *Rituaes e festas Bororo*, no qual o índio é o personagem principal na idéia coletiva da identidade originada no ritual funerário; como nesse filme aqui ele é belo, forte e dócil, mas quantificável, medido e classificável.

Não podemos deixar de encontrar significações nessa parte final. Reis, pelo que já vimos, tinha consciência dos processos de montagem e edição, por que então inserir um bloco frio e calculista no meio da seqüência das redes na mata? Por que interromper essa linda seqüência para mostrar um índio sujeitado às regras "civilizadas"? Como veremos, no conjunto completo dessa parte do filme, não é uma ação fortuita ou sem consciência; Reis está significando cinematograficamente. Ele é muito mais parcial e presente nesse filme como diretor do que no filme *Rituaes e fes-*

tas Bororo, que muitas vezes nos passa a idéia de uma "imparcialidade" da câmera. As cenas de tomadas de fichas antropométricas, dirigidas e montadas para serem filmadas, são camufladas por efeitos de *fade in* e *fade out* e também por tomadas de primeiros planos desses índios medidos com suas armas. O uso desses efeitos transforma a frieza "científica" das tomadas das medidas antropométricas dos índios em um movimento mais harmonioso ao olhar do espectador. Em uma das cenas, uma pessoa vestida entra repentinamente no quadro e entrega as flechas para o índio que está sendo filmado e sai do quadro. A criação de um extra-quadro próximo à câmera sugere o controle que Reis tinha da situação e, portanto, da direção do filme. Também vemos a ação de Reis no extra-quadro, mas como diretor de cena, na imagem de um índio visto de costas, quase de perfil, e que de repente volta-se para a câmera com olhar direto para a objetiva. Isso não acontece na maior parte do filme *Rituaes e festas Bororo*, em que Reis é obrigado a se posicionar de acordo com o que acontece no processo ritualístico e não como um diretor de cena.

Nas cenas que mostram as medições antropométricas, Reis sai de trás da câmera e se mostra com uma função a mais além de fazer o filme. Ele é sujeito e personagem de seu próprio filme em cena montada somente para a filmagem (ele está fazendo "ciência" e filmando ao mesmo tempo), com seu assistente acionando a câmera sob suas ordens. A ruptura com a idéia de índio/natureza é concebida por ninguém menos que o próprio diretor do filme em pessoa, que transpõe os limites do visor para se mostrar como agente civilizatório. Se nos primeiros momentos o filme era de aventura, de exploração e de domínio da natureza agressiva e inóspita, da qual o índio fazia naturalmente parte, agora o filme passa a ser do domínio da cultura e das relações interétnicas entre o índio e o "civilizado". Na verdade, essa mudança já está acontecendo com o fim do levantamento do rio Ronuro, depois de 537 quilômetros "medidos a telêmetro", comemorado com levantamento de bandeira e solenidade, como diz Reis,[29] e é exatamente nesse momento que encontram os primeiros índios Kamaiurá e o filme se centra nos índios que vão aparecendo pelo caminho.

Após as cenas de ação direta sobre o índio, diretamente sobre seu corpo, no levantamento antropométrico, voltam as cenas de índios nas redes no meio da mata. Agora aparece a idéia de família, com um jovem casal harmoniosamente descansando nas sombras das árvores. Com câmera fixa em todas as tomadas da seqüência, mostra inicialmente um índio balanceando na rede, em seguida a entrada de uma índia com uma criança que se arruma na rede e posa para a câmera. Nestas cenas, a sensação de movimento é dada pela ação do índio em segundo plano balançando na rede, integrando primeiro e segundo planos. A cena final desta seqüência é uma pose da "família" para a câmera, a trindade pai/mãe/filho. Nesta longa e bela seqüência vemos também várias cenas dos outros índios em suas redes ou fazendo alguma atividade como fogo e preparo de uma bebida. Reis usa do recorte próximo, em ângulo descendente, aparecendo somente uma parte do corpo de um índio, suas pernas perto da fogueira. Como um elemento totalmente incorporado ao mundo indígena, ou pelo menos nesse momento particular desses índios, a câmera passeia por entre eles mostrando sua integração com a natureza. Em uma das cenas, talvez a mais bela do filme, o primeiro plano é preenchido com duas redes em níveis diferentes, mas não totalmente paralelas, onde dois índios estão deitados. A falta de paralelismo do primeiro plano rompe com o achatamento sempre presente em cenas similares e a profundidade de campo é ampliada por uma terceira rede vazia que aparece em segun-

29. *Ibidem*, p. 104.

do plano. Aqui vemos o fotógrafo Reis mostrar seu particular modo de ver e construir uma imagem. A cena fílmica é uma fotografia. As dificuldades de movimento de câmera e o conseqüente uso constante da câmera fixa potencializa o fotógrafo Reis. A fotografia de Reis é reafirmada em outras cenas que se seguem na mesma temática. Em uma relação entre duas tomadas há uma mudança da posição do índio na rede, criando diferenças e, portanto, rompendo com a monotonia do tema. Nessa última cena da seqüência, o primeiro plano também é o índio deitado na rede, mas o segundo e o quarto plano são redes vazias, com o tronco que as prende em terceiro plano. As linhas das redes fechando o quadro em uma circularidade e a profundidade de campo fazem dessa cena uma composição estética que, como disse, reafirma o fotógrafo; é a reafirmação da significação índio/natureza.

A cartela que aparece em seguida diz que foram dados presentes aos índios como forma de "pagamento" ao trabalho realizado. Perguntamos: qual trabalho? Acompanhar a expedição? Orientando, talvez? Mas a expedição sabia o que encontraria e onde estava efetivamente explorando, pois no desconhecido rio Ronuro os índios do Xingu não acompanhavam os trabalhos – e mesmo Reis disse que o trabalho de levantamento do Ronuro, objetivo da empresa expedicionária, terminou inclusive com comemorações e somente naquele momento da narrativa fílmica é que aparecem os primeiros índios xinguanos. A presença da palavra "pagamento" é muito importante para nossa análise e se contradiz (ou torna-se um sinônimo?) com a palavra "presentes". Afinal, era presente ou pagamento? Ou, como diz o texto, o presente é uma forma de pagamento. A palavra "pagamento" aqui se situa no campo ideológico da própria comissão: como não é um "pagamento" propriamente dito, já que o "trabalho" não foi acordado de antemão, o presente transforma-se então em "pagamento" na perspectiva de torná-los integrados à nação brasileira.

A famosa seqüência que se segue, amplamente divulgada nos escritos sobre Reis, é praticamente a mesma publicada no livro *Índios do Brasil*, volume II, entre as páginas 83 e 153. Os oito fotogramas publicados desta seqüência são uma síntese da seqüência cinematográfica. Entretanto, a significação desta seqüência torna-se mais acentuada em alguns detalhes que não aparecem claramente nos fotogramas publicados. A seqüência inicia-se com o plano dos índios nus enfileirados para um extra-quadro. A câmera realiza uma pequena panorâmica que abre o quadro e verificamos que esse extra-quadro é exatamente o capitão Vasconcellos organizando-os para receber os presentes ou o "pagamento". A próxima tomada, em um ângulo mais fechado e portanto mais próximo, mostra a relação que Vasconcellos vai estabelecer com eles. Ele aparece ajudando um índio a se vestir. Já não existe mais diferença de espaços proxêmicos e sim um contato corporal. Vasconcellos toca o corpo do índio e o veste, chegando a abotoar suas calças, ação pejorativa para os "civilizados", ou seja, ensinar a abotoar as calças aparece como um ensinamento básico de "civilização".

Assim, todos os índios vão sendo vestidos um a um, ajudados pelos membros da expedição. Na cena em que aparece uma índia sendo vestida, inicialmente não sabemos quem a ajuda, mas consertando o "erro" e mudando o ângulo vemos que quem a veste é um outro índio. Sem dúvida, a questão do pudor e da moral por um lado, e o respeito à figura feminina, de outro lado, levam a que ela seja vestida por um índio. Mas, ao mesmo tempo, mostra que eles aprenderam a primeira lição, sabem agora se vestir sozinhos. O uso de uma mesma roupa padronizada, igualando os índios de várias etnias que acompanhavam a expedição, tornando-os um "índio genérico", confirma a metodologia de montagem cinematográfica de Reis. Novamente ele anuncia, primeiro visualmente, o que virá em seguida na cartela, quando denomina o grupo que os acompanhavam como "índios de diversas tribos do Curisevu". Essa cartela, a última, ainda tem um detalhe fundamental quando Reis diz: "[...]em breve teremos mais estes trabalhadores no convívio da nossa sociedade". A relação estabelecida entre presentes e forma de pagamento de um trabalho hipotético dos índios introduz o conceito de integração, tornando o índio mais um trabalhador na sociedade brasileira.

Outra relação de grande significação acontece com os planos feitos na seqüência anterior em que os índios aparecem na mata. Reis escolhe os mesmos índios que aparecem nus posando para a objetiva, sendo vestidos e depois posando agora de índios vestidos. A escolha dos mesmos índios e a mesma índia para estabelecer relações visuais na narrativa cinematográfica é o eixo de significação final destas seqüências. Assim, o casal que aparece mostrando a idéia de família pai/mãe/filho em tomadas na mata, onde aparecem nus, encerra o filme na última tomada vestidos e sorrindo para a câmera. Virando-se para a mata eles insinuam um movimento de volta para sua vida normal, mas agora como índios "pacificados" e como futuros "trabalhadores". O filme termina de uma forma suave e significando uma continuidade, em reticências. A projeção etnocêntrica do encontro é narrada no final do relatório de Reis, com uso de metáforas alucinadas impregnadas de exaltação:

> Foi um dia de gratas emoções para os nossos índios, cujo contentamento tocava os limites da embriaguez. Tanto fôra para nós como se os tesouros do oriente se abrissem aos nossos olhos e as fadas da terra dos sonhos nos cumulassem dessas riquezas que só existem nas narrações das "Mil e uma Noites". Nunca mais eles se esquecerão desse dia glorioso, que doravante entraria para o glossário das tradições da tribo e seria contada aos descendentes, nas noites de luar, nos congressos da aldeia e talvez em cantares maternais no berço das gerações que virão despontando...[30]

30. *Ibidem*, p. 115 (as reticências fazem parte do original).

A entrada das Bandeiras: ocupação simbólica do território

O registro da passagem de Rondon pelos índios carajás, na Ilha do Bananal, é um trecho do já citado programa cinematográfico *Ao redor do Brasil – aspectos do interior e das fronteiras brasileiras* (1932). Como já dissemos e pudemos constatar pelas posturas ideológicas da Comissão Rondon, a idéia de nação brasileira passava pela ocupação, reconhecimento e criação de fluxos de comunicação em toda extensão do território nacional, avançando para o oeste e reconhecendo o terreno através dos estudos topográficos, ao mesmo tempo integrando o país pelas comunicações. A transformação de um índio genérico *selvagem* em um índio genérico *integrado* foi prática portadora de valores de sua "nova pátria"; assim, o índio passa a ser um trabalhador a mais para produzir o progresso ordenado, com essas ações civilizatórias aparecendo como um degrau conquistado nesse roteiro, fossem elas religiosas ou laicas.

As imagens – fotos e fotogramas publicados – repetem-se signicamente apresentando o índio reconhecendo os valores da nova pátria, como a bandeira nacional, o hino nacional e até mesmo o presidente da República. Em uma passagem do livro, sobre os índios Carajá, Rondon aparece em uma comemoração do dia 15 de novembro falando para os mesmos sobre a importância da data e em seguida um chefe indígena *interpreta* as palavras de Rondon.[31] A seqüência ainda mostra uma jovem índia, com a característica marca Carajá no rosto, segurando a bandeira nacional que está em primeiro plano com as palavras *Ordem e Progresso* bem visíveis, com ela em segundo plano. Em seguida, Rondon aparece de costas para a câmera e de frente para um

31. Cândido Mariano da Silva Rondon, *Indios do Brasil: cabeceiras do Xingu/rio Araguaia e Oiapóque*, p. 216-218.

grupo de pessoas, entre elas militares, alguns engravatados, possíveis burocratas, e índios vestidos. A foto de Rondon de costas talvez seja a única de toda a publicação, em todas outras ele está sempre com uma pose trabalhada com postura de superioridade, ar nobre e de determinação. A câmera parece dizer-nos que atrás de Rondon não há mais ninguém, que ele é o personagem principal a que todos devem sua atenção e a legenda diz: "Gal. Rondon explica a todos os factos históricos da proclamação da República, seu fundador e seus colaboradores, e mostra como o novo regímen tornou em realidade as idéias de José Bonifácio, criando o serviço de redenção da raça indígena, perseguida por quatro séculos de atrocidades praticadas, contra os índios, a pretexto da civilização".[32]

Nos fotogramas publicados em seguida, um grupo de índios enfileirados e uniformizados por roupas do exército recém-adquiridas (provavelmente recebidas naquele mesmo dia), com rostos perplexos e de olhares cabisbaixos, está "ouvindo em silêncio as palavras do Gal. Rondon". À frente dos índios ordenados está uma pessoa não índia, provável funcionário do SPI, talvez o chefe de posto, que os colocou em ordem. Nas duas últimas reproduções aparece um índio mais velho, também uniformizado, falando para os outros; a legenda não cita o seu nome, apenas que é o índio mais graduado e "interpretou" as palavras de Rondon. É possível ver a graduação da sua roupa militar, e completa os dizeres: "Com inteligência ele explica à sua gente, em língua Carajá, o discurso do General". Infelizmente não há uma versão da "interpretação" para que possamos tentar entender o que ficou registrado nas mentes daqueles índios. As imagens que se seguem são da organização da visita e da generosidade de Rondon que "convidou-os" para almoçar juntos (entretanto, não o vemos comendo junto aos índios) e nessa ocasião foi-lhes intro-

32. *Ibidem*, p. 216.

duzido outro símbolo da civilização, os talheres (especificamente a colher) para comer comida de *civilizado*.

O olhar penetrante e indagativo da menina Carajá com sua característica tatuagem no rosto, segurando firmemente o mastro da bandeira nacional, nos questiona; ela olha profundamente para a câmera e, assim, diretamente para nossos olhos, parecendo não estar convicta da função que lhe foi atribuída de porta-bandeira. A bandeira ocupa quase totalmente o enquadramento, colocando-a como mera portadora do símbolo nacional. As imagens acima referenciadas são fotogramas publicados de um filme que perdeu uma grande parte. Podemos completar as informações cruzando a decupagem da narrativa cinematográfica com a publicação dos fotogramas e legendas.

O início do filme mostra um contexto, da natureza com os belos saltos e cachoeiras, mas com a introdução do elemento branco, no caso o garimpeiro, nas proximidades do aldeamento indígena. Essa contextualização na abertura do filme já demonstra uma intencionalidade narrativa de situar os carajás nas relações interétnicas. O garimpeiro não é mostrado de uma forma negativa e sim valorizada, quando ele mostra para a câmera as valiosas pedras preciosas que encontrou. A cena transforma-se na metáfora da ocupação do oeste, com suas riquezas a serem exploradas. Mesmo apresentando a "casa de negócios e diversões de jogo" do garimpo, as legendas não informam diretamente sobre o trânsito dos índios por esses lugares, mas diz que não faltavam fregueses.

Após essas cenas iniciais temos uma seqüência belíssima de danças e rituais carajás. O primeiríssimo plano dos diamantes é cortado para a cartela anunciando a presença dos carajás no Araguaia. Fica claro uma relação também de preciosidade entre pedras e índios, e mais ainda quando as cenas que se seguem mostram planos de índios ainda tribais com suas práticas culturais. A estética dos planos das danças atinge em determinados momentos uma virtuose fotográfica em enquadramentos não centralizados, demonstrando mais uma vez a especificidade do olhar de Reis. Entretanto, fazendo o paralelo com os fotogramas publicados, vemos que a seqüência das danças e rituais foi deslocada, sendo apresentada somente no final no livro. Assim, podemos dizer que a narrativa fílmica é mais significante do que a narrativa dos fotogramas publicados, pois implica em efetiva montagem cinematográfica, enquanto a publicação acontece de uma forma linear que segue as tomadas de campo. Reis opta por colocar a seqüência dos rituais entre dois blocos significativos: os garimpeiros e a chegada da Comissão, com Rondon, na aldeia Carajá; e os conseqüentes acontecimentos que se desenvolvem, ou seja, a comemoração da proclamação da República.

Assim, após a elaborada captação de imagens das danças e ritos dos carajás, segue-se na narrativa fílmica uma cena inusitada. Depois da chegada na aldeia, onde se situa o Posto do SPI, Rondon organiza uma parada em que o vemos ladeado por duas jovens carajás e, uma delas segurando um mastro com a bandeira nacional. Essas cenas não aparecem nos fotogramas publicados e sim a imagem da jovem índia já referenciada segurando o mastro da bandeira. Nesse sentido, Souza Lima tece o seguinte comentário sobre esse tipo de representação, apresentando uma foto com várias índias nuas (sem identificação étnica) à frente da bandeira nacional:

> O imaginário da 'proteção' sob o governo do SPI tem na bandeira nacional um ícone de significativa importância. Símbolo da nacionalidade, a bandeira surge em inúmeras fotos, redutíveis a duas séries básicas: ou os nativos aparecem nus, sugerindo os primeiros contatos com a administração, emblemas protonacionais a serem disciplinados; ou os índios apresentam-se vestidos, junto à bandeira, símbolos de progresso e transformação social,

perfilados como em cerimônias cívicas a atestar a eficácia dos métodos leigos.[33]

A entrada da parada organizada por Rondon no pátio da aldeia, logo após a sua chegada, demonstra a ocupação territorial e uma ocupação simbólica dos espaços indígenas. Sem dúvida, é uma demonstração de força e de poder de um guerreiro que usa as armas do pacificismo, em campo de batalha imaginário. Reis, com essa montagem, intercala a imagem de um índio tribal entre uma imagem da aproximação de segmentos da sociedade desorganizada, no contato com o índio, representada pelo garimpeiro, e a presença do Estado representado por Rondon. Sua forte presença, o amparo social (educação, saúde e alimentação) e o respeito aos símbolos nacionais fazem dele o agente civilizador e provável anteparo para o contato desordenado, ou o "grande pai". As próprias palavras de Rondon são explícitas da sua ação:

> A 13 de novembro, chegávamos ao Pôrto Redenção, na ilha do Bananal. A corneta deu o sinal de sentido, salvou um pequeno canhão de bronze – do antigo presídio de Leopoldina – espoucaram foguetes, tocou-se o hino nacional e penetrámos no Pôrto ovacionados pelos índios e pelos funcionários, ao som de uma marcha batida. Que ótima impressão nos deixaram as visitas aos diversos setores do Pôrto... Resolvi demorar-me até 15 de novembro, para aí comemorar essa data nacional.[34]

O discurso de Rondon sobre esse fato histórico, garimpado de suas memórias, reitera uma superposição de elementos simbólicos. A presença do "mais graduado" índio fazendo sua interpre-

33. Antônio Carlos Souza Lima, Governo dos índios sob a gestão do SPI, p. 161.
34. Esther de Viveiros, *op. cit.*, p. 553.

tação das palavras de Rondon, coloca ao menos a "interpretação" dentro da própria cultura e a existência de um interlocutor nativo na ação intermediadora. O intermeio das cenas da vida tribal como um recheio entre as partes de elementos civilizatórios produz o que chamamos aqui da imagem-conceito do índio *integrado/civilizado*. Essa imagem concentra em síntese uma idéia da imagem-conceito de um *selvagem pacificado* pelas regras do Estado e de suas instituições, até como necessidade de uma identificação nacional com seu primeiro habitante, como aparece no filme *Rituaes e festas Bororo*. As cenas que se seguem no livro mostram os carajás comendo, com várias referências nas legendas. Essas imagens não aparecem no filme. O almoço oferecido por Rondon abrange quase toda a aldeia, meninos, meninas e os homens adultos, não vemos nenhuma imagem das mulheres sentadas às mesas e comendo. As referências nas legendas ressaltam um "aprendizado" de civilizado: "Comida estranha... Desconfiados, pegam a colher para provar a comida dos civilizados... Pela primeira vez não acharam muito gostosa esta iguaria... Só o chefe enfrenta a situação com bom humor, mas examina com muita atenção os ingredientes...".[35]

As legendas foram incorporadas ao texto depois da morte de Reis (Reis morre em 1940 e o livro é publicado em 1953), e a narrativa publicada mostra deslocamentos na edição do filme. Na parte em que o filme acaba abruptamente por perda de material original, vemos cenas de um encontro de Rondon com índios, índias e crianças em uma praia. No livro, essa seqüência aparece logo após as cenas dos garimpeiros e a legenda anuncia a chegado à Ilha do Bananal. As diferenças entre livro e filme servem para demonstrar montagens de Reis na narrativa fílmica, criando explícitas intencionalidades. Dois momentos são parti-

35. Cândido Mariano da Silva Rondon, *Índios do Brasil: cabeceiras do Xingu/rio Araguaia e Oiapóque*, p. 219-222.

culares da concepção de montagem e ajudam a definir a significação desse filme dentro do contexto de nossa análise. Logo no início do filme, após as cenas do garimpo, vemos dois índios dançando e tocando flautas e notamos algumas interferências de Reis dirigindo a seqüência. Eles esperam para começar e notamos uma pró-filmia na presença de um diretor de cena. Em um dado momento, no qual os dois índios nus saem da cena, eles saem e voltam do enquadramento fixo da câmera, desaparecendo nas laterais, um índio vestido entra e passa andando tranqüilamente pelo quadro. Por que Reis deixou essa imagem e não editou, suprimindo-a? Por que marcar a presença do elemento aculturado se em outras ocasiões esse elemento foi deixado de lado na edição? Supostamente porque a realidade é outra e o contexto é outro.

A segunda montagem, extremamente bem elaborada, mostra a dança do *Aruanã,*[36] com as vestimentas de palha que cobrem todo o corpo, e da mesma forma anterior, um índio vestido como branco passa por entre os dançarinos em um plano suscetível de corte sem prejuízos para a seqüência. Se Reis sabia questões de significação na montagem e tinha consciência das intencionalidades decorrentes dessa ação, como vimos até agora, entendemos porque insiste em deixar aparecer essas imagens de um índio *selvagem* nu sendo intermediada por um índio *civili-Hzado* vestido. No filme *Rituaes e festas Bororo* houve uma supressão da presença salesiana e de elementos aculturados. São esses detalhes narrativos associados à própria ação efetiva e à temática do filme, juntamente com os elementos publicados (legendas e fotogramas), que leva-nos a detectar construções particulares da imagem do índio em cada caso analisado. Uma legenda de um fotograma publicado sobre a dança Aruanã refor-

36. A dança do *Aruanã* representa, no ritual Carajá, um peixe do mesmo nome e seu principal mito de origem.

ça também a idéia de contato e preservação, agora sob a proteção do Estado com a presença do posto do SPI : "Apesar de estarem em contato com a civilização, há mais de 300 anos, conservam seus costumes".[37]

Assim, por meio da ação do Estado, fortemente representado pelo seu gestor mais legítimo para a questão indígena (Rondon), as imagens modulam e reiteram a prática institucional da preservação territorial e dos costumes tradicionais, desde que associados com os valores maiores da nação brasileira. São representados enquanto índios na sua concepção étnica de uma identidade cultural distinta da sociedade "civilizada", mas não excludente desta, ao contrário, abarcada pela plenitude maior do dominador, são índios e são brasileiros. Essa construção imagética do índio *integrado/civilizado* tenta preservar e respeitar a origem étnica e os costumes tradicionais, principalmente porque busca não perder o mito de origem natural diferente da origem colonial implantada pelos portugueses.

Uma exaltação aos salesianos

A natureza do filme *Inspectoria de fronteiras – rio Negro* (1938) diferencia-se dos anteriores, pois caracteriza-se inicialmente como uma documentação da viagem do novo inspetor de fronteiras em visita ao rio Negro. Entretanto, como veremos, mais parece uma ode à ocupação do território nacional através das missões salesianas e, efetivamente, uma assimilação no campo simbólico e físico com a destruição da vida tribal. Rondon assumiu a Inspeção de Fronteiras em 15 de janeiro de 1927, e é preciso ressaltar que a deixa em 1934, quando assumiu a Comissão Mista Brasil-Peru-Colômbia, chefiando as negociações de

37. Cândido Mariano da Silva Rondon, *Indios do Brasil: cabeceiras do Xingu/rio Araguaia e Oiapóque*, p. 233.

paz entre os dois últimos países que chegaram a declarar guerra. As atividades da Inspeção de Fronteiras abrange três grandes campanhas: a primeira, nas Guiana Francesa, Inglesa e sul da Venezuela, ainda em 1927; a segunda, na Guiana Holandesa, Venezuela, Colômbia, Peru e Bolívia, em 1928; e a terceira, também em 1928, percorreu o rio Araguaia até Belém para prosseguir até Cucuí na fronteira da Venezuela. Para Rondon, assumir a Inspeção de Fronteiras era uma decorrência natural de suas atividades anteriores, e ele mesmo afirma que: "Convém salientar que a Inspeção de Fronteiras pôde realizar o programa que organizei por ser ela filha dileta da antiga Comissão Telegráfica, ou Comissão Rondon, como já o havia sido o Serviço de Proteção ao Índio".[38]

O ciclo rondoniano completa-se ideologicamente na ocupação das fronteiras, e o índio é simbolicamente incorporado nessa ação como o último brasileiro nos limites da nação. Assim, vemos que, mesmo fora da Inspeção de Fronteiras, o filme realizado em 1938 sobre o rio Negro acaba sendo incorporado nas atividades da Comissão Rondon por dois motivos: o primeiro, que os integrantes da Inspeção de Fronteiras foram escolhidos por Rondon; o segundo, porque o próprio Rondon usará fotografias e fotogramas desta expedição no livro *Índios do Brasil*, volume III, demonstrando sua influência e a sua anuência com algumas práticas dessa expedição. Apesar de mostrar cenas enfáticas das missões salesianas como no filme, o livro dará um tratamento especial às imagens do índio tribalizado publicando fotogramas não-editados no filme. As narrativas partem de alinhamentos superpostos, mas mudam sua significação com diferentes contextos e ênfases visuais.

O filme, após a apresentação do novo inspetor, começa mostrando cenas de Manaus e, principalmente, manifestações

38. Esther de Viveiros, *op. cit.*, p. 573.

dos colégios salesianos na principal cidade do Amazonas, para logo em seguida mostrar as solenidades comemorativas da fundação desses colégios. Essas imagens iniciais revelam a admiração do novo inspetor pelo processo de educação religiosa, e Reis sabe muito bem qual é o sentido das cenas iniciais que destacam as atividades dos salesianos em relação ao próprio desenvolvimento da narrativa fílmica que virá em seguida. Estamos vendo um filme de um cineasta já com muita experiência de captação de imagens e de edição. Não podemos ver as seqüências como ingênuas, pois são sempre significativas por mais óbvias ou redundantes que sejam. E redundância, reiteração e reafirmação na exaltação da ação dos salesianos é que não faltará nesse filme. As cenas filmadas no centro de Manaus propiciam-nos uma visão ampla e belíssima do Teatro Municipal que serve de pano de fundo para as cenas das comemorações. As imagens mostram uma multidão de pessoas na rua para ver o desfile das moças e moços dos colégios, e as legendas enfatizam o número de alunos que participam do evento, dando-lhe uma magnitude épica. Essas imagens são anunciadas em cartelas, comunicando que o inspetor participa dos eventos antes de sua viagem ao rio Negro. A presença do novo inspetor, exatamente nas comemorações da fundação dos colégios salesianos, não pode ser vista como uma coincidência, mas uma preparação de sua viagem ao rio Negro. E assim, após essas cenas iniciais, uma cartela introduz a viagem ao rio Negro para já apresentar a primeira cidade a ser visitada: Barcelos. A chegada em Barcelos será a primeira de uma série de reiterações cinematográficas, mostrando, primeiro, cenas do lugar a partir da embarcação aproximando-se das margens, para em seguida mostrar todas as pessoas esperando organizadamente no porto.

Estamos frente a um filme ilustrativo da viagem, com cenas que se repetirão muitas vezes. Vemos também os alunos organizados esperando a comitiva com a presença dos religiosos à frente. São mostradas as salas de aula. As cenas mais fortes são as demonstrações de exercícios físicos dos alunos e de ginástica rítmica, propiciando aos visitantes imagens de conjunto, dedicação, ordem e progresso. As cenas das alunas maiores fazendo ginástica rítmica com bandeirinhas em ambas as mãos, e todas com impecáveis roupas claras, são demonstrações dessa incorporação de valores diferentes de sua própria origem. Mas as cartelas não identificam a origem dos alunos e alunas, só sabemos que são índios e ribeirinhos. A viagem continua e na passagem pelo Porto de Santa Isabel temos a primeira troca de barco. O grande vapor é trocado para poder chegar em São Gabriel. As cenas repetem-se mostrando a chegada ao porto e agora o conjunto de tomadas será minucioso e abarcará todas as atividades da Missão. A diferença da apresentação dos alunos em relação à Santa Isabel é a presença dos alunos organizados militarmente portando "armas" ou simulacros, executando o gesto tradicional de "apresentar armas" ao inspetor, enquanto outros sem armas "batem continência". Podemos ver também a presença da bandeira nacional e entendemos o sentido da relação estabelecida desde o início do filme com as cenas de interação das ações do Estado e da Igreja.

Um olhar desarmado e ingênuo até esse momento pensaria que o filme é sobre as missões, tal a exaltação de suas atividades e pela forma como são apresentadas. Assim, a escola agrícola é apresentada com suas plantações, arroz, mandioca, cana, laranja, e em todas as tomadas vemos os alunos, mesmo os menores, trabalhando arduamente no *trato racional da terra*, afirmando a absorção de uma técnica civilizada, pois racional, em oposição a uma prática tradicional da agricultura. Pela primeira vez é citada a expressão *caboclos* para contextualizar a origem dos internos. Em seguida, temos pela primeira vez em uma cartela a origem étnica como referência: "As jovens índias também tem a sua instrução de horticultura". Não sabemos porque não é usada a expressão caboclas para tentar identificá-las, como no caso dos meninos, mas podemos pela primeira vez ter a certeza de que se trata de pequenos índios e índias sendo lentamente destribalizados.

As cenas do detalhamento da aprendizagem continuam com as várias apresentações de ofícios, como a aprendizagem de costura, na qual aparecem as moças mais velhas nas máquinas e as mais novas fazendo primeiramente costura à mão. A imagem da fileira de máquinas lembra-nos uma linha de montagem. Cenas da assistência médica, como a sala de cirurgia e a farmácia, são intermediadas com planos nos quais aparecem a frente do prédio e meninas trabalhando no jardim. O filme realça sempre o trabalho como se não houvesse tempo para outras coisas – o ser índio, por exemplo. Assim, os ofícios vão sendo apresentados um a um: oficina de carpinteiros, sapateiros, olaria etc, e então a apresentação da cartela os identifica: "A instrucção dos alunos quasi todos índios". Pela primeira vez no filme temos a afirmação da origem étnica dos internos e as cenas insistem no processo de aprendizado em salas de aula e ofícios. A idéia de torná-los *integrados/civilizados* passa por um processo pedagógico de transformação de índios destribalizados e submetidos ao regime forçado dos internatos. Dos filmes de Reis, esse é o menos interessante e com menos recursos narrativos, e sentimos seu fracasso nas tentativas de dinamização ao tentar mudanças do eixo da câmera e na montagem.

Cenas do porto localizado acima das fortes cachoeiras mostram o fim da visita a São Gabriel e o início de uma nova etapa da viagem. Nas proximidades do morro de Cucuí, elevação solitária na margem do rio, vemos Reis, finalmente, desgarrando-se da mesmice das tomadas descritivas da viagem e produzindo imagens surrealistas de ilhas no meio do rio que se duplicam com o reflexo na água, produzindo um efeito de tornarem-se um só elemento na imagem, o oposto das imagens "burocráticas" até aqui apresentadas. As cenas que se seguem mostram o coronel inspetor sendo recebido em um quartel, passando a tropa em revista com a apresentação das armas e continências. Existe um paralelo óbvio entre duas imagens, inicialmente o simulacro de pequenos índios armados e militarmente uniformizados, com o seu referente: os soldados. Futuros soldados guardiões das fronteiras nacionais? Provavelmente era essa a intenção concreta que a imagem explicita e reforça.

Pela primeira vez no filme há um deslocamento da exaltação das atividades das missões salesianas para o objetivo inicial: a exploração das fronteiras com a Colômbia no Alto Rio Negro. Mas essa questão ainda fica em suspenso na narrativa. Afinal qual a natureza desse filme além da mera descrição ilustrativa de uma viagem? Veremos que a narrativa continua exaltando a catequese em detrimento do relacionamento intermediado pelo Estado proposto por Rondon. Essa contradição irá transparecer na publicação das imagens da viagem no livro *Índios do Brasil*, volume III. No livro não é citado que as imagens fotográficas e os fotogramas publicados foram feitos na viagem referenciada. As imagens iniciais das comemorações salesianas são substituídas por imagens poéticas do rio Negro, e Barcelos, que aparece como primeiro porto de parada, é citado logo nas primeiras páginas. No livro as imagens publicadas são fotografias de Charlote Rosembaum na primeira parte e, na segunda, fotogramas de Reis. Podemos então dividir a publicação das imagens em duas partes, ficando a primeira para as fotografias da missão salesiana de São Gabriel e a segunda para as imagens cinematográficas de Reis feitas no fim da viagem. Nota-se de imediato que, apesar de algumas citações e ênfases ao trabalho salesiano na primeira parte do livro, a segunda parte vai enfatizar as cenas de índios em vida tribal e em cerimônias tradicionais, criando um corpo visual de maior importância etnográfica. Assim, livro e filme tomam rumos diferentes nas suas narrativas e significações.

Se no filme demorou-se para citar a origem étnica dos internos como índios, no livro já na apresentação de Barcelos, logo no início, temos a citação da atuação das missões salesianas "colaborando" com o SPI, o que não acontece no filme, que somente cita atividades do SPI depois de muito ufanismo sobre os salesianos. O livro segue o roteiro do filme e apresenta imagens fotográficas de lugares não filmados. Entretanto, assim como no filme, a missão de São Gabriel receberá uma atenção especial, com muitas imagens ressaltando atividades da escola, hospital, ginástica, agricultura, alguns ofícios. Em uma das fotos dos internos com uniformes, armas e a bandeira nacional aparece a seguinte legenda: "Exercício militar dos internados, instruídos pelos missionários salesianos em São Gabriel, rio Negro".[39]

A subida continua; chegando ao rio Uaupés, a câmera mostra uma série de povoados ribeirinhos, como: Itapinima, Pituna, Trovão, Ananaz e Taraucá, sempre citando a população local nas cartelas e agora anunciando a ação das missões. Na missão de Taraucá, o filme irá detalhar as instalações e atividades da missão assim como aconteceu em São Gabriel. No livro, entretanto, são apresentadas somente seis fotografias de Charlote Rosenbaum, e a primeira delas mostra uma tomada igual à feita por Reis com a câmera em que podemos ver toda a população organizada em grupos distintos esperando o barco aportar. Rondon exalta no livro essa chegada com as seguintes e eloqüentes palavras (aprecia-se aqui a interferência viva de Rondon, na montagem do livro, com base nas suas lembranças e impressões pessoais; hoje diríamos que há uma relação interativa entre imagens e a memória de um indivíduo): "Taracuá, missão salesiana no rio Uaupés, que no dia de nossa chegada em 1938 ofereceu-nos a vista de um quadro esplêndido, de cores vivas e muito movimentado,

39. Cândido Mariano da Silva Rondon, *Indios do Brasil: norte do rio Amazonas*. p. 129.

igual aos cenários em que figuram massas de população, como nas grandes óperas...".[40]

Como já ocorreu anteriormente, há uma troca de embarcação pelas dificuldades que vão se apresentando conforme a expedição avança para o norte e os barcos vão ficando menores. Em Jauaretê a expedição chega em outra missão. O filme continua não oferecendo uma visão clara dos objetivos da viagem, repetindo detalhes das atividades dos salesianos. Se o livro apresenta uma síntese da permanência em Jauaretê, o filme repete as descrições já produzidas em São Gabriel, Santa Isabel e Taracuá. Assim, após cenas de enfática recepção com aplausos, discursos, hino nacional ("Todos sabem cantar o hino nacional"), são apresentadas sessões de ginástica masculina e feminina com particularidades na postura corporal. As cenas mais fortes e importantes feitas nessa missão, e que se diferenciam das outras, são as que registram dentro da igreja uma cerimônia na qual vemos as índias vestidas de branco com o véu por sobre seus rostos. A câmera mostra vários ângulos internos da igreja, com belos planos à contraluz. As imagens mostram uma devoção religiosa enfatizada no filme, o que já não acontece no livro, no qual essas imagens são omitidas. A câmera passeia e enquadra repetidas vezes as internas vestidas de branco com seus véus que são ressaltados pela contraluz. Em uma cartela é anunciado um almoço servido aos tuchauas, mas nenhum índio é nominado ou apresentado no filme. Entretanto, mesmo nesse momento, vemos os religiosos organizando-os e observando-os, mas não repartindo o almoço na mesma mesa. A exclusão, que poderia ser justificada como consideração, parece indicar na verdade falta de comunicação e interação. Assim, o nivelamento e a pedagogia da anulação das diferenças propicia aos religiosos sucesso no seu trabalho de destribalização e orientação dos novos valores. Em seguida, o filme

40. *Ibidem*, p. 143.

mostra rapidamente várias missões menores do rio Papori, na divisa com a Colômbia. No posto do SPI de Anchieta aparecem, pela primeira vez, índias nuas da cintura para cima, e no posto de Nazareth as imagens são feitas de dentro das embarcações, demonstrando uma falta de interesse em registrar detalhes da atuação do SPI, ao contrário das missões que são intensamente fotografadas e filmadas. As embarcações vão ficando cada vez menores conforme exploram a divisa com a Colômbia, criando pela primeira vez um clima de aventura na entediante narrativa fílmica. Começa aqui a melhor parte do filme.

Em busca dos últimos selvagens da fronteira

Nessa última parte do filme, Reis não está mais acompanhando o coronel inspetor, pois o mesmo não aparece nas tomadas; assim, livre para fazer suas tomadas, as cenas ficam mais próximas de seus filmes anteriores. Reis liberta-se da pura descrição ilustrativa da viagem e apresenta uma série de registros etnográficos de festas e rituais, reencontrando-se com a gênese da antiga Seção Fotográfica e Cinematográfica da Comissão Rondon. A entrada pelo rio Tiquié já começa com cenas da mata fechada nas margens para contextualizar o novo ambiente e criar o clima de estarem próximos da inóspita natureza. Uma cartela anuncia a presença salesiana nas povoações do rio Tiquié: Uiripipí, Matapi, Samaúma e Uiraití. Nota-se que não são mais nomes de figuras sagradas e sim nomes indígenas, ou seja, as missões ainda não se instalaram totalmente pela região, fazendo apenas *assistência*. Dentro deste contexto, vemos pela primeira vez uma canoa indígena; Reis mostra sempre em longos planos a mata densa na beira do rio, que se estreita e agora é bem menor. Pela primeira vez vemos também uma bela tomada da relação próxima de mães amamentando seus filhos –

ou seja, pela primeira vez os pequenos índios estão no ambiente de seu próprio grupo étnico. O contraponto com as missões é óbvio: o que seria melhor para eles?, parece perguntar implicitamente a narrativa. Outra vez a seqüência enfatiza o rio que se estreita na mata que se adensa. Em Paricachoeira, uma povoação recente, segundo a cartela, e sob influência dos salesianos, cenas mostram o padre tentando várias vezes juntar os índios em frente das casas para serem filmados. A cartela diz que os índios do rio Tiquié "carecem de roupas", o que os diferencia dos internados, que aparecem impecavelmente vestidos – pelo menos assim aparentam nas filmagens.

A diferença em relação aos índios "civilizados" das missões é reforçada com a afirmação em outra cartela que diz: "São excelentes nadadores, vencendo as cachoeiras como peixes". As cenas são muito bonitas e a interação dos índios com o rio onde nadam em forte correnteza enfatiza ainda mais a integração com a natureza. Com a mata cada vez mais fechada, as embarcações são agora canoas menores, mas com vários remadores índios. A câmera passeia pelas matas procurando, espreitando, posicionando-se em busca do fortuito ou em busca da imagem de um índio. Como parte de uma aventura de busca dos "últimos selvagens" a canoa já não pode seguir facilmente, e os passageiros são obrigados a descer em plena mata. A canoa é ancorada em uma pedra do rio e descarregada. Vemos Charlote Rosenbaum fotografando e olhando para a câmera de Reis. A narrativa fílmica ganha qualidade com as dificuldades que se apresentam para a expedição. Reis está cada vez mais integrado com os registros, livre para fazer belas tomadas dos índios remando rio acima e belíssimas tomadas deles andando nas pedras em contraluz com a forte correnteza do rio como fundo de cena. Não estamos mais na ambiência opressiva das missões salesianas. Os dizeres de uma cartela confirmam essa situação e coloca-os no "confim de nossa fronteira", os limites da nação onde vive ainda o "último selvagem". Os índios posam nus ao lado do marco limítrofe da fronteira como guardiões de um mero bloco que assume um valor simbólico frente à câmera. A correlação entre índios e limites é sugerida. Nessa situação também estamos no limite da ação civilizatória; a fronteira não é somente geográfica, mas simbólica. As cenas das canoas descendo e subindo o rio são emocionantes, mostrando a mata densa ocupando não apenas as margens, mas avançando para dentro do próprio rio. Estamos no limiar da aventura, na qual até mesmo o rio, que durante todo o filme era o fio condutor e leito da narrativa, torna-se impossível de transpor ou de navegar.

A próxima cartela coloca a narrativa fílmica no âmbito tradicional das práticas culturais. Reis se desgarra do cerco militar e religioso, podendo fazer agora o que gosta: documentar festas, rituais e danças. A primeira tomada mostra os índios felizes, homens e mulheres, dançando em passo sincronizado. Entretanto, Reis edita uma imagem de um padre com pequenos índios de colo e a cartela anuncia que os "últimos selvagens" estão na mira da ação missionária: "O padre João vai, entretanto, cristianizando todos eles". A cena do padre batizando os pequenos índios ainda de colo é entremeada com cenas tradicionais, o anúncio de sua dança preferida: a *Acangatara*. Assim, Reis intercala o batismo com as danças e hábitos tribais, introduzindo o conceito de tempo na narrativa fílmica, e dessa forma, no próprio processo de contato. Sem se importar com a presença da câmera, em planos próximos, os índios adornam-se para a dança e a cartela completa: "Os Tuiucas passariam a vida dançando", e outra cartela diz: "A civilização porém vai chegando[...] só agora estão as missões em contacto com as populações do Tiquié". Entre uma cartela e outra vemos cenas de todos dançando, homens, mulheres e crianças, com a câmera fixa e as pessoas passando pelo enquadramento em uma das mais belas cenas de Reis. A câmera passeia dentro e fora da roda da dança, enfoca os passos dos pés em ângulo descendente, planos próximos, e coreografias diferentes propiciam-nos um final de filme totalmente inesperado. Após a cartela anunciar o contato recente com as missões, Reis termina o filme intercalando duas cenas dos tucháuas tocando maracá. Última cena: uma panorâmica dos tucháuas tocando maracá, de frente para a câmera – últimas danças tradicionais antes da completa cristianização? A imagem de um índio íntegro no seu ambiente tribal encerra o filme, quando pensávamos que seria totalmente desprezado na narrativa pela glorificação da ação missionária, presente ao longo do filme, na imagem de um índio integrado/pacificado. O último selvagem se confunde com os confins de nossas fronteiras, essa é a mensagem final do filme.

Novamente, registramos uma grande diferença entre as imagens finais do filme e os fotogramas publicados. Como já dissemos, no livro são publicadas fotografias tomadas por Charlote Rosenbaum na parte que trata das missões, mas das cenas finais da expedição são publicados os próprios fotogramas. Assim, no livro temos a oportunidade de verificar que Reis fez muito mais registros das danças do que é editado no filme. O livro, ao contrário do filme, enfatiza o índio tribal com muito mais imagens publicadas. Os números brutos mostram essa diferença: enquanto as cenas finais no filme não passam de 10% do total, no livro são 137 fotogramas contra apenas 85 fotografias publicadas. Essa diferença indica uma edição e, portanto, uma significação distinta entre os dois produtos. O novo inspetor de fronteiras enfatiza as missões, enquanto Rondon enfatiza uma vida tribal, mas nos dois casos existe a superposição da imagem do índio como *integrado/civilizado* sobre a imagem do índio como *selvagem*. A diferença está em como mostrar essa imagem que significa processo de "integração" ou de absorção da "civilização".

As primeiras cenas do livro, fotogramas de Reis que abordam o índio tribal, mostram as dificuldades de atravessarem corredeiras, imagens que aparecem também no filme. Mas logo em seguida começa uma seqüência não editada na montagem do filme, na qual Reis detalha toda a preparação de uma festa e o tratamento da casca de uma madeira chamada tururi. Há planos abertos com vários índios trabalhando lado a lado, e planos fechados nos detalhes das facas e mãos. Vemos crianças participando da preparação e desprendendo a celulose dos troncos da árvore. Em seguida elas caminham para o rio e efetuam a lavagem. A seqüência continua com detalhamentos em planos próximos; vemos as entrecascas depois de secas sendo pintadas com urucum, com a legenda remetendo-nos a uma idéia de tempo: "Pintando assim, passam muitos dias".[41] As tomadas são detalhadas nos vários planos; a legenda anuncia que são máscaras rituais. As informações e as imagens são muito mais detalhadas do que no filme. As cartelas do filme não permitem, por exemplo, ter uma compreensão da dimensão temporal, do processo de preparação; o ritual em que usam as máscaras não é editado, não aparece em nenhum momento. Nos fotogramas publicados, Rondon destaca e detalha os procedimentos anteriores e a própria cerimônia das máscaras como homenagem aos entes desaparecidos.[42]

Seguindo linearmente o processo, os fotogramas publicados apresentam a feitura de saias da madeira matá-matá que serão montadas com as máscaras como uma vestimenta para todo o corpo. As legendas e as imagens mostram a riqueza icônica das diferentes máscaras e suas significações, representando animais da cosmologia dos índios Uanâna. A segunda parte da narrativa publicada são também fotogramas de Reis: é a dança do Acangatara que aparece no filme. Entretanto, será muito mais rica no

41. *Ibidem*, p. 169.
42. *Ibidem*, p. 183.

livro, com mais imagens e informações contextuais importantes, como por exemplo a citação de que vários grupos vizinhos participaram das festividades.

Essa legenda e a imagem apresentando um grande grupo de índios prontos para a dança diferenciam-se do enfoque do filme, pois contextualiza o evento. Os planos abertos mostrando o início da dança com uma linha de índios próximos a uma casa, a saída das flautas e a presença de uma grande platéia indígena são imagens que não são usadas no filme. As cenas seguintes são as que aparecem no filme com as coreografias da dança. Assim, temos uma grande diferenciação no tratamento das imagens dessas festas tradicionais entre as narrativas visuais do livro e do filme. A pergunta é: por que não foram utilizadas essas imagens no filme? Por que a narrativa publicada é mais rica etnograficamente, acentuando uma vida tribal e costumes tradicionais, enquanto o filme acentua o índio sendo cristianizado? Estamos frente a duas visões e ações distintas no processo de integração do índio e na construção de sua imagem. Enquanto os salesianos e o inspetor, por eles seduzido, enfocam o fim da vida tribal e a imposição dos novos valores por meio de uma pedagogia autoritária, Rondon aplica a inserção dos valores simbólicos da nação em um índio ainda tribal. Interessa a Rondon transformá-los em brasileiros, mantendo-os com sua identidade étnica específica; já para os salesianos, a transformação em cristãos implica na negação de uma identidade indígena. Além disso, a publicação dos fotogramas não utilizados na edição do filme só vem confirmar o olhar cinematográfico de Reis, quando encontra a oportunidade de fazer o registro etnográfico.

Os guardiões de fronteiras

Parimã, fronteiras do Brasil (1927) e *Viagem ao Roraimã* (1927) são os dois primeiros filmes realizados logo após Rondon assumir a Inspetoria de Fronteiras. Assim, ambos referem-se a expedições em pontos importantes da fronteira brasileira. Parimã é o nome de um sistema de montanhas que faz limite com as Guianas e a Venezuela. Na viagem Rondon passa perto de Cabo Orange e entra no rio Oiapoque, na região equatorial, nossos limites com a Guiana Francesa. Temos no filme interessantes imagens de negros saramacás, que, segundo a cartela, "conservam ainda costumes ancestrais". Após visitas a algumas povoações ribeirinhas, trocam de embarcação para vencer obstáculos que se apresentam, mesmo assim tendo de empurrar as canoas. O filme mostra as dificuldades de transpor acidentes geográficos para se chegar ao Parimã. Encontram-se com índios guianeses, mas, diferentemente dos outros filmes, estavam de passagem e fazem somente cenas rápidas, sem importância etnográfica.

A natureza desse filme é de registro da exploração e ocupação das fronteiras, e os encontros com povoações e grupos étnicos são mera situação de passagem. O filme volta a mostrar muitas dificuldades de transposição de saltos; mostra a fartura de peixes da região e a rica flora e a chegada na fronteira com a Guiana Holandesa. Uma cartela anuncia: "Penetramos pelos estreitos do rio para descobrir os índios". Descobrir os índios é também explorar os limites das fronteiras; desta forma, Rondon e Reis associam a existência de índios ainda "selvagens", ou em vida tribal, em nossas fronteiras. Essa associação se reporta também ao imaginário dos avanços da "civilização" e às fronteiras agrícolas e comerciais que sempre tiveram os grupos indígenas como limites de sua expansão; agora, entretanto, se situam nas fronteiras nacionais. Após várias cenas de exploração da inóspita natureza de matas densas e de difícil navegação, nas quais podemos perceber a destreza operacional de Reis, encontram um acampamento recém-abandonado pela chegada da expedição e seguem os rastros na mata. A cartela anuncia: "Depois de dois dias entramos na aldeia dos índios". Os índios são apresentados para a câmera pelo próprio Rondon, mostrando um relógio e seu característico som nos ouvidos deles, sendo denominados como pertencentes ao ramo Rangôe da Guiana Holandesa. Reis explora belos retratos em primeiro plano, com olhares curiosos penetrando a objetiva. As cenas em seguida mostram o preparo da mandioca e do beiju com a presença constante de Rondon, sendo que às vezes somente o identificamos pelas suas botas ao lado da índia cozinhando. Muitos presentes são ofertados – panos, facões etc. Em uma da melhores cenas do filme, a câmera mostra um jovem chefe se enfeitando para receber os "convidados". Essa seqüência é o melhor registro etnográfico da obra. Na última cena, a cartela anuncia: "Deixamos a Guiana Holandesa descendo o rio pelo mesmo caminho" mostra, as canoas partindo e um índio em primeiro plano se apoiando em uma árvore. Reis simula essa cena – afinal, teria de embarcar também, para mostrar que esse índio *selvagem* é o verdadeiro habitante de nossas fronteiras. Rondon parece não se preocupar com fatores estratégicos, que serão preocupações mais recentes sobre o trânsito dessas populações entre as fronteiras nacionais; afinal, não seriam problemas fronteiriços pela sua ingenuidade primitiva. A narrativa desse filme é pobre e sua natureza é simplesmente registrar a viagem de Rondon.

O filme *Viagem ao Roraimã* também é da mesma natureza do filme anterior – ou seja, documentar a expedição até essa famosa elevação nas fronteiras entre Brasil, Venezuela e Guiana. As primeiras imagens, ainda no rio Amazonas, parecem mais uma viagem turística em que a câmera, localizada em uma grande embarcação, mostra o grande rio e outras embarcações do mesmo porte. Os passageiros que viajam apreciam as margens, sentados em grandes mesas fazendo refeições. Vemos muitas senhoras e civis, o que indica-nos ser uma embarcação de linha. Na passagem por Santarém vemos cenas rápidas de uma fábrica de vasos de tartaruga e, na passagem por Manaus, mostra-se somente imagens das edificações situadas nas margens do rio e cenas do porto. Em seguida, a câmera já está no rio Branco, afluente do rio Negro, indo rumo à fronteira com a Venezuela. A câmera mostra os habitantes nas margens do rio e a vida de subsistência da pesca e da coleta. Após várias cenas das margens e das matas, vemos que estão agora em uma embarcação de menor porte; em seguida, já em terra, são mostrados os chamados campos do rio Branco, onde se criava o gado da Amazônia.

Rondon encontra em Mauai várias urnas funerárias com ossadas humanas, remetendo-as para o Museu Nacional; a câmera mostra a operação de retirá-las de uma caverna. Uma cartela anuncia: "A expedição brasileira sob a chefia do General Rondon foi organizada com 180 índios macuxis da aldeia do Barro". O número de índios que acompanham Rondon leva-nos a indagar a razão de tamanha comitiva, já que terá de alimentá-los no caminho. Seriam necessários somente alguns carregadores e guias; por que razão quase a aldeia inteira acompanha Rondon na missão de chegar até a fronteira? Assim, após vários dias de caminhada, vemos mulheres e crianças entre os membros da expedição, dificuldades de transpor obstáculos naturais, imagens de cobras, cenas de acampamentos e distribuição de alimentos, até a chegada ao sistema montanhoso Pacaraimã, próximo ao objetivo. Rondon e os principais membros da expedição vão a cavalo e os índios caminham a pé, carregando a carga da expedição. Depois de mais dificuldades na travessia de rios e montanhas, finalmente temos a primeira cena do monte Roraima: uma barraca montada em primeiro plano onde distinguimos a inconfundível figura de Rondon sentado na sombra e a imensa elevação como fundo de cenário. Antes de mostrar o monte Roraima, objetivo da expedição, vemos o general tranqüilamente descansando e observando-o. As cenas seguintes mostram o conjunto de escarpas e os dois acampamentos que se seguem, até a escalada final nos 2.800 metros do monte. Reis passeia seu olhar pelos imensos paredões em conjunto com nuvens que mesclam-se com a montanha.

Na cena final, todos saúdam a câmera com as bandeiras dos três países que Rondon carregou consigo para hasteá-las, mas, obviamente, com a bandeira nacional no meio das outras duas e em plano superior. Rondon está segurando o mastro da bandeira no topo de uma pirâmide humana feita pelos seus auxiliares e o grande número de índios macuxis. A mesma imagem aparece publicada no final do livro *Índios do Brasil*, volume III, em que quase todos estão sentados nas pedras e Rondon, com sua postura clássica, se situa acima de todos segurando a bandeira. Novamente temos a presença indígena na ocupação de nossos limites territoriais como uma proposta estratégica de Rondon de incorporá-los a uma idéia de nação para torná-los guardiões de nossas fronteiras. Nesse sentido, a imagética rondoniana complementa a formalização do conceito de "guardas de fronteiras", muito bem apresentado e identificado nos textos oficiais da época por Souza Lima.[43]

A caixa preta[44] de Rondon e Reis

Luiz Thomaz Reis morreu filmando em dezembro de 1940 no Rio de Janeiro, devido aos ferimentos ocasionados pelo desa-

43. Antônio Carlos Souza Lima, Governo dos Índios sob a gestão do SPI, p. 165-166.
44. Para Vilém Flusser, estamos diante de conceitos relativos ao mundo quando contemplamos as imagens técnicas e não "o mundo", mesmo levando em conta uma certa "automaticidade" na impressão da imagem. Assim, ele desenvolve um pensamento que alia aparelho e seu operador em um mesmo e integralizador processo de produção das imagens. Diz ele: "tal complexo 'aparelho-operador' parece não interromper o elo entre a imagem e seu significado. Pelo contrário, parece ser canal que liga imagem e significado[...] é caixa preta e o que se vê é apenas *input e output*.

bamento de um antigo quartel. Thomaz Reis é a peça principal ou olhar onipresente em quase todas as situações que envolveram imagens na Comissão Rondon. Além de operar o equipamento, processava os negativos e depois editava os filmes; nos livros, seus fotogramas serão intensamente reproduzidos, tornando-se o corpo principal, sem contar suas próprias fotografias. Reis fazia todo o processamento técnico de manutenção dos equipamentos para deixá-los operantes em situações de alta umidade. Quanto à fotografia, Reis fazia o processamento das chapas de vidro em plena mata. As dificuldades de execução de seus produtos fotossensíveis valorizam os empreendimentos. A coleção edificou uma conjunção única de sensibilidade etnográfica, cinematográfica e fotográfica. Reis é o olhar que elege, recorta, edita a ação e sempre com uma "câmera na mão"; Rondon é um segundo olhar, compreensivo e incentivador; olhares irmanados. Se Reis era o olhar direto da ação em campo, Rondon era o articulador da visibilidade desse olhar no âmbito nacional. Juntos, esses olhares tornaram-se a "caixa preta" da Comissão.[45]

A compreensão e a análise da coleção imagética da Comissão foi construída na intersecção desses olhares, e não poderia ser de outra forma, ou seja, no desvendar desse enigma. Rondon, muitas vezes, mesmo ausente no campo, resgatou o olhar de Reis que perdeu-se em montagens e edições dos filmes. Rondon recupera o olhar etnográfico de Reis publicando, no livro *Índios do Brasil*, os fotogramas que não foram editados na montagem fílmica. Mesmo quando acompanha Rondon e documenta suas interferências simbólicas, como a entrada das bandeiras no pátio

---

Quem vê *input e output* vê o canal e não o processo codificador que se passa no interior da *caixa preta*. Toda crítica da imagem técnica deve visar ao branqueamento dessa caixa". (grifos do autor). Vilém Flusser, *Filosofia da caixa preta – ensaios para uma futura filosofia da fotografia*, p. 20.

45. Fernando de Tacca, O feitiço abstrato.

da aldeia Carajá (*Ao redor do Brasil*, 1932), Reis cria espaço para buscar e compor com outros temas mais tradicionais.

A imagem na Comissão Rondon existe como auto-afirmação, *marketing* e mostra da ação estratégica de ocupação de nossas fronteiras. Nesse roteiro, a imagem do índio tribal é construída como uma referência de integração e não de exclusão no conjunto da nação. Rondon e Reis formam um único e inseparável olhar articulado que fornece visibilidade das diferenças étnicas e de contato no Brasil daquela época, responsável por permanências sígnicas no imaginário brasileiro no roteiro entre a imagem do selvagem ao integrado. Renitências presentes em propagandas televisivas e mesmo nos últimos embates de Porto Seguro, quando um índio Terena, portando seus adornos tradicionais, enfrenta uma tropa de choque pedindo ajoelhado que o matem. Temos uma imagem, amplamente divulgada no Brasil e no exterior, de um índio tradicional ("selvagem") participando de enfrentamentos políticos contemporâneos.

Referências bibliográficas

ALMEIDA, Joaquim Canuto Mendes de. *Cinema contra cinema: bases gerais para um esboço de organização do cinema educativo no Brasil.* São Paulo: São Paulo Editora, 1931.

BERGSON, Henri. *La risa.* Buenos Aires: Editorial Tor, s/d.

BERNARDET, Jean-Claude. *Brasil em tempo de cinema.* Rio de Janeiro, Civilização Brasileira, 1967.

________. *Cineastas e imagens do povo: uma aventura documentária no Brasil, 1960-1980.* São Paulo: Brasiliense, 1985.

CAVALCANTI, Alberto. *Filme e realidade.* Rio de Janeiro: Artenova/Embrafilme, 1976.

CÉSAR, Ana Cristina. *Literatura não é documento.* Rio de Janeiro: Funarte, 1980.

COSTA, Flávia Cesarino. *O primeiro cinema: espetáculo, narração, domesticação.* São Paulo: Scritta, 1995.

FAVARETTO, Celso F. *Tropicália: alegoria alegria.* São Paulo: Kairós, 1979.

FLUSSER, Vilém. *Filosofia da caixa preta – ensaios para uma filosofia da fotografia.* São Paulo: Hucitec, 1985.

GALVÃO, Maria Rita. *Burguesia e cinema: o caso Vera Cruz.* Rio de Janeiro: Civilização Brasileira/Embrafilme, 1981.

GODARD, Jean-Luc. *Introdução a uma verdadeira história do cinema.* São Paulo: Martins Fontes, 1989.

GRAÇA, Venerando da. *Cinema escolar.* Rio de Janeiro: 1916-1918.

HIRSZMAN, Leon. *É bom falar.* Organizado por Arnaldo Lorençato e Carlos Augusto Calil. Rio de Janeiro, Centro Cultural Banco do Brasil, 1995.

ISHAGHPOUR, Youssef. *Cinéma contemporain, de ce côte du miroir.* Paris: Éditions de la Différence, 1986.

LAPLANTINE, François. *Aprender antropologia.* São Paulo: Brasiliense, 1988.

LÖWY, Michel e SAYRE, Robert. *Romantismo e política.* São Paulo: Paz e Terra, 1993.

MAGALHÃES, Amílcar Botelho de. *Pelos sertões do Brasil.* Rio de Janeiro: Companhia Editora Nacional, 1942.

________. *Impressões da Comissão Rondon.* Rio de Janeiro: Companhia Editora Nacional, 1942.

MARCUS, G. & FISCHER, M. *Anthropology as a cultural critique*. Chicago: The University of Chicago Press, 1986.

MARINHO, José. *Dos homens e das pedras – o ciclo do cinema paraibano (1959-1979)*. Rio de Janeiro, Eduff, 1998.

MARSOLAIS, Gilles. *L'Aventure du cinéma direct revisitée*. Quebec: Les 400 Coups, 1977.

MOURA, Gérson. *Tio Sam chega ao Brasil*. São Paulo: Brasiliense, 1984.

NICHOLS, Bill. *Representing reality*. Bloomington: Indiana University Press, 1991.

________. *La representación de la realidad*. Barcelona: Paidós, 1997.

NORONHA, Jurandyr. *No tempo da manivela*. Rio de Janeiro: Ebal/Embrafilme, 1987.

NOVAES, Sylvia Caiuby. *Jogo de espelhos*. São Paulo: Edusp, 1993.

PIAULT, M. *Anthropology et cinéma*. Paris: Nathan, 2000.

ROHMER, Eric. *Ensaio sobre a noção de profundidade na música: Mozart em Bethoven*. Rio de Janeiro: Imago, 1997.

RONDON, Cândido Mariano da Silva. *Índios do Brasil do centro ao noroeste e sul de Mato Grosso*. Rio de Janeiro: Ministério da Agricultura/CNPI, 1946, vol. I.

________. *Índios do Brasil: cabeceiras do Xingu/rio Araguaia e Oiapoque*. Rio de Janeiro: Ministério da Agricultura/CNPI, 1953, vol. II.

________. *Índios do Brasil: norte do rio Amazonas*. Rio de Janeiro: Ministério da Agricultura/CNPI, 1953, vol. III.

ROOSEVELT, Theodore. *Nas selvas do Brasil*. Rio de Janeiro: Ministério da Agricultura, 1942.

ROSSET, Clement. *O princípio da crueldade*. Rio de Janeiro: Rocco, 1989.

SALEM, Helena. *Leon Hirszman – o navegador de estrelas*. Rio de Janeiro: Rocco, 1997.

STOCKING, G. (org.). *History of anthropology*. Vol. I:. *Observers observed*. Madison: University of Wisconsin Press, 1983.

SUSSEX, Elizabeth. *The rise and fall of british documentary*. Berkeley: University of California Press, 1975.

VALENTINETTI, Claudio M. *Um canto, um judeu e algumas cartas*. São Paulo: Instituto Lina Bo e P. M. Bardi; Rio de Janeiro, MAM, 1997.

VIANY, Alex. *O processo do Cinema Novo*. Organizado por José Carlos Avellar. Rio de Janeiro: Aeroplano, 1999.

VIVEIROS, Esther de. *Rondon conta sua vida*. Rio de Janeiro: Livraria São José, 1958.

Artigos, catálogos, ensaios e periódicos

ALENCAR, Miriam. Joaquim Pedro mostra cinema brasileiro aos alemães. *Jornal do Brasil*, Rio de Janeiro, 03, set. 1967.

ANDRADE, Joaquim Pedro de. A problemática brasileira dos filmes curtos. *Jornal do Brasil*, Rio de Janeiro, 14, maio 1960.

ANDRADE, Valério. Garrincha: marco de jovem cineasta. *Correio da Manhã*, Rio de Janeiro, 28, jul. 1963.

ANTONACCI, Maria Antonieta (coord.). Trabalho, cultura, educação: escola nova e cinema educativo nos anos 1929-1930. *Revista Projeto História*, São Paulo, PUC, n. 10, dez. 1993.

ARTAUD, Antonin. (1931) La vejez precoz del cine. In: *Antonin Artaud: el cine*. Madrid, Alianza Editorial, 1982.

AUGUSTO, Sérgio. Garrincha, alegria do povo. *O Cruzeiro*, Rio de Janeiro, 10, ago. 1963.

BARTHES, Roland. A atividade estruturalista. In: *Crítica e verdade*. São Paulo, Perspectiva, 1982.

BAUDRILLARD, Jean. A precessão dos simulacros. In: *Simulacros e simulação*. Lisboa, Relógio d'Água, 1991.

BAZIN, André. Luís Buñuel. In: *O cinema da crueldade*. São Paulo, Martins Fontes, 1989.

BELLOUR, Raymond. Entre-imagens. In: *Entre-imagens: foto, cinema, vídeo*. Campinas, Papirus, 1997.

BERNARDET, Jean-Claude. A subjetividade e as imagens alheias: ressignificação. In: BARTUCCI, Giovanna (org.). *Psicanálise, cinema e estéticos de subjetivação*. Rio de Janeiro, Imago, 2000.

________. O espectador como montador. *Folha de S. Paulo*, Mais! 15, ago. 1999.

BERNARDET, Jean-Claude e outros. A voz do outro. In: *Anos 70: Cinema*. Rio de Janeiro, Europa, 1980.

BOJUNGA, Cláudio. Vamos rever agora cinco bons filmes. Em companhia do seu diretor. *Jornal da Tarde*, São Paulo, 22, nov. 1973.

BURKE, Peter. Bricolagem de tradições. *Folha de S. Paulo*, Mais!, 18, mar. 2001.

CAMPOS, Sandra. Por uma antropologia do olhar. *Cadernos de Antropologia e Imagem*, Rio de Janeiro, NAI/UERJ, n. 8, 1999.

CASTRO FARIA, L. O antropólogo e a fotografia. In: TURAZZI, M. I. (org.) *Revista do Iphan. Fotografia*. Rio de Janeiro, 1998.

CAVALCANTI, Alberto. O filme documentário. In: PELLIZZARI, Lorenzo & VALENTINETTI, Claudio M. (orgs.). *Alberto Cavalcanti: pontos sobre o Brasil*. São Paulo, Instituto Lina Bo e P. M. Bardi, 1995.

________. Documentário de propaganda. In: PELLIZZARI, Lorenzo & VALENTINETTI, Claudio M. (orgs.). *Alberto Cavalcanti: pontos sobre o Brasil*. São Paulo, Instituto Lina Bo e P. M. Bardi, 1995.

CLIFFORD, J. A experiência etnográfica. In: GONÇALVES, José Reginaldo (org.). *Antropologia e literatura no século XX*. Rio de Janeiro, Ed. UFRJ, 1998.

COUTINHO, Eduardo. Entrevista. *Revista Sexta-Feira*, São Paulo, Pletora, n. 02, 1997.

________. Entrevista. *Cinemais, revista de cinema e outras questões audiovisuais*, Rio de Janeiro, n. 22, 2000.

COUTO, José Geraldo. *Babilônia 2000* desnuda o Brasil real. *Guia da Folha de S. Paulo*, 5, jan. 2001.

DA-RIN, Silvio. Autoreflexividade no documentário. *Cinemais, revista de cinema e outras questões audiovisuais*, Rio de Janeiro, n. 8, nov. dez. 1997.

DELEUZE, Gilles. As potências do falso. In: *A imagem-tempo*. São Paulo, Brasiliense, 1990.

________. Cinema, corpo e cérebro, pensamento. In: *A Imagem-tempo*. São Paulo, Brasiliense, 1990.

________. Conclusões. In: *A imagem-tempo*. São Paulo, Brasiliense, 1990.

DELEUZE, Gilles & GUATTARI, Félix. Percepto, afecto e conceito. In: *O que é a filosofia?*. Rio de Janeiro, Ed. 34, 1992.

DUBOIS, Philippe. Da verossimilhança ao índice. In: *O ato fotográfico e outros ensaios*. Campinas, Papirus, 1994.

________. História de sombras e mitologias de espelhos. In: *O ato fotográfico e outros ensaios*. Campinas, Papirus, 1994.

________. A arte é (tornou-se) fotográfica?. In: *O ato fotográfico e outros ensaios*. Campinas, Papirus, 1994.

ESCOREL, Eduardo. Viva Joaquim. *Mostra Joaquim Pedro de Andrade*. Rio de Janeiro, Centro Cultural Banco do Brasil, 1994.

FERRAZ, Ana Lúcia. Crede no baile de memórias: a produção cinematográfica nacional recente. *Revista Sexta-Feira*, São Paulo, n. 02, Pletora, 1997.

FERREIRA, Ascenço (1895-1927). Cana caiana. In: GONÇALVES, Magaly Trindade (org.). *Antologia de antologias – 101 poetas brasileiros "revisitados"*. São Paulo, Musa, 1995.

FOUCAULT, Michel. A vida dos homens infames. In: *O que é um autor?*. Lisboa, Ed. Passagens, 1982.

GERVAISEAU, H. Nanook of the North. *Cadernos de Antropologia e Imagem*, Rio de Janeiro, NAI-UERJ, n. 1, 1995.

GIARD, Luce. Apresentação. In: CERTEAU, Michel. *A invenção do cotidiano*. Rio de Janeiro, Vozes.

GODARD, Jean-Luc. Africa nos habla del fin y los medios. In: *Jean-Luc Godard por Jean-Luc Godard*. Barcelona, Barral Editores, 1971.

GRIERSON, John. Postulados del documental. In: RAMIÓ, Joaquim Romaguera & THEVENET, Homero Alsina (orgs.). *Fuentes y documentos del cine. La estética. Las escuelas y los movimientos*. Barcelona, Fontamara, 1985.

HALEFF, Maxine. The Maysles Brothers and 'direct cinema'. *Film Comment*, Nova York, s/d.

HEFFNER, Hernani. Maiores e melhores. In: RAMOS, Fernão Pessoa & MIRANDA, Luiz Felipe (orgs.). *Enciclopédia do cinema brasileiro*. São Paulo, Senac, 2000.

________. Notas sobre o descobrimento do Brasil. In: *O descobrimento do Brasil-restauração*. Funarte/CTAV, 1997.

HENLEY, Paul. Cinematografia e pesquisa etnográfica. *Cadernos de Antropologia* e *Imagem*, Rio de Janeiro, NAI-UERJ, n. 9/2, 1999.

JORDAN, Pierre. Primeiros contatos, primeiros olhares. *Cadernos de Antropologia e Imagem*, Rio de Janeiro, NAI-UERJ, n· 1, 1995.

LATOUR, Bruno. Crise. In: *Jamais fomos modernos: ensaio de antropologia simétrica*. Rio de Janeiro, Ed. 34, 1994.

LOIZOS, Peter. A inovação no filme etnográfico (1955-1985). *Cadernos de Antropologia e Imagem*, Rio de Janeiro, NAI-UERJ, n. 1, 1995.

MAC-DOUGALL, D. Mas afinal, existe realmente uma antropologia visual? *Catálogo II Mostra Internacional do Filme Etnográfico*. Rio de Janeiro, Interior Produções, 1994.

MATOS, Carlos Alberto. Impressões de Amsterdam. *Cinemais, revista de cinema e outras questões audiovisuais*, Rio de Janeiro, n. 8, nov./dez. 1997.

MENDES, David França. O conflito na relação cineasta/diretor de fotografia. Entrevista com Joaquim Pedro de Andrade. *Dimensões*, Rio de Janeiro, ano I, n. 0, 1992.

MONTE-MÓR, Patrícia. Sobre antropologia e imagem. *Boletim da ABA*, n. 31, 1999.

________. Descrevendo culturas: etnografia e cinema no Brasil. *Cadernos de Antropologia e Imagem*, Rio de Janeiro, NAI-UERJ, n. 1, 1995.

NEVES, David. A descoberta da espontaneidade (breve histórico do cinema Direto no Brasil). In: COSTA, Flávio Moreira da (org.). *Cinema Moderno – Cinema Novo*. Rio de Janeiro, José Álvaro Editor, 1966.

________. *Couro de gato. O Metropolitano*. Rio de Janeiro, s/d.

NOVAES, Sylvia Caiuby. O banho do bebê. *Folha de S. Paulo*, Jornal de Resenhas, dez. 2000.

OITICICA, Hélio. Esquema geral da nova objetividade. In: *Aspiro ao grande labirinto*. Rio de Janeiro, Rocco, 1986.

OMAR, Arthur. (1972) O antidocumentário, provisoriamente. *Revista de Cultura Vozes*. Rio de Janeiro, ano 72, n. 6, ago. 1978.

PASOLINI, Pier Paolo. (1965) O 'cinema de poesia'. In: *Empirismo herege*. Lisboa, Assírio e Alvim, 1982.

PIAULT, M. Antropologia e cinema. *Catálogo II. Mostra Internacional do Filme Etnográfico*. Rio de Janeiro, Interior Produções, 1994.

RAMOS, Fernão Pessoa. Hirszman e Mauro, documentaristas. *Estudos de Cinema*. São Paulo, vol. 3, 2000.

REIS, Luiz Thomaz. 1. Serviços fotográficos e cinematográficos e 2. Serviço antropométrico. In: *Expedição ao rio Ronuro (1924)*. Rio de Janeiro, Ministério da Agricultura/CNPI/Imprensa Nacional, 1945.

________. O cinegrafista de Rondon. *Folheto Embrafilme*, 1982.

ROCHA, Glauber. Cavalcanti e a Vera Cruz. In: *Revisão crítica do cinema brasileiro*. Rio de Janeiro, Civilização Brasileira, 1963.

ROQUETTE-PINTO, Edgard. O cinema e o governo.

ROUCH, Jean. "Os pais fundadores: dos ancestrais totêmicos aos pesquisadores de amanhã". *Catálogo I Mostra Internacional do Filme Etnográfico*. Rio de Janeiro, Interior Produções, 1993.

________. 54 anos sem tripé. Entrevista a J. P. Colleyn. *Cadernos de Antropologia e Imagem*, Rio de Janeiro, NAI-UERJ, n. 1, 1995.

RUBY, Jay. The image mirrored: reflexivity and the documentary film. In: ROSENTHAL, Alan (org.). *New challenges for documentary*. Berkeley, University of California Press, 1988.

SALLES, João Moreira. Três questões sobre o documentário. *Folha de S. Paulo*, Mais!, 04, mar. 2001.

SANTEIRO, Sérgio. Conceito de dramaturgia natural. *Filme e Cultura*. Rio de Janeiro, n. 30, ago. 1978.

SIQUEIRA, Sérvulo. Di Cavalcanti e o documentário. *Filme e Cultura*. Rio de Janeiro, n. 34, jan. mar. 1980.

SOUZA, Carlos Roberto de. *Catálogo de filmes produzidos pelo INCE*. Rio de Janeiro, Fundação do Cinema, 1990.

SOUZA LIMA, Antonio Carlos. O santo soldado. *Comunicação 21*. Rio de Janeiro, Museu Nacional/UFRJ, 1990.

________. Governo dos índios sob a gestão do SPI. In: *História dos índios no Brasil.* São Paulo, Companhia das Letras/Sec. Mun. Cultura/Fapesp, 1992.

SUSSEX, Elizabeth. Cavalcanti na Ingraterra. In: PELLIZZARI, Lorenzo & VALENTINETTI, Cláudio M. (orgs.). *Alberto Cavalcanti: pontos sobre o Brasil.* São Paulo, Instituto Lina Bo e P. M. Bardi, 1995.

TACCA, Fernando de. O pioneirismo de Thomaz Reis. *Diálogos Antropológicos/Dossiê Imagem*. Porto Alegre, Laboratório de Antropologia Visual/UFRGS, 1998.

________. O feitiço abstrato. *Cadernos de Pós-Graduação*, Instituto de Artes/Unicamp, n. 2, 1999.

TEIXEIRA, Francisco Elinaldo. Cinema e poéticas de subjetivação. In: BARTUCCI, Giovanna (org.). *Psicanálise, cinema e estéticas de subjetivação*. Rio de Janeiro, Imago, 2000.

VARGAS, Getúlio. O cinema nacional como elemento de aproximação dos habitantes do país. In: *A nova política do Brasil*, vol. III: *A realidade nacional em 1933*. Rio de Janeiro, José Olympio, 1938.

WINSTON, Brian. The documentary film as scientific inscription. In: RENOV, Michael (org.). *Theorizing documentary*. Nova York/Londres, Routledge, 1993.

XAVIER, Ismail. O cinema brasileiro hoje. Entrevista com Ismail Xavier. *Folha de S. Paulo*, Mais!, 3, dez. 2000.

________. Montagem de atrações de Serguei Eisenstein. In: XAVIER, Ismail (org.). *A experiência do cinema: antologia*. Rio de Janeiro, Graal/ Embrafilme, 1983.

Fontes inéditas

ARAÚJO, Luciana Sá Leitão Corrêa de. *Joaquim Pedro de Andrade: primeiros tempos*. Tese de doutorado. ECA-USP, 1999.

ANDRADE, Joaquim Pedro de. "Carta a Alexandre Eulálio". Congonhas do Campo, 8 dez. 1956. Arquivo Alexandre Eulálio, Unicamp.

COSTA, Selda. *Eldorado das ilusões. Cinema e sociedade: Manaus 1897/1935.* Dissertação de mestrado. PUC-SP, 1988.

DA-RIN, Silvio. *Espelho partido: tradição e transformação do documentário cinematográfico*. Dissertação de mestrado. ECO-UFRJ, 1995.

DOBAL, Suzana. Etienne-Jules Marey, ou de como a pulsação do corpo e o vôo de um pássaro abriram caminho para a invenção do cinema. In: *III Encontro da Socine*. Brasília, out. 1999.

MORAES, Maria Teresa Mattos de. *Processos poéticos: a imaginação cinematográfica em Di-Glauber*. Dissertação de mestrado. Ciência da Arte-UFF, 2000.

MOTA, Maria Regina de Paula. Di-Glauber. A montagem nuclear. *In: Encontro da Com-Pós*. Salvador, 1999.

ROSA, Carlos Adriano Jerônimo de. *Um cinema paramétrico-estrutural: existência e incidência no cinema brasileiro*. Dissertação de mestrado. ECA-USP, 2000.

SCHVARZMAN, Sheila. *Humberto Mauro e as imagens do Brasil*. Tese de doutorado. Departamento de História-Unicamp, 2000.

SOUZA, José Inácio Melo. *Ação e imaginário de uma ditadura: controle, coerção e propaganda política nos meios de comunicação durante o Estado Novo*. Dissertação de mestrado. ECA-USP, 1990.

TACCA, Fernando de. *O feitiço abstrato: do etnográfico ao estratégico. A imagética da Comissão Rondon*. Tese de doutorado. Antropologia Social-USP, 1999.

Os autores

Arthur Autran

É professor de História e Teoria do Cinema no Departamento de Artes e Comunicações da Universidade Federal de São Carlos. Mestre em cinema pela ECA-USP e doutorando do Programa de Pós-Graduação em Multimeios da Unicamp. Colaborou com vários verbetes na *Enciclopédia do cinema brasileiro* (Senac, 2000) e é autor do livro *Alex Viany: crítico e historiador* (2003). Trabalhou nos seguintes documentários: *Minoria absoluta* (diretor, roteirista, montador e pesquisador); *Um filme de Marcos Medeiros*, de Ricardo Elias (pesquisador e montador); *Vala comum*, de João Godoy (diretor de produção e pesquisador); *Um olhar*, de Joel Yamaji (assistente de direção) e *O ritmo de São Paulo*, de Luis Adelino e Nathalia Rabczuk (diretor de produção).

Claudio M. Valentinetti

Graduou-se em Letras Modernas, em 1975, com tese sobre o Cinema Novo brasileiro. Crítico de cinema e jornalista profissional, foi colaborador dos seguintes periódicos: *Cinema e Cinema*, *Cineforum*, *Bianco e Nero*, Rádio Canale 96, Rádio da Suíça Italiana – Canal 2, *Il Quotidiano dei Lavoratori*, *Il Manifesto*, *l'Unità*, *la Repubblica*, *L'Europeo*, *Il Secolo XIX*, *Gazia*, *La Gola*. Entre outros livros, organizou *Alberto Cavalcanti: pontos sobre o Brasil* (Instituto Lina Bo e P. M. Bardi, 1995);*Um canto, um judeu e algumas cartas* (Instituto Lina Bo e P. M. Bardi, 1997); *Glauber, um olhar europeu* (2003).

Consuelo Lins

É professora do Programa de Pós-Graduação em Comunicação e Cultura da ECO-UFRJ e doutora pela Universidade de Paris 3 (Sorbonne Nouvelle), com tese sobre cinema documentário: *Deux voyages à tra-*

vers l'Amerique: une approche kaleidoscopique du documentaire. Documentarista, realizou *Chapéu Mangueira e Babilônia: histórias do morro* (1999) e *Julliu's Bar* (2001). Atuou como pesquisadora e diretora de filmagem do filme de Eduardo Coutinho, *Babilônia 2000*. Escreve regularmente artigos sobre cinema.

Fernando de Tacca

É fotógrafo e doutor em Antropologia pela USP com a tese *O feitiço abstrato: do etnográfico ao estratégico. A imagética da Comissão Rondon*. Atualmente é professor e chefe do Departamento de Multimeios da Unicamp.

Fernão Pessoa Ramos

Professor de cinema no Instituto de Artes da Unicamp, onde coordenou o Programa de Pós-Graduação em Multimeios. É autor de *Cinema marginal: a representação em seu limite* (Brasiliense, 1987), organizador/autor de *História do cinema brasileiro* (Art Editora, 1987), e, com Felipe Miranda, de *Enciclopédia do cinema brasileiro* (Senac, 2000).

Francisco Elinaldo Teixeira

Cientista social, ensaísta e fotógrafo. Mestre e doutor pela FFLCH-USP com pesquisas nas áreas de imaginário contemporâneo e imagem cinematográfica. Pós-doutor em artes (cinema e vídeo) pelo Programa de Comunicação e Semiótica PUC-SP. Foi professor de Antropologia (Fesp), de Sociologia (PUC-SP) e, atualmente, é pesquisador visitante do Programa de Multimeios da Unicamp. Publicou vários ensaios em periódicos (*Cadernos de Subjetividade, Percurso, Cinemais*), em coletâneas (*Arte e Subjetividade, Cinema de Poesia, Psicanálise, Cinema e Estéticas de Subjetivação, Estudos Socine de Cinema*) e é autor do livro *O terceiro olho: ensaios de cinema e vídeo (Peixoto, Glauber e Bressane)*. Realizador do curta-documentário *A UNE está de volta*.

Guiomar Ramos

Mestre e doutora pela ECA-USP, com a tese *Um cinema brasileiro antropofágico?*. É professora de História do Cinema na Faap e de Comunicações na Anhembi-Morumbi. Colaboradora da *Enciclopédia do cinema brasileiro* (Senac, 2000). Videasta, realizou o documentário *Pixador*, em 2000, sobre um tipo de grafite existente na cidade de São Paulo.

Jean-Claude Bernardet

Crítico, ex-professor (UnB e USP), historiador, roteirista, ator e diretor de cinema, além de ensaísta e romancista. Autor, entre outros, dos livros *Cineastas e imagens do povo* (Brasiliense, 1985), *O vôo dos anjos: Bressane, Sganzerla* (Brasiliense, 1991), *O autor no cinema* (Brasiliense, 1994), *Historiografia clássica do cinema brasileiro* (Annablume, 1995) e *A doença, uma experiência* (Companhia das Letras, 1996). Colaborou nos roteiros de, entre outros filmes, *Um céu de estrelas* (1995) e *Através da janela* (1999). Dirigiu os filmes *São Paulo sinfonia e cacofonia* (1995) e *Sobre os anos 60* (1999).

Luciana Corrêa de Araújo

Mestre e doutora em Cinema, pela ECA-USP, com a tese *Joaquim Pedro de Andrade: primeiros tempos*. Sobre o cineasta, publicou "Joaquim Pedro de Andrade: primeiros tempos" (*Ensaios de cinema – Socine II e III*. São Paulo, Annablume, 2000) e "A paixão medida" (*Catálogo Joaquim Pedro de Andrade*, Rio de Janeiro, Ministério da Cultura, 2000). Colaborou na *Enciclopédia do cinema brasileiro* (Senac, 2000). Autora de *A crônica de cinema no Recife dos anos 50* (Recife, Fundarpe, 1997).

Patrícia Monte-Mór

Antropóloga, coordenadora do Núcleo de Antropologia e Imagem da UFRJ e curadora da Mostra Internacional do Filme Etnográfico, Rio de Janeiro.

Sheila Schvarzman

Doutora em História Social pela Unicamp, com a tese *Humberto Mauro e as imagens do Brasil*. É professora visitante do Departamento de Multimeios-Instituto de Artes da Unicamp e historiadora do Condephaat. Iniciou suas pesquisas em história e cinema com Marc Ferro, na École des Hautes Études en Sciences Sociales, sobre filmes da guerra do Vietnã. Em 1994 defendeu, ainda na Unicamp, a dissertação de mestrado *Como o cinema escreve a história: a América e Elia Kazan*. Publicou os seguintes artigos: "Imaginário do descobrimento no cinema de Humberto Mauro" (*Ensaios de cinema – Socine I e II*. São Paulo, Annablume, 2000); "The elegy of naming names" (Cd-rom da *Revista Film and History*, Oklahoma University, 1999) e "O elogio da delação: o caso de Elia Kazan" (*Cinemais*, Rio de Janeiro, 1999).

Tetê Mattos

É professora de graduação em Produção Cultural da Universidade Federal Fluminense (UFF) e do curso de cinema da Universidade Estácio de Sá. Mestre em Ciência da Arte pela UFF, com a dissertação *Processos poéticos: a imaginação cinematográfica em Di-Glauber*. Documentarista, dirigiu o média-metragem *Era Araribóia um astronauta?* (1998). Colaborou em vários outros filmes e, atualmente, é vice-presidente da ABD&C-RJ (Associação Brasileira de Documentaristas e Curta-Metragistas do Rio de Janeiro).